카인드니스

카인드니스 (원제 : HumanKind)

1판 1쇄 2023년 1월 31일

지 은 이 브래드 애런슨
옮 긴 이 이초희

발 행 인 주정관
발 행 처 북스토리㈜
주   소 서울특별시 마포구 양화로 7길 6-16
　　　　　서교제일빌딩 201호
대표전화 02-332-5281
팩시밀리 02-332-5283
출판등록 1999년 8월 18일(제22-1610호)
홈페이지 www.ebookstory.co.kr
이 메 일 bookstory@naver.com

ISBN 979-11-5564-286-3 03190

※잘못된 책은 바꾸어드립니다.

카인드니스
KINDNESS

브래드 애런슨 지음
이초희 옮김

세상을 바꾼 작은 친절 이야기

북스토리

들어가는 말

몇 년 전 한 멘티의 고등학교 졸업식에 참석했다. 멘티가 졸업하게 된 지라드 칼리지*Girard College*(고등학교 이름이 맞다)는 삶이 녹록치 않은 학생들이 들어온다. 대부분 필라델피아 여러 지역 가운데 대학 진학에 대한 기대가 전혀 없는 곳에서 오는 학생들이다. 학생 셋 가운데 한 명이 고등학교를 중퇴하고, 고등학교를 마치더라도 학업을 지속하는 학생은 극히 드물다.

하지만 지라드 칼리지는 그해 졸업생 100퍼센트를 대학에 진학시켰다. 이 학생들은 부정적인 확률을 가볍게 뛰어넘었을 뿐 아니라 펜실베이니아대학교, 웨슬리언대학교, 하워드대학교 등 미국 최고의 대학들에 진학했다.

졸업식장은 자신은 고등학교를 나오지 못했지만 자식은 고등학교를 졸업했다는 기쁨에 울먹이는 학부모들로 가득했다. 이 아이들은 미래 세대에게 새로운 기준을 세워줄 것이다. 오랫동안 모교와 인연을 유지하는 한 졸업생도 만났다. 내 옆자리에 앉은 그는 컬럼비아대학교의 70대 노교수였는데 졸업식에 참석하기 위해 뉴욕에서 일부러 찾아왔다고 했다. 그는 새로 졸업하는 학생들과 함께 힘차게 교가를 부르고 지라드 칼리지가 그의 삶을 바꿔놓았기 때문에 이 학교와 영원히 함께하고 싶다고 말했다.

졸업식 연설을 맡은 미국도시연맹National Urban League(아프리카계 미국인의 권익 향상을 위한 비영리 단체-옮긴이)의 마크 모리얼Marc Morial 회장은 학생들이 이룩한 놀라운 성취를 열렬히 축하하고 그들이 물려받을 세상을 내다봤다. 그는 언론에 만연한 부정적 편향에 대해서도 이야기하며 왜 이 학교가 그해에 이룬 성과 대신 인근에서 일어난 충격 사건이 기사로 다뤄지는지 의문을 표했다. 이 질문은 연설이 끝난 후에도 내 머릿속에 남았다. 그리고 지라드 칼리지의 졸업식이 다음 날 기사로 났으면 좋겠다는 희망 아닌 희망이 생겼다.

하지만 그 희망은 이루어지지 않았다. 졸업식을 다룬 기사는 전혀 찾을 수 없었다. 그 대신 소매치기, 무장 강도, 자동차 충돌 사고 소식만 있었다. 왜 불리한 여건을 극복한 학생들은 주목받지 못하고 자동차 사고나 누군가 체포됐다는 이야기가 이목을 끄는가? 나도 잘 모르겠다. 하지만 나는 의미 있는 이야기들을 함께 나누고 싶은 마음에 이 책을 썼다.

아내가 백혈병에 걸리자 우리는 병원에서 오랜 시간을 보내야 했다. 그때 병원에서 진이 빠지는 기간이 될 테니 목적의식을 가지고 뭔가에 집중할 수 있도록 계획을 세워보라는 조언을 건넸다. 그래서 나는 칠흑같이 어두운 시기에 아주 사소한 행동으로 우리를 도와준 친구와 가족, 그 외의 낯선 사람들에 대해 글을 쓰기 시작했고 곧 멈출 수 없을 정도로 몰두하게 됐다. 세상은 지라드 칼리지 졸업식처럼 뉴스에는 등장하지 않지만 감동을 주는 사람들의 이야기로 가득하다는 걸 알게 되면서 그런 이야기를 찾아다녔다. 인터넷을 뒤지고, 수없이 많은 비영리 단체 사람들을 만나고, 내가 아는 모든 이에게 이야기를 부탁했다. 그렇게 내가 원하는 것을 찾아냈다.

나는 신발 끈 묶는 법을 가르쳐서 소년의 삶을 바꾼 3학년 교사의 이야기를 찾았다. 또 매주 필라델피아에 찾아와 노숙자들의 옷을 고쳐주고 그 과정에서 마음도 고치는 재봉사 할머니들의 이야기, 음식을 좀 더 만들어 배고픈 이들에게 주겠다는 한 여성의 결심이 1,600만 명분의 식사를 제공하는 운동으로 번진 이야기, 그 외에도 타인에 대한 사랑으로 세상을 바꾼 수많은 사람들의 이야기를 찾았다.

이 책에 나오는 영웅들은 봉사 단체를 이끌거나 시간이 남아도는 사람들이 아니다. 이들은 세상을 바꾸기 위해 무엇을 해야 할지 생각하는 평범한 사람들이다. 이런 평범한 사람들의 친절한 행동이 누군가의 삶을 변화시키고 때로는 생명을 구하기까지 한다. 이들은 세상이 저절로 좋아지기를 막연히 기다리지 않고 직접 행동으로 옮긴다.

나는 각 장의 결론과 이 책 마지막에 '명예의 전당'을 통해 손쉽게 선한 영향력을 행사하는 방법을 제시했다. 기부금 195달러로 누군가의 눈을 뜨게 할 수 있는 곳과 기부금 500달러로 장애아가 걸을 수 있도록 치료하는 곳이 있다. 어려움을 겪는 사람을 돕는 여러 놀라운 방법을 찾을 수 있을 것이다. 사람들에게 용기를 북돋우는 편지를 받아서 병원에 입원한 어린 환자, 위탁 청소년, 최근 암 진단을 받은 사람, 해외 파병 부대, 그 외에 누군가의 도움이 절실한 사람들에게 전달하는 비영리 단체도 13곳을 정리했다. 독자들은 누군가에게 밥을 사주고 적절한 시기에 몇 마디 말로 용기를 주는 행동이 실제로 그 사람의 인생을 바꿀 수 있다는 것을 알게 될 것이다.

이 책이 각자의 삶에서 누리는 축복에 감사하는 계기가 되면 좋겠다. 이 책에 나오는 이야기들이 독자들에게 영감을 주고, 더 감동적인 이야기의 씨앗이 되기를 희망한다. 바로 '당신'이 세상을 바꾸겠다고 결심하는 이야기가 새롭게 쓰이길 기대한다.

CONTENTS

들어가는 말 ⋯ 4

chapter 1
사랑으로 변한다 ⋯ 9

chapter 2
삶의 본보기 ⋯ 37

chapter 3
생각보다 적게 든다 ⋯ 61

chapter 4
최고의 약 ⋯ 89

chapter 5
말의 힘 ⋯ 115

chapter 6
'예스'라고 답하기 ⋯ 137

chapter 7
좋은 친구가 돼라 ⋯ 165

chapter 8
삶을 바라보는 새로운 렌즈 ⋯ 187

chapter 9
축하하기 ⋯ 219

chapter 10
파도를 타거나 일으켜라 ⋯ 247

마치는 말 ⋯ 270
명예의 전당 ⋯ 278
감사의 말 ⋯ 310
주석 ⋯ 315
참고 자료 ⋯ 317
추천할 만한 읽을거리와 볼거리 ⋯ 320

chapter 1

사랑으로 변한다

"나는 매일 아침 눈을 뜨며 '오늘도 누군가를 구할 거야'라고 다짐한다. 그리고 온종일 내가 구할 수 있는 사람을 찾고 실제로 사람을 구한다. 매일 적어도 한 사람은 구한다. 오늘은 한 다섯 명쯤 구했다. 그래서 기분이 좋다. 여러분도 해보기 바란다. 내일 아침 일어나서 '오늘은 적어도 한 명을 구해야지'라고 말해보자. 길 건너는 노파를 돕는 것도, 이메일에 답장하는 것도, 누군가 중요한 결정을 내릴 때 옆에서 도움을 주는 것도 사람을 구하는 일이다. 멀리 사는 친구에게 안부를 묻자. 그것 역시 목숨을 구하는 행동이다. 오늘 누군가를 구할 수 있다. 해가 지기 전에 움직여라. 당신은 슈퍼맨이다."

— 제임스 알투처 (James Altucher)

"미아 씨는 백혈병입니다."

'뭐라고?'

"즉시 치료를 시작해야 하니 되도록 빨리 입원하는 게 좋겠어요."
종양내과 의사가 말했다.

'우리에게 이런 일이? 내가 지금 꿈을 꾸는 건가?'

의사가 계속 내용을 전달하는 동안 머릿속이 너무 혼란스러웠지만
최대한 집중하며 메모했다. 하지만 진료실을 나와서 내가 쓴 걸 읽으
면서야 실감이 나기 시작했다.

"백혈병을 검색하지 말라. ……치료 기간은 2년 반, 전 과정을 생
각하지 말고 한 번에 하나씩 하라. ……미아는 그래도 운이 좋은 편.
……미아가 받을 새 치료법은 임상 시험 결과가 아주 좋음……."

한 가지는 확실히 기억했다. 미아는 한 달간 입원해서 항암 화학 요
법을 받게 되고(그럼 크리스마스와 새해가 지나간다) 이후 아홉 달간 외
래로 집중 치료를 받을 것이며 이 기간은 아내에게 매우 힘든 시기가
될 것이다. 그리고 이후 약 1년 반 동안 유지 요법이 이어질 예정이다.

모든 게 현실이었다. 2년 반은 절대 쉽지 않은 시간일 것이다.

우선 집에서부터 모든 것이 완전히 바뀔 것이다. 미아는 보통 집안
일이라고 하는 것들을 모두 담당했고 나는 주로 재미를 담당했다. 미
아와 다섯 살 난 아들 잭을 설득해 빗속에서 춤추게 하고, 맛은 보장
못 하지만 새로운 디저트를 발명하고, 조금 무모한 실내 놀이를 생각
해낸 후 거실을 엉망으로 만들곤 하는 사람이 나였다. 이제 나는 재미
담당자 겸 집안일 책임자 겸 일상 지킴이가 되어야 했다. 사회복지사

들은 잭이 아직 어리기 때문에 미아가 하던 일을 내가 도맡아 하고 밝은 기분을 유지하면, 엄마 역할이 줄어든다고 아이가 불안해하지는 않을 것이고 어쩌면 변화를 모를 수도 있다고 했다. 아이는 생활이 변하지 않으면 크게 동요하지 않을 것이다. 그건 걱정하지 않았다.

잘해보려고 했지만, 한편으론 무서웠고 준비도 전혀 안 돼 있었다. 나는 얼마 안 가 완전히 지쳐버렸다. 가족과 친구들이 도와주겠다고 했을 땐 뭘 부탁해야 할지 떠올리기조차 어려웠다. 진이 빠진 나머지 그저 다시 연락하겠다는 말밖에 하지 못했다. 다행히 그들은 내 대답을 기다리지 않을 정도로 현명했고, 생각지도 못한 다양한 방법으로 먼저 나서서 우리 가족을 도왔다.

동생 롭과 롭의 부인 티피는 간호사, 의사, 암 환자들에게 물어봐서 항암 치료로 입원할 때 필요한 물품을 알아봤다. 그리고 그 물건들을 전부 사서 미아가 입원하기 바로 전에 우리에게 전해줬다. 여기에는 머리카락이 빠질 때 두피의 불편함을 줄여주는 베갯잇과 항암 치료 후 입맛이 쓸 때 뿌리는 레몬수, 구강 통증을 줄여주는 구강 청결제, 항암 치료로 자극받은 피부에 바르는 크림 등 수많은 물건이 있었다. 롭과 티피는 아이들에게 암을 알기 쉽게 설명해주는 책까지 준비할 정도로 사려 깊었다.

사촌 벳시는 어느 날 미아를 담당하는 간호사들에게 주라며 사탕이 가득 든 커다란 통을 우리 집에 놓고 갔다. 내가 간호사들을 높이 평가하는 것과 선물 살 시간도 없다는 걸 알고 한 행동이었다.

지역 비영리 단체의 동료 이사인 미첼은 내가 단체에 전처럼 신경 쓰지 못할 것을 알고 도와주겠다고 제안했다. "이 일은 내가 대신 할 게요. 더 많은 일을 할 수 있으니까 내가 뭘 하면 좋을지 알려줘요." 나는 도움이 필요해도 부탁할 줄 모르는 사람이었다(이때 이런 버릇을 고쳤다). 하지만 미첼의 배려 덕분에 쉽게 도움을 받을 수 있었다.

미아의 친구인 메그는 거의 매주 우리를 찾아왔다. 그때마다 우리를 위해 점심을 싸 오고 재밌게 만들 거리를 생각해서 재료를 몽땅 챙겨왔다. 메그는 가족과 직장 때문에 너무 바빠 우리와 저녁 한 번 먹기도 힘들었던 친구다. 하지만 미아에게 도움이 필요해지자 다른 일을 다 제쳐두고 우리를 찾아왔다.

내 사촌 케이티와 케이티의 남편 제이슨은 맞벌이에 아이가 네 명이나 있는데도 우리에게 잭 하나 더 보는 건 일도 아니라는 말을 얼마나 자주 했는지 모른다. 그들은 흔쾌히 잭을 휴가에 데려가거나 주말에 데리고 놀았고 그 외에 언제든 우리가 필요할 때마다 잭을 돌봐주었다.

봄이 오자 미아의 친구 돈이 나에게 이메일을 보냈다.

"보통 미아가 어린이 야구단에 등록하는 걸로 알고 있어요. 만일 올해도 잭이 야구단에 들어가고 싶어 하면 이번 주가 마감이라는 걸 알려드리려고요. 어떻게 할지 알려주시면 제가 도울게요."

돈은 내가 아이를 못 데리고 다닐 수도 있으니까 잭을 태워줄 수 있는 가족과 한 팀이 되게 해두겠다고도 덧붙였다. 친구랑 같은 팀을 하겠디고 요청히는 긴 야구단 규정과 맞지 않는데도 그렇게 해주었다.

한번은 미아가 항암 치료 부작용인지 가공 치즈 제품을 먹고 싶어

했다. 보스턴에 사는 친구 존이 이 말을 듣고 치즈 두들스, 할라피뇨 맛 콤보스 등 온갖 특이하고 색깔도 요란한 과자를 잔뜩 사서 들고 왔다. 미아도 나도 다시는 먹고 싶지 않은 맛이긴 했지만 힘들고 단조로운 하루에 색다른 즐거움을 첨가해준 깜짝 선물이었다. 존은 나중에는 주기적으로 우리를 방문하게 됐고 우리가 그렇게 자주 올 필요 없다는데도 보스턴에서 필라델피아까지 오는 길이 가벼운 나들이인 것처럼 말했다.

또 한번은 미아가 눈썹 빠지는 문제로 걱정이 많았다. 머리카락 빠지는 것은 괜찮지만 눈썹은 완전히 다른 문제였다. 눈썹은 가발로 가릴 수 없지 않은가? 사촌 앤드리아가 이 소식을 듣고 철저한 시장 조사를 통해 눈썹연필, 눈썹 마커, 눈썹 젤, 파우더, 브러시, 아이라이너, 눈썹 칼 같은 눈썹 관련 제품을 잔뜩 사 보냈다. 여기에 든 '목숨 같은 눈썹'이라는 제품은 웃음 치료 효과도 있었다(특별히 암 환자를 위해 만든 제품 같지는 않았다).

그리고 양쪽 부모님 이야기도 빼놓을 수 없다. 부모님들이 우리에게 뭘 도와주면 좋겠냐고 물었을 때는 뭘 부탁해야 할지 몰라 미뤄두었다. 물론 이럴 때 손 놓고 있을 부모는 없을 것이다. 우리 부모님들도 마찬가지여서 시간이라는 선물을 들고 시애틀과 뉴저지에서 필라델피아로 오셨다. 부모님들은 몇 주 동안 잭을 돌보고 음식과 빨래를 도맡아 하고 우리에게 긍정적인 기분을 북돋워주었다.

또 내가 미아와 병원에 있을 때나 미아의 항암 치료를 도울 때 잭을 학교에서 데려와 줄 친구와 가족들의 긴 명단이 있었다. 누구도 잭을 데려오는 일이 힘들다고 말하지 않았다. 오히려 우리가 부탁한 덕분에 도움을 줄 수 있어 기쁘다고 했다.

그리고 끝없이 병원을 오가고 입원과 퇴원을 반복하면서도 일상을 유지하기 위해 부단히 노력하던 어느 날 우편함에서 '위키스틱스*Wikki Stix*'라는 게 가득 든 지퍼백을 발견했다. 이웃이 적은 메모가 봉투에 붙어 있었다.

"우리 가족이 좋아하는 놀이예요. 한번 해보세요!"

나는 봉투를 들고 집으로 들어가 왁스가 코팅된 긴 막대기들을 꺼내 잭과 함께 자동차, 우주선 등 생각나는 것들을 잔뜩 만들었다. 정말 재미있었다. 쉴 새 없이 몰아치는 생활에 찾아온 꿀맛 같은 휴식이었다.

아직 반도 이야기하지 못했다. 정말 많은 사람이 우리를 도와줬기 때문에 여기에 적기 시작하면 못 적는 사람이 너무 많을 것 같아서 망설여진다. 잘 알지도 못하는 사람들이 간단한 응원 메시지를 적어주기도 하고 친구들이 음식을 놓고 가기도 했다. 내 사촌 데이브는 미아가 치료받는 동안 우리 집에서 지내며 일을 도와주겠다고도 했다. 데이브가 쓴 이메일을 여기에 소개한다.

브래드에게,

소식을 듣고 정말 안타까웠지만 다비다 말로는 완치 확률이 높고 의사도 실력이 아주 좋다고 아너라. 혹시 나른 의사의 소견을 듣고 싶다면 뉴욕에 내가 아는 의사를 소개해줄 수도 있어.

그리고 제발, 제발 나를 이용해줘. 생각을 좀 해봤는데 심부름시킬 일이 있거나 잭에게 도움이 필요할 때 날 가장 먼저 찾는 게 현명한 선택이라고 생각해.

우선 난 매우 쉬우면서 시간도 거의 안 드는 일을 하는 데다가 그나마도 아버지나 직원들이 대신 할 수 있어. 그러니까 급한 일이 생기면 내가 당장 달려갈 수 있고 잭을 학교나 테니스 수업에서 데려오는 일 같은 것도 주기적으로 할 수 있어.

둘째, 난 가까운 데 있잖아. 주중에는 항상 필라델피아에 있고. 다비다하고도 이야기해봤는데 미아가 병원에 있는 한 달 동안 아예 필라델피아 부모님네서 지내는 것도 괜찮대(사실 다비다가 제안한 거야). 필요하면 종일 잭을 봐줄 수도 있어. 밤에 잭을 봐줄 사람이 필요하면 하룻밤 아니면 아예 한 달간 너희 집에서 지내는 것도 가능해.

셋째, 날 찾는 게 현명하다는 건 내가 다른 사람들과 달리 중요한 의무가 하나도 없기 때문이야.

- 리처드는 혼자 아이를 키우는 데다가 직급이 낮아.
- 내 동생 벳시는 샬럿을 키우고 임신 중인데다 엄마도 도와야 해.
- 아버지는 엄마 일로 바쁘고 엄마를 위해 집을 지어야 하지.
- 내 누나 케이티는 아이가 네 명이고 멀리 살아.
- 롭과 티피 역시 멀리 살고 아이들도 있어.

넷째, 난 책임감이 강해. 나는 믿을 수 있고 지침을 글자 그대로 정확히 따를 수 있어. 너나 미아가 원하는 걸 써두기만 하면 내가 그대로 할 수 있어. 장을 보거나 잭이 먹을 걸 만들 수도 있지. 난 요리법을 잘 따라 하거든. 아직 육아의 달인과는 거리가 멀지만 지시는 잘 따를 수 있을 것 같아.

우린 너와 미아를 사랑해. 다비다와 나는 어떤 방법으로든 너희를 돕고 싶어.

사랑하는 데이비드가

우리는 데이브를 들어와 살라고 하진 않고 잭의 운전사 팀에 고용했다.

데이브의 이메일은 어떻게 해서든 우리를 도와주려고 한 사람들의 태도를 잘 보여준다. 그들은 우리의 몸과 마음에 필요할 만한 것을 모두 생각했고 우리가 이 힘든 시련을 견딜 수 있게 도와줬다. 미아와 내가 갑자기 그동안 하던 일을 처리할 시간이 없어지면서 생겨난 생활의 빈틈을 친구와 가족과 친절한 타인들이 메워주었다. 우리 갑옷이 갈라진 것을 보고 서둘러 달려와 수선해준 것이다. 돌이켜보면 우리가 겪은 일은 깨진 항아리를 금으로 때워 원래보다 더 아름답게 만든다는 일본 전통을 떠올리게 한다. 우리에게 미처 말하지 못한 사람들도 있었을 것이다. 비록 미아가 아팠지만 우리는 그때 받은 사랑 때문에 삶이 더 아름다워졌다는 걸 느낀다. 결국 가장 어두운 순간에도 우리는 결코 혼자가 아니었고 앞으로도 아닐 것이다.

다른 사람을 도와주고 연대감을 느낄 기회는 언제나 존재한다. 특히나 지금은 더 그렇다. 주위를 둘러보자. 학교, 무료 급식소, 노숙자 쉼터, 재난 지역 등 도움이 필요한 상황은 어디에나 있다. 하지만 더 유심히 살펴보면 다른 것도 보일 것이다. 누군가의 빈틈을 메워주려고 다가선 사람들 말이다. 그렇다, 도움이 필요한 사람을 모두 도와주려고 생각하면 감당이 안 될 수 있다. 하지만 단지 우리가 할 수 있는 일을 하면 그것으로 충분하다. 사랑은 아무리 표현해도 낭비되지 않는다. 아무리 작은 행동이라도 그 효과는 생각보다 훨씬 멀리 퍼진다.

존이 준 불량 식품이 얼마나 큰 효과가 있었는지 생각해보자. 슈퍼마켓에서 과자를 사는 데 많은 시간이나 돈이 들진 않았을 것이다. 하지만 그만큼 우리를 생각하고 위로하기 위해 노력했다는 점이 중요했다. 다른 사람을 생각하는 마음을 과소평가해서는 안 된다. 아무리 사소한 투자라도 엄청난 결과가 나타난다.

마을이 만든 이불

많은 수가 모이면 힘이 세진다. 여러 사람이 힘을 합치면 조각 이불이 만들어지는 것과 비슷한 이치다. 한 사람이 하나씩 만든 조각을 모으면 포근하게 덮을 수 있는 이불이 된다. 스테퍼니 웰터*Stephanie Welter*는 자폐증이 있는 아들 조를 위해 마을 사람들이 힘을 합칠 때 이런 현상이 나타나는 것을 경험했다.

조는 화가 나면 자신을 해친다. 머리를 바닥이나 벽, 문 등 가까이 있는 아무 곳에나 쿵쿵 부딪친다.

"일곱 살 아이가 다치지 않을까 얼마나 두려운지, 미처 손을 쓰기도 전에 일이 벌어지는 게 얼마나 끔찍한지 이루 말할 수 없어요. 조는 우리가 보고 있지 않으면 도망가 버려요. 남편과 저는 어린 딸을 차에서 내리는 것 같은 간단한 행동을 할 때조차 조가 사라져서 다칠까 봐 늘 걱정하죠."

정해진 일과를 지키지 않아도 조는 완전히 '폭발'해 다치게 된다.

"그래서 일과를 꼭 지켜야 해요. 다른 가족들과 어울리는 건 상상도 못 하죠. 그러다 보니 이 모든 일을 우리끼리 견뎌야 한다고 생각하게 됐어요."

조는 자랄수록 친구를 사귀지 못했다. 더 어릴 때는 또래 친구들과 놀 수 있었다. 하지만 크면서는 시끄러운 소리를 견디지 못했고 다른 아이들보다 발달이 더뎠다. 장난감 자동차 20대를 특정 순서로 줄 세우며 놀고 누가 건드리기라도 하면 난리를 치니 다른 친구들과 어울리기가 쉽지 않았다.

월터 부부는 조에게 미래가 있기를 바랐다. 조가 충실한 삶을 살고 되도록 독립할 수 있기를 바랐다. 그래서 '포 포즈 포 어빌리티4 Paws for Ability'라는 기관이 조 같은 자폐 아동에게 도우미견을 제공한다는 사실을 알게 되자 너무나도 기뻐했다. 도우미견은 장애아들이 달려갈 때 쫓아가고, 아이들이 짜증이 났을 때도 일찍 알아차려 자해하기 전에 진정시키도록 훈련받는다. 또 장애아가 다른 아이들과 친해질 수 있도록 다리 역할도 한다.

'포 포즈'는 도우미견 신청 가족에게 당시 1만 5,000달러를 부담하도록 했는데 개들을 훈련하는 비용을 생각하면 이 금액은 전체 비용의 일부에 불과하다. 그래도 웰터 부부는 친구들과 가족의 도움을 받는다고 해도 그 정도 돈을 마련하려면 1년 반은 걸릴 거라고 생각했다. 하지만 아들의 미래가 달린 문제였으므로 방법을 찾아야 했다.

스테퍼니는 말한다. "도움을 요청한다는 것이 가족과 친구들에게 조의 상황을 처음 알릴 때만큼이나 어려웠습니다. 하지만 우리가 느끼는 불편함보다 조가 받을 도움이 훨씬 중요했어요."

부부는 우선 크리스마스카드에 그들의 목표를 적은 편지를 덧붙여 보냈다. 부담을 주고 싶은 건 절대 아니며 적은 금액이라도 큰 도움이 될 것이라고도 썼다. 동시에 포 포즈 직원들이 지역 신문에 조의 상황을 기사로 내보냈다. 기사가 난 지 이틀 만에 웰터 부부의 자동 응답기에 메시지 하나가 저장됐다. "번호가 맞는지 모르겠습니다. 신문에 나온 조의 어머니라면, 우리 여성회가 대신 기금을 모으고 싶어요."

"메시지를 네 번이나 들었어요. 정말 놀랐죠. 이 단체는 아들의 학교가 있는 마을의 교회 소속이었어요. 제가 알지도 못하는 사람들이었죠."

며칠 후 스테퍼니와 존 부부는 아침을 먹다가 한 번도 들어보지 못한 기업이 2,000달러를 기부했다는 이메일을 받았다.

"실수로 0을 하나 더 붙인 줄 알았어요." 이렇게 말하는 스테퍼니는 아직도 감동에서 벗어나지 못한 것 같다.

놀라운 일은 계속 일어났다. 한 철물점이 500달러를 기부했다. 스테퍼니의 어머니가 속한 아코디언 단체도 돈을 보냈다. 고등학생들이 전화를 걸어 자신들이 모금 운동을 해도 되겠냐고 묻기도 했다. 레스토랑에서 일하는 한 여성은 자신이 사장을 설득해서 특별히 하루를 정한 후 그날 수입의 10퍼센트를 조의 도우미견을 얻는 데에 기부하기로 했다고 전화로 알렸다. 그날이 되자 조의 교사들이 모두 그 식당에서 음식을 주문했다. 조의 언어 치료를 담당하던 사람은 추첨으로 선물을 나눌 수 있게 선물 바구니를 준비했고, 포 포즈에서 도우미견을 받은 다른 가정은 추첨용 통을 기부했다.

그날 저녁 레스토랑에 도착한 조의 가족은 몇 년 만에 조의 유치원 교사를 만났다. 조는 너무 좋아서 선생님을 껴안더니 한발 뒤로 물러났다가 또 껴안았다. 평상시에는 하지 않는 행동이었다.

"정말 놀라웠어요. 유명인이 된 기분이었죠. 주방에 우리가 가져간 빵으로 글루텐 프리 치즈 토스트를 만들어줄 수 있는지 물었더니 '그럼요, 조는 오늘의 특별 손님이에요'라고 하더군요. 우리가 아는 사람들이 정말 많이 왔고 모르는 사람도 많았어요. 다들 우리에게 와서 인사를 건넸죠."

이 행사에서 800달러가 모였고 결국 전체 금액 1만 5,000달러를 모을 수 있었다. 웰터 부부가 생각해둔 모금 아이디어는 사용할 필요도 없었다. 20달러 이하 금액을 기부한 사람도 수백 명 있었고 이 덕에 몇 달 만에 목표 금액을 채웠다.

"조에게 정말 잘된 일이에요. 돈을 모금하면서 제 마음이 치유됐고 우리가 외톨이가 아니라는 걸 알게 됐어요. 모르는 사람들이 10달러,

20달러를 보내준 것이 우리 가족의 삶을 바꿔놓았습니다. 도와준 사람들에게 정말 큰 빚을 졌어요. 절대 잊지 못할 거예요."

골든두들(골든레트리버와 푸들의 교배종-옮긴이) 멀더가 찾아온 후 조의 삶은 극적으로 바뀌었다. 조는 여느 자폐아와 마찬가지로 잠을 잘 자지 못했었다. 잠든 지 서너 시간 만에 깨고 다시 잠들 때까지 몇 시간이 걸렸다. 스테퍼니와 존은 무거운 이불을 덮어주고, 아로마 요법, 요가, 약 처방, 멜라토닌 복용 등 할 수 있는 걸 다 했지만 아무 소용없었다. 하지만 멀더가 오니 달라졌다. 멀더가 도착한 첫날 밤 조는 드디어 한 번도 깨지 않고 푹 잤고, 그 후로도 매일 밤 10~12시간 동안 잠을 잤다. 이 말은 전 가족이 그날 이후로 매일 밤 푹 자게 됐다는 뜻이다. 또 조는 매해 학교가 조에게 정해준 학습 목표를 지키지 못했는데 이제는 그 목표를 따라가고 있다. 멀더가 온 지 두 달 만에 1년치 공부를 마쳤고 처음으로 정규 수업에 등록했다. 가장 중요한 것은 친구들 사이에서 더는 조가 자폐아로 통하지 않는다는 사실이다. 조는 이제 개를 데리고 다니는 아이이고, 멀더를 만난 아이들은 조도 다시 보게 됐다.

월터 부부는 도움에 보답하기 위해 포 포즈에서 키우는 번식견 허큘리스를 집에서 돌본다. 스테퍼니는 허큘리스와 한 팀이 되어 지역 응급실, 암 센터, 학교 등 도움이 필요한 곳은 어디든 가서 봉사한다. 또 포 포즈에 새로 오는 자원봉사자들에게 멀더를 만난 후 조의 가족이 어떻게 달라졌는지 직접 들려준다.

비밀 산타 부대

친절한 행동이 어떤 변화를 가져올지 모두 예측할 수는 없다. 때로는 우리의 도움이 커다란 양동이에 떨어지는 물 한 방울에 지나지 않는다는 생각이 들기도 한다. 하지만 모두가 그런 생각으로 타인의 어려움을 지나쳐버린다면 수백 명이 10달러로 웰터 가족을 바꿀 수 있다는 믿음으로 돈을 기부하는 일은 없었을 것이다. 해비타트 운동 *Habitat for Humanity*(주거 환경이 열악한 사람들에게 집을 지어주는 비영리 봉사 단체-옮긴이), 구세군, 밀스 온 휠스*Meals on Wheels*(거동이 불편한 노인에게 식사를 배달해주는 단체-옮긴이) 같은 기관도 없었을 것이다. 메리 굿윈*Mary Goodwin*, 앨리스 굿윈*Alice Goodwin* 자매와 엘리자베스 해머슬리 *Elizabeth Hammersley*가 1860년대 코네티컷주 하트퍼드에서 집 없는 소년들을 가르쳐 성품을 길러야 한다고 생각하지 않았다면 미국소년소녀클럽*Boys & Girls Clubs of America*(미 전역의 청소년에게 방과 후 프로그램을 지원하는 조직-옮긴이)은 탄생하지 않았을 것이다. 그리고 래리 스튜어트 *Larry Stewart*가 자신도 근근이 살아가던 시기에 도움이 필요한 다른 사람을 만나지 않았다면 비밀 산타회*Society of Secret Santas* 회원들이 매년 검은 장화를 신고 세계 방방곡곡을 돌아다니는 일도 없었을 것이다.

래리는 미시시피주에 있는 한 작은 마을에서 조부모 손에 자라는 동안 자신이 가난하다는 걸 몰랐다. 그러다 학교에 다니면서 다른 아이들의 집에는 화장실, 전화기, 온수, 가스난로가 있는데 자기 집에는 없다는 걸 알았다.

젊은이가 된 래리는 다시 가난해졌다. 월급에 의존해 살다가 사장이 여러 달 치 급여를 주지 않고 폐업하면서 노숙자가 된 것이다. 그는 차에서 생활하면서 가진 옷을 전부 껴입고 추위와 배고픔을 잊으려고 애썼다. 그러던 어느 날 이틀 동안 한 끼도 먹지 못해 너무 배가 고픈 나머지 돈도 없으면서 프랜차이즈 식당 딕시 다이너*Dixie Diner*에 들어가 아침을 주문했다.

그는 밥을 다 먹고 지갑을 잃어버린 척 바닥을 두리번거렸다. 카운터 뒤에 있던 요리사까지 나와서 함께 지갑을 찾았다. 하지만 곧 지갑을 찾을 필요가 없게 됐다. 요리사가 "이걸 떨어트리셨군요"라며 손에 들고 있던 20달러 지폐를 건넨 것이다. 래리는 너무도 고마운 마음에 자신도 언젠가 형편이 되면 요리사가 자신에게 한 것처럼 다른 사람을 돕겠다고 맹세했다.

시간이 지나 상황이 나아지자 맹세를 지켜야겠다고 생각했다. 풍족하지는 않지만 더는 미룰 수 없었다. 어느 날 저녁 드라이브인 레스토랑에 간 래리는 웨이트리스가 매우 추워 보이는 낡은 코트를 입은 걸 봤다. 그는 음식값으로 20달러를 내면서 바로 이때다 싶은 마음에 말했다.

"잔돈은 가지세요."

떨리는 손으로 돈을 받은 웨이트리스의 눈에 눈물이 글썽거렸다. "이 돈이 어떤 의미인지 모르실 거예요." 목소리 역시 떨렸다.

하지만 래리는 그 돈의 의미를 잘 알았다. 이 일로 느낀 바가 컸던 그는 차를 끌고 도움이 필요한 사람을 찾아다니기 시작했다. 그리고 어렵지 않게 그들을 찾아 5달러나 10달러 지폐로 총 200달러를 나눠주었다.

래리는 성공할수록 더 많은 돈을 나눴다. 미주리주 캔자스시티에서 케이블 사업과 전화 사업으로 큰돈을 벌자 '비밀 산타'가 되어 상당한 돈을 익명으로 전달했다. 지역의 사회복지사, 소방수, 경찰에게 물어 도움이 필요한 사람을 찾았다. 직접 빨래방, 사회복지관, 정부가 제공하는 주거시설, 최저 임금을 주는 기업 등에서 사람들을 찾기도 했다. 중고 상점에는 손자를 키우는 사람이 많이 왔다. 이들에게 100~300달러를 주면 이들의 크리스마스가 완전히 달라지고 이들이 세상을 보는 관점도 달라졌다. 많은 사람들이 이 돈으로 선물을 사고 전기·가스 요금 등 꼭 필요한 곳에 돈을 썼다.

래리는 사람들이 줄을 서서 돈을 달라고 구걸하거나 따로 신청하는 것은 원하지 않았다. 몇 년 후 지역 방송국과의 인터뷰에서도 "전 도움 받는 사람의 품위를 빼앗지 않는 방법으로 돈을 줬습니다"라고 말했다. 식당 요리사가 그에게 베푼 친절과 똑같은 방식이었다.

래리는 오랫동안 총 140만 달러 이상을 나눠주었다. 래리 덕분에 가정을 살렸다고 말하는 사람들이 많다. 가족에게 이번 크리스마스는 그냥 지나가자고 말했다가 비밀 산타에게 받은 돈으로 선물을 산 사람들도 많다. 또 래리 덕에 고지서 요금을 내고 가스가 다시 공급된 집들도 있다.

20년 이상 비밀 산타 노릇을 한 래리는 2006년 암 말기 진단을 받았다. 마침 타블로이드판 신문이 그의 정체를 밝히려고 하기도 해서 그가 직접 나서기로 했다. 자신이 직접 이야기하면 더 많은 산타가 그의 뒤를 이을 거라고 여겼다. 비밀 산타가 매체에 노출될 때마다 수많은 비밀 산타가 새로 생겨났기 때문에 정체가 밝혀진 후에도 비밀 산타가 계속해서 늘어나기를 바랐다.

래리의 소원은 이루어졌다. 수천 명이 그의 웹사이트를 방문해 비밀 산타가 되겠다고 서약했다. 크리스마스 시즌에 비밀 산타의 선물을 받았다고 이메일을 보낸 사람들의 숫자를 따져볼 때, 비밀 산타가 되겠다고 약속한 사람들이 실제로도 약속을 잘 지킨 것으로 보인다.

2007년 래리가 사망한 후에는 래리가 직접 임명한 후계자(캔자스시티에 사는 익명의 사업가)가 지금까지도 비밀 산타회를 이끌고 있다. 산타회 회원들은 전 세계에서 래리의 발자취를 따른다. 산타회 웹사이트에 들어가면 비밀 산타들이 화재 피해자, 집 잃은 사람들, 형편이 어려운 참전 군인과 군 가족들에게 돈을 나눠준 이야기를 찾아볼 수 있다. 또한 미국 프로미식축구 리그 선수였던 딕 버트커스*Dick Butkus*가 샌디에이고에서 100달러 지폐를 사람들에게 나눠주었고, 메이저리그에서 뛰던 루이스 곤잘레즈*Luis Gonzalez* 선수도 피닉스에서 똑같은 선행을 했다고 전한다.

래리의 뜻을 기리기 위해 산타들에게 돈을 기부할 수 있는 재단도 만들어졌다. 첫 기부자는 캔자스시티에서 주차 단속 요원으로 일하던 샘 윌리엄스*Sam Williams*다. 그는 몇 년 전 래리에게 100달러 지폐를 받았던 것을 기억하며 작은 선물을 하고 싶은 마음에 기부금을 냈다. 윌리엄스는 캔자스시티 방송국 KMBC 뉴스와 인터뷰하며 "저는 래리에게 평생 가장 큰 선물을 받았답니다"라고 말했다.

비밀 산타가 되는 것 자체도 선물이다. 협회 웹사이트에는 이런 글이 있다.

"한 사람이 무심코 건넨 친절에는 쉽게 설명할 수도, 값을 매길 수도 없는 고귀한 연민의 마음이 들어 있습니다. 그 순간 우리는 서로의 영혼이 연결되고 삶이 완전히 뒤바뀌는 경험을 하게 됩니다. 비밀 산타가 되는 것은 더할 나위 없는 축복입니다."

더 중요한 것은 이 선물은 누구라도 베풀 수 있다는 점이다. 한 비밀 산타는 이렇게 말한다.

"누가 얼마를 선물하는지가 아니라 그 안에 든 메시지가 중요합니다. 누구라도 따뜻한 말이나 행동으로 비밀 산타가 될 수 있습니다."

그런 작은 행동이 어떤 효과를 가져올지는 누구도 알 수 없다. 래리는 28년 만에 딕시 다이너의 요리사이자 주인인 테드 혼*Ted Horn*을 찾아 이렇게 말했다.

"사소한 친절이 어떤 결과를 낳을지는 누구도 알 수 없습니다. 인생 전체가 바뀔 수도 있죠. 제 인생이 바뀐 것처럼요."[1]

최악의 하루에 필요한 도움

래리가 말했듯 누구도 알 수 없다. 우리가 벌이는 사소한 행동 가운데 어떤 움직임이 변화를 끌어낼지 알 수 없고 그걸 우리가 마음대로 정할 수도 없다. 하지만 결과에 상관없이 행동하는 것이 중요하다. 친절이 단 하루 단 한 사람만을 돕는다고 해도 그것은 의미 있는 선물이 된다. 미아가 병원에 입원하던 날 나도 그런 선물을 받았다.

미아는 이날 우선 팔꿈치 안쪽부터 심장 근처까지 혈관을 따라 관을 삽입하는 말초삽입중심정맥관(PICC) 삽입술을 받았다. 항암제나 기타 약물을 투여하기 위한 '고속 도로'를 짓는 수술이었다. 수술이 끝나자 미아는 매우 고통스러워했고, 휠체어를 끌고 미아가 한 달간 지낼 병실에 도착하니 다른 암 환자들의 고통이 보였다. 이미 머리카락이 다 빠지고 몸도 수척해져 있었으며, 기운도 없는데 PICC가 연결된 수액 거치대까지 있어 걷기도 힘들어 보였다. 겉으로 표는 안 냈지만 나는 겁에 질렸다.

미아가 병실에 들어간 후, 한 달 동안 필요한 물건을 챙기러 집에 다녀와야 했다. 미아가 혼자 있는 게 걱정돼서 서둘렀다. 병원으로 돌아와서 주차하고 보니 암 병동과는 거리가 좀 있는 자리였다. 나는 두 번 왔다 갔다 하지 않도록 여행 가방과 어깨에 메는 가방 여러 개, 베개와 옷가지를 넣은 비닐봉지를 한꺼번에 들었다. 짐 나르는 동물처럼 보였을 것이다. 그런데 아무리 잘 들어보려고 해도 자꾸 짐이 떨어졌다. 도무지 손이 말을 듣지 않았다. 짐이 너무 많으니 당연한 일이었다. 하지만 이미 많이 걸었고 30분이나 시간이 지났기 때문에 차로 돌아갈 수도 없었다.

내가 눈에 띌 수밖에 없었을 것이다. 그렇다고는 해도 어찌된 일인지 내 옆으로 지나가는 사람들이 너무 많았다. 저 많은 짐을 들고 가는 불쌍한 남자 좀 보라고 수군거리는 소리가 나한테까지 들렸다.

나는 보통은 침착한 사람이다. 하지만 이 순간은 지옥 같은 날 가운데에서도 가장 지옥 같았고 하도 이를 악물었던 탓에 입 안이 얼얼하기까지 했다.

'좋은 사람이 되려고 한 대가가 이거야? 기회가 될 때마다 남을 도우려고 했는데? 날 도와주려는 사람이 단 한 명도 없다고?'

드디어 더는 뭘 어떻게 해야 할지 알 수 없는 지경에 이르렀다. 그때 아름다운 목소리가 들렸다.

"도움이 필요해 보이네요. 짐 좀 들어드릴까요?"

나는 거의 울 뻔했다.

의대 전공의라고 밝힌 그 젊은 남자는 미아의 병실까지 짐을 들어줬다. 거기까지 오느라 점심시간이 줄었거나 회의에 15분 정도 늦었을 수도 있다. 사실 잘 모르겠다. 난 그의 이름도 묻지 않았다. 다만 이제 몇 년이 지나 미아의 치료 과정은 기억이 흐릿해졌어도 시간을 내서 날 도와준 그 낯선 사람만큼은 생생하게 기억난다. 그 사람 덕분에 내 평생 가장 스트레스가 심했던 날들 가운데 하루를 견딜 수 있었고 다음 날에 일어날 전쟁에 필요한 힘을 비축할 수 있었다.

인생은 하루하루의 연속이다. 그 하루하루를 살아가면서 서로를 돕겠다고 결심한다면 우리는 어느새 그럭저럭 잘 살아갈 수 있게 된다. 누군가의 삶을 단 하루라도 좀 더 편안하게 또는 좀 더 행복하게 만들겠다는 단순한 결심은 사랑의 많은 형태 가운데 아마도 가장 분명한 형태일 것이다. 이는 서로를 위해 최선을 빌어주는 것 이상의 헌신이다. 그래서 우리는 노숙자에게 식사를 가져다주고 실의에 빠진 사람에게 위로를 전한다. 재난당한 사람을 도와주고 무게를 못 이겨 휘청거리는 사람의 짐을 들어준다.

이렇게 서로의 빈틈을 채운다.

우리가 할 수 있는 것

우리는 모두 다른 사람의 도움을 받을 수 있다. 자신의 빈틈을 혼자 전부 메울 수는 없는 노릇이다. 어떤 하루나 1년 또는 평생을 살아가다 보면 도움이 필요할 때가 있다는 걸 우리는 모두 알고 있다. 다행히 인생은 팀 스포츠다. 우리는 모두 힘든 시기를 겪는 누군가를 위로할 힘이 있다. 그 위로가 단지 그들을 염려한다는 마음을 전달하는 것뿐이라도, 때로는 나를 아끼는 사람이 있는 걸 아는 것만으로도 힘이 난다. 미아가 치료받는 동안 잭의 같은 반 친구 엄마가 이런 쪽지를 보내줬을 때 나도 그랬다.

미아에게,

방금 2학년 게시판에 올라온 글을 보고 인사를 전합니다. 아마도 많이 회복되신 것 같습니다. 하지만 힘을 내라는 말씀과 저희가 항상 생각하고 있다는 말씀을 드리고 싶어요.

잘 지내세요.

질(2학년 학부모)

우리는 질을 한 번도 만난 적이 없었다. 그러나 나는 그 쪽지를 읽고 신기한 효과를 경험했다. 나에게 꼭 필요한 것을 다시 얻은 것처럼 기운이 난 것이다. 아마 질이 모르는 사람이나 다름없다는 사실 때문인 것 같다. 사랑하는 사람뿐 아니라 낯선 사람도 우리에게 애정을 보낸다는 생각이 나를 압도했다.

우리는 다음과 같은 방법으로 누군가를 생각하는 마음을 알릴 수 있다.

작은 일을 하라

우리는 보통 누구에게 도움이 필요한지는 알지만 뭔가를 하는 건 망설일 때가 종종 있다. 뭘 해야 할지 모르거나 상대방이 관심을 부담스러워할 것 같아서다. 또는 그 정도로 잘 아는 사람은 아니란 생각에 망설일 수도 있고 내가 하려는 걸 다른 사람이 이미 했을 것 같을 때도 있다. 하지만 그런 건 전혀 걱정하지 않아도 된다. 그저 그들을 염려하고 생각한다는 걸 알려주면 된다. 15살 아들을 잃은 베스 해킷*Beth Hackett*은 업워시*Upworthy*(긍정적인 이야기를 중점적으로 전하는 미디어 스타트업-옮긴이)에 이런 글을 남겼다. "가장 강력한 공감과 이해는 익명으로 이뤄집니다. 누군가 우리에게 지역 상점의 기프트 카드를 보냈어요. 이름도 주소도 없어요. 몇 주 후 계산대에서 그 카드를 꺼낼 땐 눈물이 나서 혼났죠."

구체적인 일을 하라

"내가 뭘 도와줄까?"라거나 "필요한 게 있으면 알려줘"라고 물어보는 것도 좋다. 하지만 미아가 아팠을 때는 무엇이 필요한지 생각하기도 힘들었다. 그래서 사람들이 우리에게 물어보지 않고 미리 생각해서 뭔가를 해주는 게 너무 좋았다. 예를 들어 이웃은 우리 집 앞 눈을 치워주고 친구들은 식사를 가져왔다. 구체적인 제안을 하는 것도 좋다. "이번 주에 너희 아이들 학교 끝나면 내가 동물원에 데려갈까? 이번 주에 시간이 안 되면 언제든지 알려줘. 정말 데려가고 싶어." 더 많은 일을 하고 싶다면 이렇게 덧붙여도 좋다. "내가 할 수 있는 일이 있다면 좋겠어. 생각나면 연락해줄래?"

열정적으로 움직여라

뭔가 큰 걸 해줘도 되겠다고 생각되면, 당장 실행하라. 우리는 사람들이 우르르 밀고 들어오는 게 좋았다. 미아가 공예반 친구들에게 받은 편지를 여기 소개한다.

공예반 여인들이 너를 겨냥한 공격 활동을 개시한다는 소식을 미리 전한다. 우리는 네가 병원에서 할 만한 다양한 공예 키트를 만들 생각이야. 우리랑 같이 놀고 싶으면 아침 일찍 갈 테니까 함께 만들기도 하고 병실도 꾸미는 거 어때? 캐럴린은 병원 창문에 스텐실 작업을 하겠다고 벼르고 있어. 우리끼리 뜨개질 클럽을 결성하는 것도 좋겠어.
생각해보고 맘에 들면 알려줘. 병실 꾸미기가 별로라면 그냥 만들기 상자나 준비하지 뭐. 하지만 이것도 만만찮게 멋질 거야.

공예반 사람들은 〈퀴어 아이*Queer Eye*〉(성소수자 남성 다섯 명이 일반인 의뢰인의 생활, 외모 등을 바꿔주는 리얼리티 프로그램-옮긴이) 멤버들처럼 쳐들어와 병실을 싹 바꿔놓았다. 덕분에 미아는 기분 전환을 할 수 있었고 병실을 보러 찾아온 간호사들과 유쾌한 대화도 나눴다.

한편 친구 존과 켈리, 그리고 두 사람의 딸 파이는 단순한 선물 꾸러미가 아니라 화려하게 장식한 상자에 물건을 가득 담아서 미아에게 보냈다. 그다지 필요한 물건들은 아니었지만 동시에 꼭 필요한 것이기도 했다.

정기 알림 서비스를 활용하라

친구 매트와 메그, 또 레슬리 이모는 각자의 달력에 주기적으로 표시를 해둔 것 같다. 그렇지 않고서는 미아가 치료받는 동안 매주 한 번씩 연락했을 리가 없다. 큰 병을 진단받거나 주변 사람이 사망하거나 이혼 또는 다른 가슴 아픈 사건을 겪은 직후에는 사람들의 연락이 쏟아지다가도 시간이 좀 지나면 연락이 뜸해질 때가 많다. 하지만 스트레스와 고통은 시간이 지난다고 자연스레 줄지 않는다. 그래서 계속 연락하는 사람이 더 고맙다. 어렵게 생각할 필요는 없다. 레슬리 이모는 미아의 상태를 물어보는 대신 2주에 한 번씩 우스꽝스러운 카드에 자신의 일상을 적어 보냈다. 다른 말은 필요 없었다. 우리는 이모의 마음을 느낄 수 있었다.

동네 사정을 살펴라

친절함은 가족과 친구 사이에만 한정되지 않는다. 누군가를 잘 모

르더라도 큰 도움을 줄 수 있다. 청소년 지도사 아딜 아마드*Adeel Ahmad*
는 무슬림을 향한 적대감이 점점 커지던 2017년 2월 미네소타주 쿤래
피드의 누스랏 모스크에 갔다가 문밖 화분에 커다란 종이 하트가 붙
은 걸 봤다. 그 옆에는 '우리의 친구와 이웃에게'라고 적힌 분홍 봉투
가 있었다. 봉투를 열어보니 '친구들에게, 이곳에 와줘서 감사합니다.
여러분 덕분에 우리가 더 강해지고 더 훌륭해지고 더 친절해집니다.
평화가 우리 모두와 함께하기를'이라고 쓰여 있었다.

당신은 누구에게 이런 편지를 보내겠는가?

산타처럼 생각하라

모르는 사람들에게 선물을 전하라. 한 번도 만난 적 없지만 그들을
생각하는 누군가가 있음을 알게 하라. 이 책 뒷부분에 실린 '명예의 전
당'에 여섯 개 기관을 적어두었다. 이곳을 통해 다른 데서는 선물 받을
일이 없는 아이들이나 군인, 그 밖의 모르는 사람들에게 선물을 보낼
수 있다.

....

위기를 겪는 사람은 감정이 극대화되어서 사소한 행동이라도 아주
크게 느낀다. 정말이다. 문자 메시지, 이메일, 전화 통화처럼 2분 남짓
걸리는 행동이 의외로 강력한 힘을 발휘한다는 걸 기억하자.

15분 동안 할 수 있는 일

응원을 기다리는 사람이 있는가? 종이나 휴대폰에 그 사람들의 이름을 적자. 당신이 그들을 생각한다는 걸 어떻게 알려줄 것인가? 문자, 기프트 카드, 책 또는 좋아할 만한 것은 무엇이든 보내도 좋다. 지금 당장 시간이 안난다면 목록에 있는 사람을 응원할 날짜를 달력에 표시하라.

chapter 2

삶의 본보기

"네 삶이 기회란다. 꼭 붙들거라."

– 영화 〈마고리엄의 장난감 백화점〉에서 미스터 마고리엄이 한 말

어느 날 내 친구 토니와 다섯 살 난 딸 마야가 캘리포니아 북부를 차로 이동하는데 아이가 길가에 서 있는 여성을 가리켰다.

"저 사람은 왜 팻말을 들고 모퉁이에 서 있어요?"

"노숙자라서 음식을 구걸하는 거야."

"우리가 음식을 주면 안 돼요?"

토니는 정곡을 찔린 기분이었다. 여인에게 음식을 주면 왜 안 되겠는가?

"사람들을 돕는 건 중요한 일이라고 딸에게 항상 말해왔고 저도 남을 잘 돕는 사람이라고 스스로 생각했어요. 하지만 전혀 그렇지 않았던 거죠. 그래서 할 수 있는 일을 했습니다. 차를 세우고 우리가 먹으려고 한 점심을 그 사람에게 줬어요."

수척한 몸에 옷을 겹겹이 껴입은 여성은 토니를 향해 활짝 웃으며 말했다. "고마워요. 신이 당신과 아름다운 딸에게 축복을 내리기를."

"내내 보던 모습이라서 점점 안 보게 됐던 겁니다. 문제가 너무 광범위해 보였기 때문에 푸는 것도 복잡할 거라고 생각했죠. 반응하지 않는 게 가장 쉬운 방법이었어요. 그 사람들에게 돈을 주면 나쁜 데에 써버릴까 봐 두려웠고요. 그들도 사람이란 걸 잊어버렸던 겁니다. 너무 당연한데도 다섯 살짜리 딸이 일러주고서야 그걸 깨달았습니다. 내가 원하는 사람이 될 수 있게 마야가 알려준 거죠. 그들이 돈을 제대로 쓰지 않을 거라는 두려움 때문에 그냥 지나쳐서는 안 됩니다. 적어도 노숙자들과 눈을 마주치며 얼굴을 알아보고 도울 수 있을지 생각해야 합니다."

토니의 이야기에 나도 잭의 손을 잡고 걸어가면서 노숙자들을 못 본 척 지나칠 때가 얼마나 많았는지 반성했다. 나는 그런 사람이 되고 싶지 않았다. 항상 내가 남을 돕는 사람이라고 생각했고 잭에게 친절이 얼마나 중요한지 자주 이야기했지만 마야의 질문을 통해 중요한 건 생각이나 말이 아니라 행동이라는 사실을 다시 한번 깨달았다.

한 번의 저녁 식사

단 하루 단 한 번의 행동도 본보기가 될 수 있다. 전 필라델피아 시장 윌슨 구드*Wilson Goode*는 열두 살 때 어머니가 곤경에 빠진 사람을 대하는 모습을 보고 수십 년이 지나 노숙자를 위한 프로그램을 만들었다.

구드가 노스캐롤라이나주의 소작 농가에서 자라던 어느 날 저녁 한 남자가 문을 두드렸다.

"그 사람이 어머니에게 배가 고프다고 하자 저녁을 짓던 어머니는 한 치도 망설이지 않고 들어오라고 한 후 같이 밥을 먹게 했습니다. 당시 전 열두 살이었는데 처음엔 그 사람이 우리 밥을 다 먹는 게 싫었어요. 밥 먹을 사람이 여덟 명이나 더 있는데 어머니가 그 사람에게 음식을 다 줘버렸고 우리에게 남은 건 하나도 없다는 사실에 충격을 받았죠."

하지만 윌슨은 밥을 먹으면서 그런 싫은 마음이 사라지고 너그러움이 솟아나는 걸 느꼈다.

"전 동전으로 1달러 정도를 모아서 침대 밑에 쑤셔 넣어놓았어요.

그 사람이 떠나기 전에 제가 가진 전 재산을 줬습니다.”

30년 후 1980년대 초반 필라델피아시에서 상무이사로 일하던 구드는 어느 날 같은 건물에 근무하는 보건 위원의 전화를 받고 비슷한 마음이 솟아나는 것을 느꼈다.

“이사님, 러브 파크를 좀 보세요.”

구드는 창밖으로 길 건너편의 공원을 내려다봤다. 저녁 어스름에 50명 정도 되는 노숙자들이 잠자리를 마련하는 것이 보였다. 구드는 오래전 비슷한 시간에 집에 찾아온 떠돌이 남자를 떠올렸고 자신이 해야 할 일을 깨달았다.

구드는 그날 저녁 당장 팀원들을 동원해 시내 소방서 한 곳의 지하실을 찾아냈다. 그리고 그곳에 간이침대와 음식을 채웠다. 몇 시간 만에 임시 보호소가 생겼고 필라델피아 최초의 노숙자 프로그램이 시작됐다. 구드는 시장에게 알릴 새도 없이 계획을 실행했다.

“그 사람들의 상황을 보니 당장 대응해야겠다는 생각이 들었습니다. 제가 열두 살일 때 우리 집에 찾아와 음식을 구걸한 사람을 어머니가 어떻게 대하는지 봤기 때문에 망설이지 않고 움직였습니다.”

구드의 어머니가 보여준 한 번의 친절 덕에 오늘날 필라델피아의 수많은 노숙자가 도움을 받고 있다. 필라델피아의 노숙자 종합 지원 프로그램은 구드의 지휘 아래 괄목할 만한 성장을 이루어 노숙 예방, 긴급 주거 공급, 거주 간호를 병행하는 요양원까지 갖추고 있다. 한 사람을 저녁 식사에 초대한 일이 이런 효과를 낳을 줄 누가 알았겠는가?

모리스와 함께한 월요일

로라 슈로프*Laura Schroff*와 모리스 마지크*Maurice Mazyck*는 맥도날드에서 먹은 점심 한 끼로 삶이 완전히 바뀌었다. 그러나 어쩌면 아무 일도 일어나지 않을 수 있었다.

"실례합니다. 잔돈 있으세요? 배가 고파요."

1986년 9월 어느 날 모리스가 말했다. 보통 때라면 로라는 못 본 체하고 계속 걸어갔을 것이다. 맨해튼에서는 돈을 구걸하는 사람들을 쉽게 무시할 수 있다. 로라는 자신의 책『모리스의 월요일*An Invisible Thread*』에서 이렇게 말한다. "구걸하는 사람이 하도 많으니 대부분 다른 데를 보며 지나친다. 문제가 워낙 광범위하고 고질적인 것으로 보이기 때문에 멈춰서 걸인 한 명을 돕는다고 해도 의미가 있을 것 같지 않다. 그래서 우리는 매일 이들을 지나친다. 일상을 살아가는 수많은 사람들은 이들을 도울 수 없다는 사실을 그저 받아들인다."

로라도 그를 지나쳤다. 하지만 곧 멈춰 섰다.

'배가 고프다고 했어.'

어려 보인다고 생각은 했으나 다시 돌아가 보니 아직 어린 소년이었다.

"실례합니다. 잔돈 있으세요? 배가 고파요."

로라는 그냥 돈을 주고 싶지 않아서 맥도날드에 가자고 했다. 그렇게 35세 광고사 임원과 더러운 운동복에 낡아빠진 운동화를 신은 11세 걸인은 맥도날드에 들어가서 햄버거와 감자튀김과 초콜릿 셰이크를 먹었다.

로라와 모리스는 점심을 먹은 후 가까운 공원에서 아이스크림을 먹고 쇼핑몰에서 비디오 게임을 했다. 로라는 아이에게 명함을 주면서 필요한 게 있으면 전화하라고 했다. 이후 며칠 동안 계속 모리스가 생각났지만 전화는 오지 않았다. 로라는 모리스에게 전화 걸 동전이 없을 수도 있겠다는 생각에 아이를 다시 찾아갔다.

로라는 두 사람이 만났던 모퉁이 근처에서 모리스를 발견했다. 모리스는 로라가 찾아와주길 기다렸다고 했다. 둘은 다시 맥도날드에 가서 햄버거와 감자튀김을 먹었다.

"다음 주 월요일 밤에 아까 그 모퉁이에서 다시 만날래? 하드록 카페(미국의 레스토랑 체인-옮긴이)에 데려갈게."

모리스는 활짝 웃으면서도 망설였다.

"이 옷 입고 가도 돼요? 이 옷밖에 없거든요."

"물론이지."

월요일 밤에 만난 모리스의 얼굴은 말갛게 빛났고 버건디색 운동복도 깨끗했다. 단단히 준비한 것 같았다.

두 사람은 이번에도 즐거운 시간을 보냈고 앞으로 월요일마다 만나서 저녁을 먹기로 했다. 새로운 전통이 시작됐다.

전혀 다른 두 세계의 만남이었다. 모리스는 방이 하나밖에 없고 친척들과 약물 중독자들이 들락거리는 공공 주거 시설에서 살았다. 폭력적이고 혼란스러운 가정이었고 모리스는 거의 혼자 알아서 살았다. 반면에 두 블록 옆에 사는 로라는 경비원이 있는 고층 빌딩에 살았다.

모리스에게는 로라를 만나는 시간이 진정한 탈출구였다.

하지만 모리스가 처음으로 로라의 세계에 들어갔을 때는 둘 다 꽤 긴장했다. 로라는 모리스를 대여섯 번 정도 만난 후 집에 초대해서 직접 만든 음식을 대접해야겠다고 생각했다. 하지만 친구들은 거리에서 생활하는 아이를 집에 데려오는 건 위험하다고 했다. 모리스 역시 로라의 집 거실 소파 끝에 엉덩이를 걸치고 있자니 불편하기 짝이 없었다(로라는 몰랐지만 모리스는 이때 만능 칼을 하나 훔쳐서 몸에 지니고 있었다. 뭔지는 몰라도 로라의 관대함 뒤에 함정이 있을 거라고 생각했기 때문이다). 불편한 분위기를 없애고 긴장을 풀기 위해 로라가 바로 본론으로 들어갔다.

"내가 널 초대한 이유는 널 친구라고 생각하기 때문이야. 친구는 신뢰가 기본이지. 이 이야기는 앞으로 절대 안 할 거야. 하지만 우리 집에서 뭔가가 없어진다면 우린 절대 친구가 되지 못할 거야."

모리스는 혼란스러워 보였다.

"내 말 이해했어?"

"로라 씨, 저랑 친구가 되고 싶은 것뿐이에요? 그게 다예요?"

"그럼, 당연하지."

모리스의 표정에 긴장이 풀렸다.

"로라 씨, 약속한 겁니다."

모리스는 일어섰고 두 사람은 악수했다.

두 사람은 매주 만나 점심을 먹고 쿠키를 굽고 TV를 보고 책을 읽었다. 모리스는 로라의 소파에서 낮잠을 자거나 방해하는 사람 없이 하고 싶은 일을 했다. 이제 이 만남은 두 사람이 고대하는 일상이 됐고 모리스가 일주일을 견디는 힘이 됐다.

그러다가 어느 토요일에 모리스가 예고 없이 로라의 아파트에 찾아왔다.

"방해해서 정말 죄송하지만 너무 배가 고파요. 뭐 좀 먹을 게 없을까요?"

로라는 모리스가 이틀 동안 아무것도 못 먹었고 그럴 때가 흔하다는 사실을 알게 됐다. 모리스는 자주 밥을 굶었고 어느 때는 너무 배가 고파 위에 구멍이 난 것 같기도 했다. 이 사실을 받아들이기 힘들었던 로라는 한 가지 계획을 세웠다.

"모리스, 네가 매일 굶다시피 한다는 게 너무 괴로워. 이렇게 해보면 어떨까? 일주일 동안 쓸 돈을 내가 주는 거야. 그럼 넌 그 돈을 아껴서 쓰는 거지. 아니면 월요일 밤에 같이 슈퍼마켓에 가서 네가 먹고 싶은 걸 다 산 다음, 일주일 동안 내가 네 점심을 만들어주는 거야. 경비원에게 맡겨둘 테니 학교 가는 길에 들고 가면 돼."

"점심을 만들어주실 때 갈색 봉투에 넣어주실 수 있을까요?"

"갈색 봉투에 넣어줬으면 좋겠어?"

"네, 갈색 봉투에 도시락을 싸 가고 싶어요. 다른 애들은 갈색 봉투에 점심을 싸 와요. 그럼 그 친구를 보살피는 사람이 있다는 걸 모두 알아요."

두 달 뒤 학부모 상담 시간에 모리스를 위해 학교에 갈 어른이 없을 때도 로라가 나섰다. 로라의 책에 교사와 나눈 대화가 적혀 있다.

"모리스가 슈로프 씨를 아주 자랑스러워한답니다. 자주 이야기해요." 선생님이 말했다.

"저도 모리스가 자랑스러워요. 정말 특별한 아이예요."

"슈로프 씨, 꼭 드릴 말씀이 있어요. 모리스 같은 아이들은 실망할 때가 너무 많아요. 매일 누군가가 나타나 기를 꺾어놓습니다. 모리스의 삶에 무작정 발을 들였다가 그냥 발을 빼시면 안 됩니다. 모리스를 도와주고 싶다면 정말 진심으로 도와주셔야 해요. 어느 날 그냥 내팽개치시면 안 돼요."

"모리스는 제 친구예요. 절대 친구를 떠나지 않을 겁니다."

로라와 점점 친해질수록 모리스는 로라의 가족을 자주 만나게 됐다. 어느 크리스마스에 로라의 여동생 아네트의 집을 방문한 모리스는 처음으로 미래를 생각했다. 모리스의 눈에 비친 아네트의 인생은 놀라웠다. 뉴욕 교외에 사는 아네트의 집은 욕실이 세 개나 있고 세탁기와 건조기가 있었으며 TV를 보는 방이 따로 있었다.

더 놀라운 점은 가족 전체가 함께 앉아 저녁을 먹는 것이었다. 모리스의 집에서는 다 같이 밥을 먹는 건 고사하고 앉아서 먹는 사람도 없었다. 그냥 음식이 손에 주어지면 그 자리에서 먹었다. 모리스에게는 계시와도 같은 시간이었다.

그날 밤 집에 돌아가는 길에 로라가 그날 가장 좋았던 게 뭐냐고 물어봤다. 로라는 아네트의 아이들과 뒷마당에서 자전거 타고 놀았던 일이 가장 즐거웠을 거라고 짐작했다.

"그 방이 가장 좋았어요."

"무슨 방?"

"우리가 저녁 먹은 그 화려한 방 있잖아요."

"아, 그건 식당이야. 왜 그 방이 마음에 들었어?"

"음식이 정말 훌륭했어요. 하지만 사람들이 다 같이 이야기하고 웃는 게 좋았어요. 저도 언젠가 어른이 되면 그런 방을 가질 기예요."

평생 받은 선물이라곤 구세군에게 받은 곰 인형과 할머니에게 받은 마리화나밖에 없던 모리스는 그날 밤 많은 선물을 받았다. 그중 가장 중요한 선물은 꿈이 생긴 것이다.

"그때는 내일을 생각하지 않았어요. 그저 하루하루 살았죠. 커서 뭘 할지보다 다음 날 뭘 먹을지가 더 걱정이었어요. 제가 살던 방식을 생각하면 과연 어른이 될 수 있었을까 싶어요. 하지만 로라를 만난 후 삶을 바라보는 시야가 넓어졌어요. 저도 직업이 생길 수도 있겠다고 생각했어요. 태어나서 처음으로 어른이 된 제 모습을 그려봤고 어쩌면 일하는 모습도 생각해봤습니다." 『모리스의 월요일』에서 모리스가 한 말이다.

모리스는 그렇게 고등학교 검정고시를 보고 대학을 졸업했다. 현재는 건설업에 종사하고 부인과 일곱 명의 자녀를 낳고 20년째 결혼생활을 유지하고 있다. 지역 청소년 단체에서 아이들의 멘토 역할도 한다.

만일 로라가 음식을 사 먹으라고 몇 푼 건네고 말았다면 이런 일은 일어나지 않았을 것이다.

"지금도 이틀 동안 아무것도 못 먹었을 때 위장에 느껴지던 고통이 생생해요. 하지만 신이 저에게 천사를 보내주셨죠. 제 천사는 로라 엄마예요. 죽을 때까지 엄마를 사랑할 거예요."

두 사람의 관계는 로라의 인생도 바꿨다.

"모리스를 만난 건 정말 행운이었어요. 전 35세였고 시간에 쫓겨 종종거리며 살았죠. 그러다 어느 날 갑자기 이 아이가 내 인생에 나타나 이런 놀랍고 새로운 관점으로 세상을 보게 했고 제 삶에 목적을 줬어요. 모리스 덕에 눈을 뜨고 수많은 것들에 마음을 열게 됐어요. 모리스는 가장 위대한 교훈을 저에게 가르쳐줬습니다. 제가 가진 것에 감사하게 됐으니까요. 하루라도 모리스의 입장이 돼본다면 절대 인생에 대해 불평하지 않을 거예요. 모리스는 또 회복력과 용기를 저에게 가르쳐줬고 갈색 봉투에 든 점심의 진정한 의미를 알려줬습니다."

모리스는 식당에 큰 테이블을 놓고 가족이 함께 식사하고 대화하는 것이 얼마나 중요한지도 가르쳐주었다. 모리스는 오늘도 큰 식탁에서 가족과 저녁을 먹는다.

내가 알아야 할 모든 것은 대학 첫 학기에 배웠다

학교는 많은 사람에게 영향을 미칠 수 있는 독특한 기관이다. 이 영향은 지속적인 친절을 통해서 나타날 수도 있고 수십 년 후 효과가 나타나는 한 번의 결정으로 나타날 수도 있다. 해버퍼드대학*Haverford College*이 하워드 루트닉*Howard Lutnick*에게 미친 영향은 졸업 후 18년이 지나서 나타났다.

2001년 9월 11일 테러리스트들이 비행기를 납치해 세계무역센터로 돌진했을 때, 하워드와 그의 부인은 아들을 브롱크스의 유치원에 들여보내고 있었다. 사고 소식을 들은 하워드는 자신이 회장을 맡고 있던 금융 서비스 회사, 캔터 피츠제럴드*Cantor Fitzgerald*의 직원들이 무사한지 확인하러 사고 현장으로 달려갔다. 제1세계무역센터에 있는 로어맨해튼 사무실에는 960명의 직원이 소속되어 있었다.

하워드가 현장에 도착해보니 사람들이 건물 밖으로 쏟아져 나오고 있었다. 하지만 그날 사무실에 출근한 직원 658명은 한 명도 보이지 않았다. 곧 제2세계무역센터가 붕괴했고, 그는 넋이 나가 먼지 속에서 헤매다가 거의 탈진 상태에 이르러 그곳을 빠져나왔다.

살아남은 직원은 한 명도 없었다. 비행기가 돌진한 층이 93층이고 캔터 피츠제럴드 사무실은 충돌 지점 위에 있었다. 직원들에게는 탈출할 방법이 없었다.

더욱더 안타깝게도 캔터 피츠제럴드는 직원의 친구와 가족을 적극적으로 고용하는 회사였다. 함께 일하고 싶은 사람들을 같이 고용해야 한다는 게 이 회사의 신념이었다. 그래서 생존자들은 동료뿐 아니라 친구와 가족도 잃었다. CEO부터 경비원까지 모두 마찬가지였다. 하워드는 동생을, 경비원인 제임스 하퍼는 매형을 잃었고, 두 사람 모두 친한 친구를 잃었다. 형제가 함께 죽은 경우가 27건이었다. 도무지 받아들일 수 없는 상황이었다.

비극이 일어난 후 사무실에 있지 않았던 직원들과 연락할 방법이 없었던 회사는 언론을 통해 전화 회의를 열겠으니 참석하라고 말했다. 이 회의가 상황을 뒤바꿨다.

"전 이렇게 말했습니다. '우리가 다시 일터로 돌아간다면 그건 절대 돈 때문이 아닙니다. 결단코 일하고 싶은 마음도 돈 벌고 싶은 마음도 없어요. 그저 가족들을 꼭 안고 이불 밑에 들어가 있고 싶을 뿐입니다. 하지만 제가 다시 일을 시작하려는 유일한 이유는, 우리가 잃어버린 사람들의 가족을 돕기 위해서입니다.' 전화 회의에 참석한 전원이 만장일치로 회사를 다시 열기로 했습니다."

대학생 때 가족에게 외면당한 경험이 있는 하워드는 이런 상황에서 손 놓고 있어선 안 된다는 사실을 잘 알았다.

"어머니는 제가 11학년 때 돌아가셨고 아버지는 제가 해버퍼드대학에 입학한 첫 주에 살해당했습니다. 친척들이 우리를 멀리하더군요. 누나가 21세, 제가 18세, 동생이 15세였습니다. 친척들은 우리가 매달릴 줄 알았나 봐요. 삼촌도 우리를 만나서 우리 몸에 손이라도 닿으면 우리가 절대 안 떠날 거라고 생각했죠. 그래서 아무도 우리를 초대해서 저녁을 주거나 하는 일이 없었어요. 그때 외면당하는 것이 어떤 기분인지 알았습니다."

해버퍼드대학 교직원들은 하워드를 안 지 일주일밖에 안 됐지만 다른 모습을 보여줬다. 대학 학장이 즉시 하워드에게 전화해 대학에서 학비를 내겠다고 이야기했다. 하워드의 누나가 다니는 학교에서는 학비를 댈 수 없으면 웨이트리스라도 해야 한다고 말해 해버퍼드대학의 제안은 더욱 의미 있었다.

"해버퍼드대학은 저에게 인간의 의미가 무엇인지 보여주었습니다."

이렇게 말하는 하워드는 9·11 비극 이후 똑같은 인류애를 실천했다. 사망한 직원들의 가족을 경제적으로 지원하겠다고 약속했을 뿐 아니라 그들에게 일일이 전화하고 1,300통의 위로 편지를 직접 써서 전달했다. 또 재단을 만들어 누나에게 가족을 위한 정보 제공과 지원 및 변호 활동을 진행하도록 했다.

그러나 가족들에게 경제적 도움을 줄 수 있는 실질적인 방법인 사업을 재개하는 일이 영 가능해 보이지 않았다. 우선 직원과 기본 시설이 부족했다. 회사 컴퓨터 보안 시스템의 비밀번호 가운데 다수는 사망한 직원들만 알고 있었고 비밀번호 정보가 담긴 외부 백업 파일은 제2세계무역센터의 지하에 보관돼 있었다.

하워드는 외부에 도움을 요청하지도 않았는데 다들 도와줬다고 말한다.

"마이크로소프트에서 50명이 찾아와 우리 시스템을 해체했습니다. 시스코Cisco(네트워킹, 보안 서비스 등을 제공하는 다국적 기업-옮긴이)는 세상에 존재하는 모든 하드웨어 부품을 차량 18대에 싣고 나타나 뉴저지에 임시로 마련한 사무실 밖 곳곳에 세웠습니다. 우리가 12번 트럭에 있는 부품을 요청하면 손수레를 끌고 가서 찾아오는 식이었죠."

안타깝게도 캔터 피츠제럴드가 잿더미에서 다시 일어서려고 애쓰는 동안 경쟁사들은 이를 대단한 기회로 생각했고, 9월 13일 목요일 경쟁 채권 시장이 문을 열었다. 민간 비행기들은 미국에 이틀간 발이 묶이고 미국 프로미식축구 리그와 메이저리그는 사망한 사람들을 애도하는 뜻에서 경기를 취소했는데도 새 채권 시장은 문을 연 것이다.

캔터는 고객을 유지하는 것 외에도 9월 10일에 체결한 수십억 달러에 달하는 거래를 결제해야 했다. 기록은 전부 지워졌어도 약속은 지켜야 했다. 그래서 하워드의 팀은 더욱 열을 올렸다. 온라인 전자 채권 거래 플랫폼을 되살리기 위해 새 사무실의 백업 데이터 센터에서 밤낮없이 일했다. 간이침대나 의자에서 틈틈이 잠을 자고 차에서 자기도 했다. 그리고 그 주말에 직원을 30명 이상 고용했다.

"월요일에 일을 시작할 수 있고, 살아 있고, 일을 어느 정도 이해할 것 같은 사람은 무조건 고용했습니다."

그들은 경주마처럼 전력 질주했다.

런던 사무실 직원들도 일에 매달렸다. 사망한 뉴욕 직원들의 일을 받아 고객들에게 전화를 돌리며 거래를 유지하기 위해 애썼다. 또 은행도 대금을 치를 수 있게 700억 달러를 대출해주었다.

이 모든 노력이 결실을 맺었다. 월요일 캔터 피츠제럴드는 온라인 거래 플랫폼을 열었다. 고객들이 이를 알 방법이 없었으므로 하워드는 언론 인터뷰를 진행했다.

"영업 사원이 없으니 우리가 영업을 재개했다는 걸 알릴 방법이 없어서 TV에 나갔습니다. 거기서 이야기하면서 울기 시작했죠. 누군가 '658명'이라고 말하는 순간 울지 않을 도리가 없었어요. 자제하려고 했지만 658이라는 숫자가 들리기만 하면 울음이 나왔습니다. 하지만 가족들을 생각해야 했습니다."

그렇게 다시 일어섰지만 문제는 거기서 끝이 아니었다. "영업을 재개할 당시 직원이 너무 부족해서 한 고객당 한 건만 거래하기로 규칙을 정했습니다. 일을 망치지 않기 위해서였죠. 우리는 임시로 얼기설기 엮어둔 집이나 마찬가지였으니까요."

하지만 '한 건'만 거래하는 규칙을 받아들이지 못한 고객이 있었다.

"미국 최대의 자산 관리사 중 한 곳의 직원이 전화로 그러더군요. '아니, 아니, 이해를 못 하시네요. 우리 투자 위원회에서 오늘 아침 결정한 내용이에요. 우리 거래를 전부 캔터 피츠제럴드와 하기로 했어요.' 저희도 말했죠. '아니, 이해를 못 하시는군요. 일할 사람이 없어서 못 하는 거예요. 제대로 처리하지 못할 겁니다. 절대 안 돼요.' 그 사람도 그랬죠. '저도 방법이 없어요. 이렇게 하라는 지시를 받았으니까요. 캔터 피츠제럴드에서 못 해준다면 제가 직장에서 잘려요. 팩스로 우리가 원하는 걸 모두 보낼게요. 다 처리해주세요. 최대한 잘해보세요. 우린 그걸로 만족해요.' 그러더니 끊었어요."

캔터 피츠제럴드 역사상 가장 바쁜 날이었다.

"사람들의 친절함에 죽을 뻔했답니다. 우리는 세상에다가 우리가 배고프다고 알린 셈이었어요. 그랬더니 세상 사람들이 모두 빵을 떼서 우리 입에 넣어준 거죠."

하워드는 많은 직원을 잃은 회사가 너무 많은 거래를 처리하지 못할 것을 걱정했지만 직원들은 힘을 모아 난관을 헤쳐 나갔다. 9·11 희생자의 가족을 돕는 임무도 완수할 수 있을 것 같았다. 회사는 5년 동안 이익금의 25퍼센트를 희생자 가족을 위해 쓰고 10년 동안 이들의 의료 혜택을 보장하겠다고 계획했는데, 첫날부터 성공할 조짐이 보였다.

그다음 로스앤젤레스 사무실에서 직원 16명이 전부 며칠 후에 있을 회사 추도식에 참석하겠다는 전화가 왔다. 하워드는 직원들의 마음에 감동했지만 한편으로는 뭔가 문제가 생겨날 것 같았다. 이들 영업 사원 16명은 회사 자산 부문에 없어서는 안 되는 최고의 직원들이었고 어떤 의미에서는 핵심 인재들이었다. 이들이 희생자의 가족을 위해 회사가 들이는 노력에 동참하지 않는다면, 위기 상황을 불편하게 생각하고 회사의 앞날을 불안해한다면, 다시 말해 마음을 바꿔 회사에서 등을 돌린다면 캔터 피츠제럴드는 곧 내리막길을 걸을 것이다.

하워드는 뉴욕에 온 LA 지사 직원들을 집에서 맞이했다. 그가 생각할 수 있는 것은 그 직원들이 얼마나 중요한 인재인지 보여주는 것뿐이었다.

"그들은 정말 대단한 실력자들이었습니다. 회사 수익의 상당 부분을 책임지는 사람들이었죠. 어딜 가든 일자리를 구할 수 있었을 거예요. 우리는 크게 망가진 기업이었으니 한 발만 나서면 큰돈을 벌 수 있을 겁니다."

하워드가 직원들이 모인 방에 들어가자 모두 그를 둘러쌌다. 그는 최악의 말을 상상하며 마음을 다잡았다. '하워드, 우린 정말 당신을 좋아해요. 하지만 죄송하게도 떠나야겠네요.'

하지만 그들은 그렇게 말하지 않았다. 대신 이렇게 말했다.

"우린 절대 안 떠날 겁니다."

"아직도 울컥합니다. 믿을 수 없는 일이었어요." 하워드의 말이다.

그렇다, 16명은 지금도 이 회사에서 일한다.

9·11 사태 이후 5년 동안 캔터 피츠제럴드 구호 기금은 세계무역센터에서 사망한 직원 가족들에게 1억 8,000만 달러를 기부했다. 그리고 매해 9월 11일이 되면 이 회사는 그날 수익의 100퍼센트를 자선 단체에 기부한다. 이 금액이 총 1억 5,900만 달러에 이르고 2018년에만 1,200만 달러가 넘었다. 구호 기금은 이제 자연재해 및 사고 희생자, 봉사활동을 펼치는 자선 단체, 상이군인을 돕는다. 이 금액이 총 3억 3,600만 달러다.

하워드는 종종 그렇게 열심히 직원 가족을 도운 동기가 무엇이냐는 질문을 받는다.

"해버퍼드대학은 제게 인간의 의미를 알려줬습니다. 그리고 9·11은 인간이 되는 법을 표현할 수 있게 문을 열어줬습니다."

하워드는 캔터 피츠제럴드를 통한 기부에 앞장서는 한편 해버퍼드 대학에 6,500만 달러를 기부해 이 대학 역사상 가장 기부를 많이 한 사람이 됐다. 이 돈은 남동생 및 캔터 피츠제럴드에서 일한 가까운 친구 두 명의 이름을 붙인 건물과 기부 장학금 형태로 전달됐다.

하워드는 자신의 행동이 대학에서 배운 교훈에 비교하면 아무것도 아니라고 생각한다.

"누구나 다른 사람의 삶을 바꿀 기회를 만납니다. 그 기회를 잘 포착하면 해버퍼드대학이 저에게 한 일을 할 수 있습니다. 해버퍼드대학은 저에게 본질적인 교훈을 가르쳐줬고 전 그 교훈을 실천할 기회를 질대 놓지지 않았죠."

우리가 할 수 있는 것

아버지는 나에게 좋은 사람이 되라고 가르쳤다. 그리고 사람들에게 기꺼이 손을 내밀고 귀를 기울였다. 아버지가 못을 박을 줄 알았는지는 잘 모르겠지만 우리 집 지하실에는 온갖 연장이 있었다. 회계사였던 아버지가 이웃들의 소득 신고를 무료로 해주고 매년 보답으로 새 연장을 받았기 때문이다.

아버지가 걸프전 편지 쓰기 프로그램을 통해 보낸 격려 편지를 받은 군인과 그의 가족이 우리 집에 찾아온 일도 있었다. 슈퍼마켓에 가면 사람들이 나를 보고 "네가 조 애런슨의 아들이냐?"고 물어보곤 했다. 내가 그렇다고 하면 "정말 좋은 사람이야"라거나 "너희 아버지는 정말 훌륭한 사람이야"라는 대답이 돌아왔다.

우리 삶이 바로 본보기다. 의식조차 하지 못하지만 우리는 알게 모르게 다른 사람을 돕고 때로는 그들의 관점을 바꾼다.

나는 사람들이 보여준 본보기에서 수많은 교훈을 얻었다. 내가 더 나은 사람이 되고 일상적인 소통을 통해 더 많은 변화를 이끄는 데 도움을 준 몇 가지 아이디어를 여기 소개한다.

의식하라

자녀가 있다면 당신이 하는 모든 행동을 자녀가 지켜본다고 가정하라. 실제로도 그렇다.

더 나은 결정을 내려라

우리는 그다지 자랑스럽지 않은 말이나 행동을 합리화할 때가 있다. 내 친구 한 명은 그런 합리화를 피하려고 온 세상이 그의 결정을 다 알고 있다고 가정한다. 또 다른 친구는 직원들에게 그들의 결정이 「월스트리트 저널」 1면에 실린다는 상상을 하라고 이야기한다. 나는 가족이 내 모든 결정을 다 안다고 상상한다. 당신의 결정을 잘 알 것 같은 사람은 누구인가?

당신이 테이블을 공중에 띄울 수 있다고 믿게 하라

"일을 잘하면 6개월 후에는 테이블을 띄울 수 있다고 말해도 아이들이 믿을 겁니다." 비행 청소년을 위한 멘토 훈련 과정에서 감독관이 이렇게 말했을 때 나는 말도 안 된다고 생각했다. 그 아이들은 법을 위반해서 문제를 겪는 아이들이지 바보는 아니었다. 하지만 강의가 끝날 때쯤 되자 감독관의 말을 이해할 수 있었다. 약속을 다 지키거나 대부분이라도 지키는 사람이 거의 없다 보니(시간 약속조차도!) 한 번 꺼낸 약속을 반드시 지키면 눈에 띄는 사람이 되고, 그런 사람이 테이블을 띄운다든가 하는 이상한 행동을 약속하면 무슨 방법이 있겠거니 하는 것이다. 그렇게 그 사람은 하겠다고 한 일은 꼭 하는 몇 안 되는 사람이 된다.

진실을 말하라

어떤 부부가 나와 미아가 자신의 집을 사려고 했다가 취소했다고 소송을 걸었다. 부동산 매매 계약을 취소하는 건 합법이기 때문에 나는 화가 났다. 더군다나 그 남편은 부동산업자여서 관련 법을 잘 알았다. 그런데 왜 우리를 고소했을까? 나는 하소연도 하고 조언도 얻기 위해 친구 존에게 전화를 걸었다. 존은 내 말을 듣더니 몇 가지 질문을 던졌다. 그다음 내가 법을 어기진 않았어도 이 상황은 내 잘못이라고 말하며 이유를 설명해줬다. 나는 존의 솔직함에 감사한다. 존은 조언이 필요할 때 내가 찾아가는 사람이다. 그는 내가 원하지 않더라도 내게 진실을 말한다. 나도 이제 상대방이 원하는 말을 그대로 해주는 편이 훨씬 쉽더라도 진실을 말하려고 노력한다.

손을 흔들어라

길을 건너려고 기다리는데 교차로에 선 자동차 운전자가 나에게 지나가라는 의미로 손을 흔들었다. 보통은 다들 손목을 빠르게 꺾는 손짓을 하는데, 그것도 좋긴 하지만 운전자가 의무감으로 날 기다리는 것 같아 서둘러야 할 것 같은 기분이 든다. 이 운전자가 친절하게 손을 흔들자 나는 서두르지 않아도 되었다. 그 사람은 내게 길 건널 기회를 줘서 행복한 듯 보였고 나도 덩달아 기분이 좋아졌다. 그래서 나도 운전할 때 똑같이 하기 시작했고 길을 건너는 사람들은 하나같이 행복한 미소로 같이 손을 흔들어줬다.

다른 이의 한계를 세심하게 고려하라

내 사촌 리앤의 아들 조시는 견과류 알레르기가 있어서 생일 파티에서 받는 디저트 색깔이 다른 친구들보다 하얗다. 그런데 어느 날 조시가 다른 친구들과 색이 똑같은 디저트를 받았다고 집에 오는 내내 이야기했다. 리앤은 그런 아이를 보고 행복한 눈물을 흘렸다. 디저트가 별일 아닐 수도 있지만 다른 친구와 똑같은 디저트를 한 번도 받지 못한 아이나 그 부모에게는 큰일일 수 있다. 리앤은 음식 알레르기가 있는 아이들이 겪는 다른 문제도 알려주었다. 어린이 야구단 시합에서 팀원들과 함께 간식을 먹지 못하고, 자신 때문에 전체가 특정 음식을 못 먹는다는 불평을 듣기도 한다. 이 문제를 좀 더 일찍 생각했다면 좋았을 것이다. 그래도 이제 아이들을 가르치거나 파티를 열 때 부모들이 미리 연락하길 기다리지 않는다. 내가 먼저 음식 알레르기가 있는지 물어보고 모두가 즐길 수 있는 음식을 고른다. 부모들이 자기 아이의 간식은 싸 갈 테니 걱정하지 말라고 해도 그렇게 한다. 핼러윈 때도 사탕 외에 뱀파이어 이빨이나 다른 작은 장난감도 나눠준다. 여기엔 당연히 음식 알레르기 이상의 원칙이 있다. 각자의 한계를 고려하자는 것이다. 그것이 식이 제한이든 신체장애든 그 무엇이라도 말이다.

....

우리는 늘 본보기가 된다. 하지만 보통은 그런 생각을 하지 못한다. 조시가 먹을 수 있는 간식을 고른 이미니도 자신의 행동이 수십 킬로미터 떨어져 사는 나에게까지 영향을 줄 거라고는 생각하지 못했을 것이다. 하지만 때로 누군가 우리를 보고 배운다는 걸 늘 염두에 두어야 한다. 그런 마음가짐으로 주변에서 기회를 찾아라. 일터, 이웃, 또는 집에도 기회가 있을 수 있다.

15분 동안 할 수 있는 일

펜과 종이 또는 휴대폰을 들고 질문에 답해보자. 누구를 위해 모범이 되고 싶은가? 어떤 본을 보이고 싶은가? 그런 모범을 보이기 위해 어떤 행동을 할 것인가?

chapter 3

생각보다
적게 든다

"나는 오늘 아침 선물을 두 개 받았다. 내 눈이다."

— 지그 지글러(Zig Ziglar)(미국의 연설가, 작가, 세일즈맨 – 옮긴이)의 말로 추정

드디어 준비가 끝났다. 몇 년 동안 일하고 싶었던 비영리 단체의 CEO를 만나기 위해 집을 나섰다. 평소와 달리 대화를 미리 연습했고 옷도 특별히 더 신경 썼다. 보통 입는 셔츠와 청바지 대신 전날 밤 준비한 재킷과 카키색 바지를 입었고 구두도 잘 닦았다. 배낭에 있던 메모지, 펜, 명함, 박하사탕 등의 소지품도 모두 이럴 때 주로 드는 서류 가방으로 옮겼다. 모든 것이 완벽했다.

30분 정도 운전하다가 기름이 거의 떨어진 걸 알고 노스필라델피아의 우범 지역 주유소에 차를 세웠다. 이곳은 종업원들이 모든 물건을 보호 창 뒤에 두고 파는 곳이다. 차에서 내려 지갑을 찾으려는데 지갑이 없었다.

주변을 살폈다. 입구 근처의 벤치에는 남자들 몇 명이 술에 취해 잠들어 있었다. 숨을 몇 번 깊게 들이쉬고 눈을 꼭 감았다.

'난 왜 이렇게 깜빡깜빡할까?'

혹시 몇 달러라도 찾을 수 있을까 싶어 차 안을 뒤졌다. 바닥을 훑고 트렁크를 샅샅이 뒤지고 좌석 밑에도 손을 넣었다. 혹시 아들이 몰래 숨겼을지도 모를 돈을 찾아 카시트까지 들췄다. 그러나 겨우 찾은 건 우산 두 개, 작은 닌자 인형, 그래놀라 바 포장지, 앵그리버드 장난감 몇 개, 과자 부스러기, 합해서 50센트도 안 되는 동전 몇 개가 전부였다.

나는 한숨을 내쉬며 다시 운전대를 잡았다. 지갑이 없으면 신분증도 없다. 비영리 단체 건물에 들어가려면 신분증이 필요했다. 그래도 CEO한테 좋은 인상을 남겨야 한다는 부담은 내려놓을 수 있었다. 신분증 없는 방문자를 본 CEO가 어떤 인상을 받을지는 안 봐도 뻔하기 때문이다. 혹시 기름 넣을 돈 10달러도 빌려줄지 모른다. 안 그러면 그날 밤 집에도 못 간다.

가끔 웃음밖에 안 나올 때가 있다. 물론 같이 웃을 수 있는 사람이 있으면 더 재미있으므로 아내에게 전화했다. 미아는 내 건망증을 잘 알기 때문에 상황을 잘 이해할 것 같았다.

내 생각이 맞았다. 우리는 함께 웃었다. 그리고 미아가 비밀을 알려줬다. 나를 너무 잘 아는 미아가 비상시에 대비해 차에 20달러를 넣어둔 것이다. 자동차 사물함을 열어보니 정말 20달러가 있었다. 집에 돌아갈 수 있었다!

아내에게 고맙다고 거듭 말한 후 길을 계속 갔다. 그런데 그곳에 도착해서 또 운이 좋았다. 마침 차에서 내리는 CEO를 만나서 함께 안내 데스크를 통과한 것이다. 지갑이 없다는 사실을 아무에게도 들키지 않았다.

그날 나는 작은 도움 덕분에 지갑을 깜빡하고 집을 나선 사람이 아니라 유능한 사람으로 보일 수 있었다(사실 둘 다 내 모습이긴 하지만 임원들은 대부분 이해하지 못할 것이다). 그리고 그 덕분에 그토록 일하고 싶던 비영리 단체에서 일할 기회를 얻었다.

사람들은 엄청난 생일 선물이나 대단한 크리스마스 선물을 이야기하지만, 나는 작은 선물을 원한다. 나에겐 세세한 일상이 중요하다. 작은 선물이 곧 큰 선물이다. 이것을 깨달으면 다른 사람을 도울 방법이 무한하다는 것도 깨닫는다.

옷과 마음을
수선하는 할머니들

2010년 3월, 71살이던 바브 라펜*Barb Lappen*은 막 은퇴한 후 여생을 의미 있게 보낼 방법을 찾고 있었다. 그러다 필라델피아 교외에 있는 한 교회에 초청 연사로 온 사람이 필라델피아의 노숙자들을 돕는 비영리 단체인 브로드 스트리트 미니스트리*Broad Street Ministry: BSM* 이야기를 하는 것을 듣고 그 답을 찾았다.

"음식 나눠주는 일을 할 수 있었겠지만 별로 안 내켰어요. 하지만 전 바느질을 할 수 있고 노숙자들에게도 옷 고칠 일이 있을 것 같았죠."

바브의 생각을 들은 BSM 직원들은 옷 수선이 필요한 사람이 있을지는 모르겠지만 점심시간에 와서 이야기해보라고 권했다.

"점심 배식이 진행되는 동안 테이블에 가서 말했어요. '제가 옷 수선을 시작하려고 합니다.' 그랬더니 다들 어리둥절한 것 같더군요. 드디어 누군가가 입을 열었어요. '수선이 뭐요?' 제가 옷을 고치는 거라고 하자 그 사람이 입고 있던 재킷을 열어 보이면서 '이런 거 말이에요?'라더군요. 그 재킷은 소매부터 허리까지 안감이 다 뜯어져 있었어요. 그래서 바로 그런 걸 고칠 수 있다고 했어요. 다른 사람도 옷을 보여주기에 보니 주머니에서 실이 매달린 단추를 꺼내더군요. 당연히 고칠 수 있다고 대답했어요."

거의 모두가 옷 수선이 필요했다. 그렇게 수선 활동이 시작됐다.

바브는 지체하지 않고 다른 재봉사들을 찾았다. 대부분 친구 할머니들이었다.

"제가 물어본 사람들은 다 좋다고 했어요. 굳이 설득할 필요도 없었어요. 신의 손길이라는 생각이 들었죠. 제가 생각한 거지만 신이 우리를 이끈 것 같아요."

여섯 명이 모여 필요한 도구와 재료를 모았다.

"바느질에 필요한 물건을 많이 받았지만 그래도 좋은 재봉틀이 필요했어요. 40년씩 된 거 말고요. 하지만 우린 돈이 없었죠. 그래서 하소연을 좀 했더니 어떤 여성이 지갑에서 20달러를 꺼내 제 커피 테이블에 올려놓았어요. '이 돈이 새 재봉틀을 사기 위한 첫발이 될 거예요'라면서요. 그러더니 다른 여성들이 모두 뒤를 이었어요."

바브의 교회에 수선 활동 소식이 퍼지자 신자들이 돈을 기부했고 교회는 수선 단체를 크리스마스 자선사업에 포함했다. 여기에 할머니들의 검소함이 더해지자("우린 항상 재료상에 쓸 쿠폰을 모아둔다오.") 새 재봉틀을 살 돈이 금세 모였다.

시간이 지나면서 재봉사가 30명이 됐다. 대여섯 명으로 된 한 팀이 매주 목요일 BSM에 와서 일하고 두 번째 팀은 필라델피아에 있는 또다른 노숙자 센터인 '희망의 중심Hub of Hope'에 매주 일요일 출동한다. 손님들이 아침에 수선이 필요한 옷을 놓고 가면 그날 고쳐서 돌려준다.

"노숙자들은 뭐든 기다려야 해요. 대접받는 데 익숙하지 않기 때문에 우리는 수선을 당일에 마쳐서 돌려주는 걸 원칙으로 하고 있어요. 처음에는 바지 길이를 줄이거나 하면 다림질을 싹 해서 고급 원단이라도 되는 것처럼 제 팔에 걸치고 주인을 찾아갔죠. '바지 완성됐습니다'라고 하면 눈이 휘둥그레져서 '뭐라고요? 수선도 하고 다림질도 하고 팔에 걸어서 가져다준다고요?'라며 놀라더라고요."

투명 인간 취급에 익숙해진 사람들에게 매주 하루 BSM을 찾아가 정성스러운 관심을 보여주는 사람들과 이야기를 나누는 일은 흔치 않은 즐거움일 것이다. 겉옷을 일자리 면접에 걸맞게 고치거나 쓸모 많은 주머니나 배낭으로 바꿔주면 사람들은 더욱 기뻐했다.

"저희는 목요일마다 10~13가지 물품을 수선해요. 어떤 건 좀 복잡하죠. 배낭이 들어올 때가 있는데 그런 걸 보면 정말 눈물이 납니다. 하지만 그래도 고쳐요. 이 사람들이 가진 전 재산이 배낭과 주머니에 들어 있죠. 그래서 주머니 고치는 것도 중요한 일입니다."

진부하게 들릴지 모르지만 재봉사 할머니들은 사람들의 옷뿐 아니라 마음까지 고친다. 이들은 손님들의 이름을 외우고 안아주며 따뜻하게 등을 토닥여준다. 어쩌면 할머니들만이 할 수 있는 이런 방식을 통해 손님들은 자신이 중요한 사람이라는 걸 깨닫는 것 같다. 눈물을 글썽거리며 나오는 손님들이 있는 것도 당연하다.

한 노숙자는 이렇게 말한다.

"모두가 그분들에게 고마워합니다. 정말 실력이 대단하고, 마음을 다해 일하니까요. 또 누군가 우리를 알아보고 온전한 한 사람으로 대해주는 게 너무 좋아요."

재봉사 할머니들이 배낭을 고쳐준 한 손님은 2년 후 감사를 표하러 찾아왔다. 그는 일자리를 얻어 거리 생활을 벗어났으며 할머니들의 마음을 잊지 않았다고 이야기했다.

바브는 10년 동안 이 일을 하면서 한결같은 감동을 느꼈다.

"하루 일을 끝내고 기차역으로 걸어가면서 서로에게 이야기하죠. '정말 피곤해. 하지만 이 피곤함이 얼마나 좋은지.'"

뚱뚱한 매듭은 이제 그만

바브의 손님들은 투명 인간 취급을 당하지 않는 것이 좋았다. 그러나 눈에 띄고 싶지 않은 사람들도 있다. 그런 사람들의 뜻에 맞게 아주 작은 선물을 전한다면 그들에겐 아주 큰 선물이 될 것이다.

미시간주 플린트에 사는 지미는 눈에 띄지 않는 것이 소원이었다. 지미의 엄마는 매일 아침 아이가 선생님에게 신발 끈을 다시 묶어달라고 부탁할 필요가 없도록 끈을 여러 번씩 꽁꽁 묶었다. 지미는 크고 뭉툭한 매듭이 정말 싫었지만 선생님이 아이들 앞에서 신발 끈을 다시 묶어주는 건 더 싫었다. 3학년 아이에게 신발 끈 묶기는 어려운 일이 아니다. 하지만 지미에겐 남들과 다른 점이 하나 있었다. 손이 하나뿐이었던 것이다.

지미의 교사 돈 클라크슨Donn Clarkson은 도움을 요청한다고 창피를 주는 일이 절대 없었다. 그래도 지미는 신발 끈을 스스로 묶지 못한다는 사실이 장애를 한 번 더 일깨우는 것 같아 싫었다. 마치 반짝이는 '갈고리' 의수를 주머니에 숨기는 것만으로는 충분하지 않다는 듯했다. 의수가 너무 낯설고 위협적으로 보여서 반 친구가 울음을 터트린 일도 있었다.

어느 날 지미가 학교에 갔는데 클라크슨 선생님이 활짝 웃으며 지미를 맞았다.

"찾았다! 방법을 찾았어!"

지미는 무슨 말인지 알 수 없었다.

"네가 어떻게 하면 신발 끈을 묶을 수 있을지 알아냈어."

클라크슨은 다른 아이들에게는 비디오를 보여준 뒤 복도에 의자 두 개를 끌고 나왔다. 그리고 지미를 의자에 앉히고 왼손만으로 끈 묶는 법을 가르쳐주었다.

클라크슨이 이 방법을 찾는 데 20분이 걸렸는지 밤새 씨름해야 했는지는 알 수 없다. 하지만 그날 클라크슨 선생님은 짐 애보트*Jim Abbott*의 삶에 크나큰 영향을 끼쳤다.

수십 년이 지난 후 짐은 이렇게 말한다.

"별일 아닌 것처럼 들릴 수도 있어요. 하지만 선생님은 손이 두 개였어요. 밤에 생각해봤죠. 선생님은 한 손을 움켜쥐고 신발 끈을 돌리고 묶었을 거예요. 그리고 다음 날 저를 교실 밖으로 데리고 나가서 '우린 할 수 있어'라고 말씀하신 거죠."

짐은 돈 클라크슨의 선물을 계기로 인생이 바뀌었다고 말한다. 선생님 덕분에 무슨 문제를 만나든 해결책을 찾을 수 있다는 신념이 생겼다. 그는 할 수 없는 일이란 아무것도 없다는 태도로 눈부신 업적을 남겼다. 미국 야구 대표팀 소속으로 올림픽에 출전해 금메달을 거머쥐었고 메이저리그에서 뛰면서 노히트 노런을 기록했다. 그의 자서전은 베스트셀러가 됐고 그의 열정적인 강연과 봉사 정신에 감동한 사람 또한 수없이 많았다.

짐은 캘리포니아 에인절스*California Angels*(로스앤젤레스 에인절스 구단의 옛 명칭-옮긴이)와 첫 계약을 맺으며 단번에 사람들의 관심을 끌어모았고 겉모습이 남들과 다른 아이들을 감동시켰다. 눈에 띄는 선천적 장애가 있거나 영구 장애를 입은 어린이들에게 영웅이자 롤 모델이 생긴 것이다.

스프링 트레이닝을 하는 동안 아이들과 이들의 부모가 보내는 편지가 속속 들어오기 시작했다.

"처음에는 가끔 몇 통씩 편지가 왔다. 팀의 언론 홍보 담당자 팀 미트가 편지를 내 사물함에 가져다주었고, 우리는 함께 응원의 말을 써서 답장을 보냈다."

짐의 감동적인 자서전 『나는 내 팔을 보지 않았다 내 꿈을 보았다 *Imperfect: An Improbable Life*』에 나오는 내용이다.

시즌이 시작되자 한 주에 몇 통씩 오던 편지가 수십 통으로 늘어났다가 곧 수백 통이 됐다.

"나는 편지를 모두 읽는다. 그리고 팀과 함께 일일이 답장을 쓴다. 이 아이들을 이해하고, 또 위안이 되는 몇 줄의 말을 통해 아이들이 얼마나 멀리까지 뛸 수 있는지 알기 때문이다."

얼마 안 가 장애가 있는 어린이들이 경기가 열릴 때마다 찾아오기 시작했다. 짐은 생각지도 못한 아이들의 방문에 깜짝 놀랐다.

"그 아이들의 상황과 절박함을 알았지만 그 먼 거리를 찾아올 거라고는 생각하지 못했다. 아이들은 수줍음이 많고 아름다웠다. 시끄럽고 재미있기도 했고, 또 나처럼 몸이 좀 불완전했다. 그리고 나처럼 부모님이 곁에 있었다. 이런 상황이나 장애가 끔찍한 벌이 아니며, 그 작은 몸 안에 들어 있는 영혼이 그들의 손과 발을 합친 것보다 훨씬 위대하다는 걸 알려주는 부모님들이었다."[2]

짐은 열 시즌을 뛰었고 경기를 잘하든 못하든 시간을 내서 아이들과 대화를 나누고 때로는 한 손으로 신발 끈 묶는 법을 가르쳐주었다. 그리고 그가 아이들을 만날 때마다 텔레비전으로 그 모습을 지켜보는 더 많은 아이들이 있었다.

짐이 만난 아이들 가운데 한 명이었던 닉 뉴웰*Nick Newell*은 태어날 때부터 왼손이 없었다. 닉은 여섯 살 때 텔레비전에서 짐을 처음 봤다. 그 전까지는 자신 말고 손이 하나 없는 사람을 본 일이 없었다. 어느 날 조부모가 양키스의 팬 미팅에 데려간 덕에 짐을 만나고 용기를 얻은 닉은 짐이 프로 야구팀에서 뛸 수 있다면 자신도 꿈을 좇을 수 있다고 생각했다.

닉은 좀 더 자라서 학교 레슬링 팀에 들어갔다. 처음 17경기를 두 어깨가 땅에 닿아 패했지만 이에 굴하지 않았다.

"전 실력이 좋지 않았어요. 하지만 제 안의 경쟁자가 그걸 용납하지 않았죠. 계속 노력해서 실력을 키웠어요. 여름내 다른 아이들은 놀러 다녔지만 전 연습을 했어요."

다음 해 닉은 신기록을 세우며 우승했고 졸업반이 되어서는 학교와 주의 기록을 깨고 전국 대회에 나갔다. 대학에서는 팀 주장이 됐고 종합 격투기 훈련을 받을 기회를 얻었다. 종합 격투기 첫 시합에서는 졌지만 이후에는 13경기 내리 승리했다.

그의 성공에도 불구하고 닉은 가장 유명하고 보상이 높은 미국 종합 격투기 대회 UFC*Ultimate Fighting Championship*에서 경기할 자격을 얻지 못했다. UFC의 데이나 화이트*Dana White* 회장은 이렇게 말했다.

"여기선 팔이 두 개라도 싸우기 힘듭니다. 한쪽 팔로 싸운다는 건 그저 미친 짓으로 보입니다."

그래도 닉은 멈추지 않았다. 방향을 틀어 XFC*Xtreme Fighting Championships*에 출전했다. 6년 후 화이트는 마음을 바꿔 닉에게 UFC와 계약할 기회를 주기로 했다. 단, 강력한 알렉스 무뇨스*Alex Munoz*와 싸워 이겨야 했다. 안타깝게도 닉은 아슬아슬하게 패했지만 UFC 계약을 따낼 수 있기를 고대하고 있다.

"전 그저 최고가 되기를 바라는 보통 사람입니다. 손이 몇 개인지는 중요하지 않아요. 저는 어쩌다 손이 한 개가 된 선수일 뿐이에요. 그리고 이런 저를 보며 사람들이 생각을 바꿉니다. 낙담한 사람들이 '그래, 이 사람도 해냈는데, 나도 할 수 있어'라고 생각하죠."

닉도 짐을 보고 그렇게 생각했다.

"어릴 때 짐을 만난 게 큰 도움이 됐습니다. 그때까지는 손이 하나인 사람을 한 번도 보지 못했어요. 그러다 갑자기 짐을 만났는데 짐도 손이 하나였어요. 짐이 정말 멋지다고 생각했습니다. 짐을 보고 저도 하고 싶은 일을 할 수 있다고 생각하게 됐어요."

이제는 닉이 롤 모델이 되고 있다.

"기대하지도 않았는데 수많은 사람들이 절 찾아옵니다. 절 만나고 싶은 사람이 있으면 항상 가던 길을 멈추고 다가갑니다. 짐이 절 만났던 것처럼요. 성공하면 어떻게 행동해야 하는지 짐이 알려줬습니다. 제가 다른 사람보다 나은 점이요? 전 어릴 때 만나고 싶었던 사람을 만났고 그게 제 삶을 바꿨습니다. 짐이 저에게 크나큰 영향을 미친 것처럼 저도 다른 사람에게 그렇게 하고 싶어요."

닉은 WSOF*World Series of Fighting*의 인기 선수가 됐을 뿐 아니라 비영리 단체 '헬핑 핸드*Helping Hands*'가 주최하는 행사에서 팔이 없는 어린이들과 그들의 부모를 만나고 미국 전역의 세미나에서 강연한다. 자신의 롤 모델이 그랬던 것처럼 꾸준히 어린이들을 만나 격려하며 아무리 큰 꿈이라도 이룰 수 있다는 걸 직접 보여준다.

그리고 때때로 돈 클라크슨의 가르침을 전하고 아이들에게 한 손으로 신발 끈 묶는 방법도 알려준다.

다른 세계에서 온 천사

짐은 클라크슨의 가르침을 이야기하면서 "별일 아닌 것처럼 들릴 수도 있다"고 했다. 하지만 그는 스의 가르침이 얼마나 의미가 컸는지 누구보다 잘 안다. 어떤 일이 별일 아닌 것처럼 생각된다면 다시 생각하라. 정말이다. 잠시 시간을 내서 어쩌면 중요한 일일 수도 있다고 생각해보라. 세상에 펼쳐진 기회를 잘 보려면 '양동이에 든 물 한 방울'일 뿐이라는 생각을 버려야 한다.

그런 기회는 학교에서, 교회에서, 아니면 동네 골목에서도 나타날 수 있다. 가깝게는 남편의 자동차 사물함에서(고마워, 미아), 멀게는 다른 대륙에서 나타날 수도 있다. 힐데 백Hilde Back은 스웨덴에서 수천 킬로미터 떨어진 아프리카에서 기회를 찾았다. 힐데가 매달 보여준 친절함은 크리스 음부루Chris Mburu의 삶을 바꿨고 결국 수백 명의 삶을 변화시켰다.

입에 풀칠하기도 어려운 케냐의 한 가정에서 태어난 크리스의 삶은 앞이 빤했다. 도로, 전기, 수도가 부족하고 의료 시설도 열악한 동네에서 크리스의 가족은 아이들에게 중등 교육을 시킬 돈이 없었다. 아이들은 학교를 마치지 못하고 부모를 따라 밭에 나가서 일하는 경우가 많았고 그렇게 일해도 생존에 필요한 돈을 벌기도 힘들었다.

크리스가 말한다. "미래에 대한 희망이 없었죠."

한편 6,000킬로미터 이상 멀리 떨어진 스웨덴에 사는 힐데 백은 희망 없는 어린 시절이 어떤 것인지 직접 겪었다. 1940년대 독일에 살던 유대인 소녀였던 그녀는 홀로코스트의 공포에 사로잡혀 있었다. 그러다가 한 낯선 이가 그녀의 가족에게 돈을 준 덕에 부모와 함께 발트해를 건너 미리 스웨덴에 가 있던 오빠들을 만날 수 있었다.

힐데는 열일곱 살밖에 되지 않은 덕에 스웨덴에 남을 수 있었지만, 부모는 독일로 돌려보내졌고 결국 강제 수용소에서 사망했다. 부모 잃은 힐데를 위해 부모의 친구 한 명이 아이가 있는 스웨덴 부부의 집에서 보모를 할 수 있게 해주었다.

어른이 된 힐데는 유치원 교사가 되어 아이들을 돕고 지역 사회를 위해 봉사했다. 세이브더칠드런Save the Children 같은 자선 단체에도 기부하다가, 1970년대 초반 스웨덴의 한 비영리 단체가 재능 있는 케냐 아이들에게 학비를 지원한다는 것을 알고 이름을 올렸다.

"국적과 문화가 다른 사람들을 돕는 건 매우 중요한 일이라고 생각해요." 힐데는 「유대인 크로니클The Jewish Chronicle」과 한 인터뷰에서 이렇게 말하며 "저도 스웨덴에 왔을 때 도움을 많이 받았습니다. 덕분에 다른 인생을 살게 됐어요. 전 세계에 도움이 필요한 사람이 정말 많아요. 아이들을 위해 약간의 돈을 기부하는 건 매우 당연한 일입니다"라고 덧붙였다.

힐데는 멀리 다른 대륙에 사는 한 소년을 위해 넉 달에 한 번씩 15달러를 보냈다. 그녀의 친절함이 낳은 결실을 보여주는 다큐멘터리 〈스몰 액트A Small Act〉에서 힐데는 이렇게 말한다.

"우리가 보내는 돈은 바다에 떨어지는 물 한 방울 정도입니다. 도움이 되기는 할지 의심이 가죠."

하지만 힐데의 선물 덕에 크리스는 다른 길을 갈 수 있게 됐다. 사실 총명한 학생 한 명의 삶이 완전히 바뀌었다. 크리스는 고등학교에 다닌 덕에 학비가 무료인 나이로비대학교에 진학했고 이후 풀브라이트 장학금을 받아 하버드 로스쿨을 마쳤다.

스웨덴에서 힐데를 아는 사람들은 그녀를 조용한 교사라고 생각했다. 크리스에게 힐데는 "내 삶에 걸어 들어와 인생을 고쳐준 천사"였다. 크리스는 '문제의 영화들Movies that Matter' 영화제에서 다음과 같이 말했다.

"모르는 사람이 제 삶에 들어와 모든 걸 바꿔놓았습니다. 힐데는 저에게 희망을 주었어요. 우리 마을에는 저와 같이 학교에 다니다가 공부를 그만둬야 했던 사람들이 많습니다. 이후에도 그들이 어떻게 사는지 알 수 있었죠. 그들에게는 천사가 나타나지 않았어요."

이제 크리스도 보답하기 위해 무엇인가를 하고 있다. 그는 국제 인권 변호사가 되어 국제연합*United Nations*의 상임 인권 고문으로 일한다. 가난한 케냐 아이들에게 학비를 보조하는 비영리 단체의 창립자이기도 하다. 틈틈이 전 세계 정부를 대신해 인간의 기본권인 무상 교육이 필요하다는 주장을 펼친다. 2019년에도 10개국 이상에서 교육에 대한 인식을 높이기 위해 힘썼다.

"전 세계 어린이들에게 동등한 기회가 주어지길 바랍니다. 우리 마을 친구들처럼 가난 때문에 미래를 빼앗기지 않기를 바랍니다."

〈스몰 액트〉에서 크리스는 힐데와 같은 방식으로 이 어려운 문제를 해결해야 한다고 말한다.

"학생들을 모두 돕고 싶어도 작은 것부터 시작해야 합니다. '고통받는 사람을 다 도와줄 수는 없지만 한 가지 행동이라도 하고 싶다. 한 가지 행동으로 힘을 보태고 싶다'라고 생각해야 합니다."

크리스는 2001년 기금을 조성할 때까지도 후원자를 만난 일이 없었고 이름만 알고 있었다. 그러나 비영리 단체 이름을 '힐데 백 교육 기금'*Hilde Back Education Fund*이라고 지어 그녀의 이름을 기렸다. 힐데가 살아 있는지조차 알 수 없었던 크리스는 스웨덴 대사관에 그녀를 찾아 달라고 탄원을 올렸고, 대사관에서 연락처를 알려주자 바로 연락했다. 두 사람은 그때부터 좋은 친구가 됐다. 크리스는 힐데를 어머니처럼 생각하며 적어도 1년에 한 번은 스웨덴으로 날아간다. 어느 해에는 힐데와 함께 케냐에 갔는데 크리스가 살던 마을에서 힐데는 부족의 명예 원로가 되어 키쿠유족 전통 의상을 입고 마을 사람들이 열어준 축제를 즐겼다. 힐데는 모르고 있던 고향을 찾았다고 말한다.

크리스는 힐데를 만나면서 새롭게 눈을 떴다.

"제가 자란 환경에서는 아무 관계도 없는 사람을 돕지 않았어요. 그래서 저는 힐데가 아주 부유한 줄 알았습니다. 돈이 많아서 어려운 아이들한테도 조금 쓰는 거라고 생각했어요. 하지만 알고 보니 그저 평범한 스웨덴 사람이었고 다른 데 쓸 수도 있는 돈으로 저를 지원한 것이었죠."

오늘날 크리스의 비영리 단체는 힐데가 크리스를 지원했듯 여러 가정과 아이들에게 가난을 벗어날 기회를 제공한다. 2019년 힐데 백 교육기금은 케냐 아동 800명 이상에게 교육 기회를 선사했다. 크리스에 따르면 많은 학생과 가정이 받은 도움을 돌려준다고 한다.

"'제 아들을 도와줘서 정말 고맙다는 말씀을 드리고 싶어요. 이제 돈이 좀 생겼으니 일부를 보냅니다'라거나 '제가 도움을 받았으니 이제 저도 아이들 세 명을 도와주려고 합니다'라는 편지를 받아요."

도움이 종료된 사람들이 기금의 뜻을 기려 단체를 결성하기도 했다. 힐데의 친절이 힐데 백 교육 기금의 탄생으로 이어졌듯 크리스의 비영리 단체 또한 다른 기관의 탄생으로 이어진다. 졸업생 한 명은 케냐 제2의 도시 몸바사에서 비슷한 비영리 단체를 시작했고 크리스의 이야기에 감명받은 미국인 캐슬린 허버드 이스마일*Kathleen Hubbard-*

*Ismail*은 가나 장학기금*Ghana Scholarship Fund*을 설립해 가나 시골 어린이들에게 교육 기회를 제공한다.

캐슬린의 말을 들어보자.

"크리스는 교육으로 인생이 얼마나 달라질 수 있는지 명확하게 보여줍니다. 힐데를 보고 생각했어요. '이런, 부자도 아니잖아. 그저 변화를 원하는 사람이네.' 저는 가나로 봉사 여행을 갔다가 교육이 문제라는 걸 알게 됐고 저도 뭔가를 해야겠다고 생각했습니다. 두려워하지 말고 부딪혀보자고 생각했어요. 제가 비영리 단체를 만들 거란 생각은 꿈에도 해본 적 없어요. 심지어 아프리카에서는 더더욱요." 캐슬린은 한정된 자원으로도 190명에게 장학금을 지원하고 시골에 컴퓨터실을 제공해 마을 아이들 수백 명이 교육 소프트웨어로 고등학교 입학을 준비할 수 있게 했다.

크리스는 자신의 영향력으로 이런 일이 일어났다는 사실을 무척 기쁘게 생각한다.

"제가 볼 때 진정한 자선가는 정의로운 대의에 기부하겠다고 엄청난 돈을 모으는 사람이 아닙니다. 액수가 중요한 게 아니에요. 인류를 향한 작은 행동은 언제든 시작할 수 있습니다."

시력을 선물한 할머니

도움에 보답한 힐데의 열정에 덧붙여 종종 소액을 자선 단체에 기부한 내 할머니 이야기를 해보려고 한다. 할머니는 이 문제를 아주 중요하게 생각했고 나는 할머니가 25달러 기부금을 어디에 낼지 신중하게 고르는 것이 좋았다.

하지만 할머니는 기부금만 베푸는 게 아니라 주기적으로 가족들에게 지혜를 나눠주었다. 어느 더운 화요일 밤 할머니가 전하는 건강 조언의 수혜자가 됐을 때가 생생하게 기억난다. 나는 필라델피아 인라인스케이트 클럽에서 매주 주최하는 롤러블레이드로 도시 횡단하기 행사에 참여해 중간쯤에서 잠시 쉬고 있었다. 그리고 편의점 앞에서 게토레이를 마시는 10분 남짓한 시간을 이용해 당시 85세였던 할머니에게 전화를 걸었다.

"브래드, 전화 잘했다. 너에게 아주 중요한 할 말이 있어."

할머니는 잠시 멈췄다가 말을 이었다.

"네 속옷이 너무 꽉 끼는 것 같구나. 그래서 아직 아기가 안 생기는 거란다."

'뭐라고요?'

다행히 그 순간 게토레이를 마시고 있지 않아서 지나가는 사람들에게 뿜지는 않았다. 할 말이 없었다. 그러다 마침내 최선의 대답을 생각했다.

"고마워요, 헐렁한 속옷 입을게요."

할머니는 항상 그런 쪽으로 도움을 줬다. 의대를 다니거나 의료계에서 일한 적은 없지만 건강 문제가 생기면 가족이든 모르는 사람이든 팔을 걷어붙이고 도와줬다. 한번은 수천 킬로미터 떨어진 에티오피아의 앞 못 보는 소녀를 돕기도 했다.

누누라는 여덟 살 소녀는 선천성 백내장 때문에 아주 어려서 시력을 잃었다. 개발도상국에서는 공동체가 장애를 이해하지 못할 때가 많다. 그러다 보니 누누 같은 아이들은 낙인이 찍혀 학교나 놀이에 참여하지 못한다. 게다가 안전 조치도 부족해서 벼랑이 많고 불도 자주 피우는 길을 걸어 다녀야 해서 위험하다. 가족이 장애 아동을 위해 일과 학업을 희생해야 한다는 점도 힘든 일이다.

누누는 "걷거나 돌아다니려면 가족의 도움을 받아야 했어요. 그래서 대부분 종일 집에 있었어요. 밖에 나가서 친구들과 놀 기회가 없었죠. 같이 놀자고 해도 제가 앞이 안 보인다고 안 끼워줬고 다들 절 비웃었어요. 학교에도 갈 수 없었어요. 누구도 굳이 나서서 절 돕지 않았어요. 친구들의 학교 이야기를 들을 때마다 울었고 앞으로 내 미래가 어떻게 될지 생각하면 너무 걱정됐어요."[3]라고 말한다.

건물에 장애인용 시설이 갖춰지지 않은 에티오피아 같은 나라에서 시각 장애 아동은 고립되기 쉽다. 성인이 돼서도 가족을 책임질 수 없다는 이유로 결혼 상대자로 치지 않는다. 여러모로 암울한 상황이다.

다행히 누누의 가족은 희망을 버리지 않았다. 누누는 비영리 단체인 히말라야 백내장 프로젝트*Himalayan Cataract Project: HCP*가 적극적인 캠페인을 펼친 덕에 2016년 12월 아버지와 함께 하라르로 갔고, 이곳에서 다른 사람들 1,200명과 함께 무료 백내장 수술을 받았다. 수술은 약 10분 정도 걸리는데 이 말은 의사 한 명이 하루에 수십 명을 치료할 수 있다는 뜻이다. 즉 하루에 수십 명의 삶이 바뀔 수 있다는 말이다.

수술이 끝나자 누누는 막 새로운 세상에 발을 들인 사람처럼 말했다.

"처음에는 제 기분을 잘 알 수 없었어요. 다시 앞을 볼 수 있을 거라곤 생각 못 했기 때문에 충격을 받았죠. 지금 저는 세상에서 가장 행복한 사람이고 어서 집에 돌아가서 친구들에게 나도 다 볼 수 있다고 알려주고 싶어요. 친구들이 이제는 저랑 같이 놀아줄 거예요. 학교에도 가고 싶어요. 정말 신나요."

이 일에서 할머니가 한 일이 무엇이냐고? 나는 할머니가 돌아가신 후 나에게 남긴 돈 200달러를 HCP에 기증했다. 내 계산에 따르면 HCP가 환자 한 명의 두 눈 수술에 쓰는 돈은 최대 195달러다. 미국에서 눈 한쪽 수술에 3,000달러 이상 드는 것에 비하면 매우 저렴하다. 그런데 HCP의 예산이 전부 수술에 쓰인다면 195달러지만 그렇지는 않다. HCP는 170만 명에게 눈 검사와 기본 안과 진료를 시행하고 인생을 바꾸기도 하는 안과 수술을 직접 할 수 있게 의사를 교육한다. 그러므로 시각 장애 치료에 실제로 드는 비용은 195달러 이하다.[4]

아마도 할머니의 돈이 누누에게 직접 가지는 않았겠지만 누누 같은 시각 장애인을 치료하기에는 충분한 돈이었을 것이다. HCP는 눈 하나당 100달러가 안 되는 돈으로 아시아와 사하라 이남 아프리카 수십만 명에게 시력을 되찾아주었다. 또 오지에 임시 진료소를 차리고 자원봉사 의사를 보낼 뿐 아니라, 자신들이 떠난 후에도 치료가 이어질 수 있도록 지역 의사와 의료진에게 백내장 치료법을 가르친다.

현재 1,800만 명이 HCP의 백내장 수술을 기다리고 있다. 할머니처럼 마음이 따뜻한 사람이 200달러 안 되는 돈으로 누군가의 삶을 바꿀 기회가 1,800만 번 남아 있다는 뜻이다. 200달러가 없다면 친구 20명이 각자 10달러씩 내서 시각 장애인 한 명을 도울 수도 있다. 한 사람의 삶을 바꾸는 방법은 여러 가지다.

희망이 든 병

수 잉갤스비*Sue Ingalsbe* 역시 작은 행동의 힘을 증명한다. 그녀는 3년 동안 부모, 결혼생활, 집을 잃고 유방암 진단을 받았다. 모든 것이 갑자기 무너졌다. 상황이 좋아질 거라고 믿고 싶었지만 결국 희망을 잃었다. 정상으로 돌아가는 건 고사하고 삶이 더 나아질 거란 기대도 접었다. 고독한 투명 인간이 된 것 같았다.

"전 일주일에 6일씩 일했어요. 그래야 먹을 걸 사고 의료 보험료와 끝없는 암 치료비와 기타 비용을 낼 수 있었어요. 전 사회복지사예요. 주중에는 노인 돌봄 서비스 매니저 겸 상담가로 일하고 토요일에는 웨이트리스로 일했죠. 일요일에도 행사가 있으면 나갔고요. 정말 기진맥진했어요."

그렇게 장시간 일해도 근근이 살아가는 정도였다. 크리스마스가 다가오니 더 비참했다. 주위를 둘러보면 다들 편안하게 잘살면서 가족과 함께 행복한 크리스마스를 보내고 있었다.

기분이 '사상 최저'로 내려간 어느 날, 소포 하나가 도착했다. 갈색 종이로 포장된 무거운 상자였고 발신인의 주소는 없었다. 수는 당시 신세 지던 친구 집 남는 방에 소포를 내려놓고 테이프를 잘랐다. 상자를 열어보니 또 다른 포장지가 내용물을 감싸고 있었고 그 속에는 포장지로 싼 플라스틱 땅콩버터 병이 있었다. 병 안에는 1센트, 5센트, 10센트, 25센트 동전과 꼬깃꼬깃한 지폐가 가득 들어 있었다. 수는 숨이 안 쉬어질 정도로 놀랐다.

'누가 이런 걸 나에게 보냈을까?'

병에는 간단한 메모가 붙어 있었다.

"자신을 위해 쓰세요."

수는 병을 꼭 끌어안았다. 그리고 아직 남아 있는 희미한 땅콩버터 냄새를 맡으며 눈물을 흘렸다. 그녀는 투명 인간이 아니었다. 누군가 힘들어하는 그녀를 보고 도움의 손길을 내밀었다.

병에는 총 157.22달러가 들어 있었다. 하지만 수가 받은 것은 돈뿐이 아니었다.

"거기서 희망을 얻었어요. 누군가 절 사랑하고 생각한다는 걸 느꼈고 그건 절망적인 시기에 큰 힘이 됐습니다. 누가 줬는지 알 수는 없었지만 이제 혼자라는 생각이 들지 않았어요."

이 선물을 계기로 그녀는 그동안 잃었던 것을 다시 떠올렸다.

"인간에 대한 믿음을 다시 찾았죠."

수는 그 돈으로 음식과 필요한 물건을 사고 일부는 계속 병 속에 뒀다. 크리스마스 다음 날 잔돈을 조금 더 채워 넣었고 이후 1년 동안 돈을 조금씩 채워서 127달러를 만들었다. 그리고 그 돈을 아이들에게 크리스마스 선물을 사주지 못하는 지인에게 익명으로 보냈다. 수는 그 아이들이 크리스마스에 산타의 방문을 받게 된 것을 보고 무척 기뻤다.

수에게 돈이 든 병을 선물한 사람이 수를 계속 지켜봤다면, 삶의 희망을 잃었던 한 여성이 행운을 나누는 사람으로 변한 모습을 봤을 것이다. 수는 매해 크리스마스 병을 채우고 용기를 주는 말까지 함께 보내서 받은 친절에 보답한다.

"매일 돈을 넣으면서 제 삶이 어떻게 바뀌었는지 생각합니다. 크리스마스의 참뜻이 그런 거죠. 전 1년 내내 크리스마스 기분을 느껴요. 이런 기쁨을 다른 사람에게도 전하고 싶어요."

수는 이후 '크리스마스 병'이 제이슨 라이트*Jason Wright*가 쓴 『크리스마스 병*Christmas Jars*』이라는 책에서 나온 아이디어인 것을 알게 됐다. 2005년 이 책이 출판된 후 전 세계의 많은 이가 이 아이디어를 실천하고 있다. 크리스마스 병을 받고 다른 사람들에게 병을 선물한 수백 명의 이야기를 온라인에서 찾을 수 있다.

수는 말한다. "선한 마음과 희망을 계속 유지하는 것이 중요해요. 그 돈은 저에게 큰 도움이 됐어요. 하지만 가장 중요한 건 돈이 아니었죠. 절망이 걷히고 혼자라는 생각이 사라진 것이 가장 큰 변화였어요. 누군가 제 상황을 이해하고 도와주려고 한 거잖아요. 그 작고 단순한 호의가 저도 괜찮아질 거라는 희망을 줬답니다."

우리가 할 수 있는 것

내 할아버지는 '서브웨이'가 샌드위치 가격을 올리기 전까지 매주 그곳에서 친구들과 점심을 먹었다. 가격 인상에 분노한 할아버지는

'웬디스'로 장소를 옮겼는데 이곳은 더할 나위 없이 만족스러웠다. 할아버지는 웬디스가 최고인 이유를 자주 말씀하셨다. "99센트에 점심을 먹을 수 있어. 99센트 칠리를 사면 물 한 잔은 공짜로 주거든." 할아버지와 친구들은 다 이렇게 주문하고 테이블에 앉아 몇 시간씩 이야기를 나누었다. 가끔은 직원이 와서 프로스티 음료 쿠폰을 주기도 했다(이 말을 듣고 나는 웬디스의 영원한 팬이 됐다).

할아버지는 정말 많은 걸 가르쳐주었고 매우 친절한 분이었다. 우리 가족은 할아버지 생일이 되면 할아버지 이야기를 하고 그날만큼은 특히 더 친절한 사람이 되도록 노력한다. 한번은 할아버지의 생일에 저녁을 먹은 후 미아가 디저트 시간이라며 냉동실에서 프로스티를 꺼내왔다. 그날은 너무 바빠서 할아버지에 대해 이야기할 시간도 없었는데 미아가 어떻게 시간을 내서 프로스티를 사 온 것이다. 미아의 배려에 감동했다.

미아처럼 시간과 노력을 들이든 할머니처럼 돈을 기부하든 살아가면서 만나는 사람들에게 큰 의미가 될 수 있는, 사소하지만 친절한 행동 몇 가지를 소개한다.

더 잘 들어라

모두가 자기 이야기를 하고 싶어 하지만 온전히 할 말을 다 할 수 있는 때는 거의 없다. 진심으로 경청하는 방법을 알려주겠다. 말하기 전 상대방이 말을 다 끝냈는지 3~5초 정도 기다려라. 그 정도 기다리는 것이 어렵긴 하다. 하지만 이렇게 하면 듣는 방식이 완전히 달라질 것이고 상대방의 말에 의도치 않게 끼어드는 일도 줄어들 것이다. 누구에게나 줄 수 있는 선물이고 실제로도 몇 초밖에 안 걸린다.

함께하는 사람들을 인식하라

어떤 사람의 좋은 점을 10~50개 정도 찾아보라. 종이에 이유를 하나씩 적고 봉투나 작은 병에 담아라. 그 사람에게 응원이 필요할 때면 언제든 종이 하나를 꺼내보라고 하라.

긍정적인 면을 이야기하라

교사를 하던 친구 팀은 학생들의 행동이 아주 훌륭할 때면 부모에게 전화를 걸었다고 한다. 그가 가르치던 대안 학교의 학부모들은 자녀에게 문제가 생겼을 때나 학교에서 전화를 받았다. 하지만 팀은 좋은 소식이 있을 때도 꼭 전화를 걸었고 이는 아이들이나 부모 모두에게 신나는 일이었다. 매일 좋은 면을 찾아서 사랑하는 사람들에게 전달하자. 이번 주에는 어떤 좋은 점을 찾았는가?

투자하라

이 방법은 모르는 사람에게도 쓸 수 있다. 너무 알뜰해서 내가 성인이 된 후에도 내내 레스토랑 쿠폰을 주셨던 할머니의 정신에 따라, 기부금이 최대의 효과를 내는 11개 비영리 단체를 선정해 '명예의 전당'에 실었다. 이런 기관이 있어 우리가 개인적으로 또는 친구들과 뜻을 모아 많은 일을 할 수 있다. 500달러는 한 아이가 걸을 수 있는 치료비가 되고 200달러로는 시각 장애를 치료할 수 있다. 20달러가 있으면 아이 한 명이 1년 동안 문맹 퇴치 프로그램에 참여할 수 있다.

....

작은 행동이 가장 의미 있는 행동이 될 수 있다. 이런 기회를 찾는 가장 좋은 방법은 기회를 찾아야겠다고 마음 먹는 것이다.

15분 동안 할 수 있는 일

그저 멋진 사람이라서 뭔가를 해주고 싶은 사람이 있는가? 친구와 가족부터 시작하자. 누구로 할지 정한 후에는 그들에게 중요한 문제가 무엇인지 생각하라. 당신이라면 원할 만한 것 말고 그들이 실제로 중요하게 여기는 문제를 생각하라. 최소 10분 동안 이 문제에 집중해본다면 사소하지만 의미 있는 아이디어가 여러 개 떠오를 것이다. 어떤 아이디어가 떠올랐는가? 그중 하나를 지금 실행할 수 있겠는가? 아니라면 언제 할지 날짜를 정하자.

chapter 4

최고의 약

"우정은 대단한 것이 아니다. 사소한 것 수백 개가 모인 것이다."

– 작자 미상

미아의 치료 기간 중 내게 가장 힘들었던 일은 아무 일 없는 척하는 것이었다. 사회복지사들이 일상을 유지하는 것이 잭에게 가장 좋을 것이며 내가 평상시처럼 행동하면 잭도 나를 따를 거라고 했을 때는 딱 맞는 말 같았다. 하지만 실천은 어려웠다.

나는 온종일 병원에 있다가 미아가 늘 그랬던 것처럼 행복한 얼굴을 하고 잭을 데리러 학교에 갔다. 집에 오면 한두 시간 놀고 저녁을 먹은 후, 다시 놀다가 잭을 재우러 들어갔다. 그때쯤 되면 진이 빠져서 종종 책을 읽어주다가 잠들기도 했다. 잭이 잠들면 겨우 방에서 빠져나와 다음 날 먹을 잭의 도시락을 만들고 침대에 쓰러지곤 했다.

내가 온 힘을 짜내 일상을 유지하려고 했음에도 빈틈 사이로 일이 벌어지곤 했다. 예를 들어 나는 학교에서 보낸 밸런타인데이 파티 관련 이메일을 읽지 못하고 학생 수에 맞춰 하트 사탕 한 상자를 보냈다. 하지만 이메일에는 어떤 식품도 보내지 말라는 내용이 들어 있었다. 또 잭의 바지가 작아진 것도 모르고 있다가 친구가 잭의 발목이 15센티미터나 보인다고 지적한 일도 있었다. 아이를 데리러 가는 길에 학교 끝나고 친구들과 물총 놀이를 하라고 물 채운 물총을 가방 한 가득 담아서 들고 간 것이 그런 소란을 일으킬 거라고도 생각하지 못했다. 총처럼 생긴 물건을 학교에 가져가면 안 된다는 것은 상식인데 어떻게 된 일인지 그런 생각이 떠오르지 않았다.

미아가 퇴원해서도 전처럼 집안일을 다 하지 못하다 보니 우리는 기본적인 할 일을 하기도 벅찼다. 그래서 사촌 벳시가 다가오는 단기 방학 때 잭을 보낼 만한 캠프가 있다고 했을 때 바로 보내기로 했다

미아는 여전히 항암 치료를 위해 주 4회 병원에 가야 했다. 잭이 캠프에 가 있으면 미아를 병원에 데리고 가기가 훨씬 수월할 것이다.

하지만 또 다른 틈이 생기고 말았다. 내가 잭을 캠프에 등록하려고 했을 때는 이미 인원이 다 차 있었다. 한 명 더 들어갈 자리가 없겠냐고 문의했으나 인솔 교사가 규정된 수 이상 아이를 맡으면 법에 저촉된다는 답만 돌아왔다.

속상했다. 앞으로 2주 동안 잭이 집에 있으면서 항암 치료에 따라다녀야 한다는 뜻이었다. 아마도 다섯 살 아이에겐 불안한 환경일 것이다. 수많은 기계에 연결되어 죽음과 사투를 벌이는 환자들을 많이 보게 될 것이고, 그럼 결국 엄마도 그렇게 아프다는 걸 알게 될 것이다. 미아는 아이 앞에서 아픈 티를 내지 않았다. 하지만 실상을 알게 되면 잭의 안전망이 사라질 것이고 잭은 앞으로 무슨 일이 생길지 몰라 두려워할 것이다. 이 모든 것이 내가 제대로 생각하지 못했기 때문이었다.

어떻게 하지? 아직 미아가 치료를 시작한 지 얼마 안 됐을 때라 상황이 너무 두려웠고, 그래서 똑똑하게 전략을 세울 수 없었다. 양쪽 부모님이 어떤 일이든 부탁하라고 했는데도 나는 머리를 쥐어짜며 어떻게든 해결책을 찾아야 한다고 생각했다. 하지만 벳시가 먼저 메시지를 보냈다.

"잭이 캠프 간다고 좋아하지?"

나는 무뚝뚝하게 답을 보냈다.

"등록하려고 했더니 다 찼더라."

그러자 벳시는 의외의 답을 보냈다.

"잭이 캠프에 못 가면 안 되지."

벳시가 무슨 생각을 하는지는 세 시간 후 다시 전화를 받고 알 수 있었다.

"캠프에 갈 수 있어. 내가 샬럿 날짜를 3일 빼고, 내 친구들도 자기 아이들 날짜에서 며칠 기부한대."

내가 알지도 못하는 이 아이 엄마들 가운데 몇 명은 이렇게 기부한 날에 아이들을 집에서 돌보기 위해 회사를 쉬어야 할 것이다. 이 일은 '타인의 친절'이 무엇인지 보여주었고 나는 깊이 감동했다.

더 놀라운 일은 벳시가 나중에 캠프에 전화했을 때 일어났다. 벳시가 자신의 계획과 미아의 상황을 이야기하자 직원이 잭이 캠프에 들어갈 방법을 찾았고 결국 누구도 캠프 날짜를 줄이지 않아도 됐다. 이렇게 정리되자 나는 행복한 얼굴로 잭을 만나는 일이 전혀 힘들지 않았다.

항암 치료를 받았던 2년 반 동안 미아가 받은 약은 셀 수 없이 많다. 하지만 벳시와 친구들이 준 '약'은 다른 어떤 약보다 효과가 좋았다. 의사들이 미아에게 신체적으로 버틸 힘을 줬다면 우리를 알기도 하고 모르기도 하는 주변 사람들은 정서적으로 버틸 힘을 줬다. 둘 다 환자가 병을 이겨내는 데 꼭 필요한, 생명을 살리는 약이다.

생명을 살리는 도움을 주기란 놀라울 정도로 쉽다. 카페에 들른 김에 커피 몇 잔 더 사서 항암 치료 중인 환자들의 기운을 북돋울 수도 있다. 반면에 심각한 질병에 걸린 사람들의 생명을 구하기 위해 몸과 마음을 쏟아부을 정도로 어려운 일일 수도 있다. 우리 모두 재능이 다르다. 중요한 것은 어떤 상황에서든 해결책을 찾는 것이다.

딱 맞는 골수를 찾아라!

대학을 졸업한 지 1년 정도 된 22살의 제이 파인버그Jay Feinberg는 금융계에서 일하다가 로스쿨에 들어갔다. 갓 대학을 졸업한 사람답게 자신감이 넘쳤고 곧 날개를 펼칠 준비가 돼 있었다.

하지만 어느 날 몸이 안 좋아졌다. 복부에 통증이 있었고 온몸이 아파서 심한 독감에 걸렸다고 생각했다. 하지만 병원에 가서 검사받으니 다른 병이 있었다. 백혈병이었다.

"감당이 안 됐습니다."

28년이 지난 후 제이가 말한다.

"의사가 하는 말을 들었지만 꿈에서 상대방의 말을 들으려 애쓰는 기분이었어요."

의사와 나눈 대화 중 골수 이식 수술을 받으면 살 수 있다는 말은 기억났다. 의사는 이식 수술 과정을 설명하며 골수가 맞는 사람을 찾아야 한다고 했다. 우선 형제 두 명부터 시작했다. 형제간에는 조직이 일치할 확률이 4분의 1이다.

제이가 두 형제에게 이야기하자 둘 다 골수 검사를 받았으나 일치하는 사람은 없었다. 제이의 가족은 아는 친척들에게 모조리 연락해 검사받게 했고 다음에는 모르는 친척들을 찾았다. 유대인 족보 협회Jewish Genealogical Society와 다른 계보 전문가들의 도움을 받아 알지 못하던 일가를 여럿 찾았고 홀로코스트에 희생된 줄 알았던 일부가 오스트레일리아에 살고 있다는 점도 알게 됐다. 200명 넘는 먼 친척들이 제이의 소식을 듣고 골수 검사를 받았지만 적합한 사람이 없었다.

다음은 아무 관계도 없는 기증자, 즉 앞으로 만날 일이 없을 수도 있지만 타인의 생명을 위해 골수를 기증할 의향이 있는 사람 중에 찾아야 했다. 미국뿐 아니라 다른 나라에도 등록 기관이 있어서 제이는 희망을 품었다.

"하지만 그때 두 번째 타격을 받았습니다. 의사가 저랑 맞는 사람이 없다고 하더군요. 미국 내에도 없고 다른 나라에도 없다고요. 그러더니 제가 유대인이라서 공여자를 찾기가 매우 어려울 거라고도 했어요."

작은 진료실에 함께 들어가 있던 제이의 부모와 형제는 어리둥절했다. 골수 이식으로 차별을 한다?

"조직 유형은 눈이나 머리카락 색깔처럼 물려받기 때문에 민족적 배경이 비슷한 사람이 일치할 확률이 높다고 설명하더군요. 그런데 기증자 명단은 민족이나 인종이 다양하지 않았어요."

다양성이 떨어지다 보니 동유럽계 유대인도 많지 않았다.

의사는 현실적이었다. 장기적으로 기증자가 없으면 할 수 있는 일이 별로 없었다. 약으로 생명을 연장할 수는 있었지만 결국은 백혈병으로 사망할 것이다. 의사는 기증자는 나타날 수도 있고 나타나지 않을 수도 있으니 집으로 돌아가서 항상 하고 싶었던 일을 생각해보라고 했다. 다시 말해 버킷 리스트를 만들라는 거였다.

"의사는 약이나 이식 수술, 그리고 기증자 찾는 일도 잘 알았어요.

하지만 한 가지 모르는 게 있었습니다. '유대인 엄마 효과'라는 현상 말이죠. 의사 말을 들은 어머니는 유대인 사회에서 캠페인을 벌여서 유대인 기증자의 수를 늘려야겠다고 하셨어요. 그럼 저뿐 아니라 다른 환자들에게도 공여자를 찾을 기회가 생길 거라고요."

알린 파인버그와 잭 파인버그 부부는 뉴저지주 자택 거실과 식당에 본부를 차리고 아들의 골수 공여자를 찾는 국제 검색단을 조직했다. 잭은 골수 찾기에 매진하기 위해 계획보다 몇 년 앞서 은퇴하기까지 했다(알린은 이미 은퇴한 후였다). 자원봉사자 6~12명이 주기적으로 찾아와 제이의 집 이곳저곳에 앉아 일을 도왔고 제이도 치료가 없을 때는 함께했다. 소셜 미디어가 나오기 전이었으니 대부분 전화나 팩스로 여러 단체에 연락해서 골수 기증 등록 행사를 진행할 수 있는지 물어보는 것이 일이었다.

이 지역 유대인 연맹도 근처 유대인 회당에서 첫 골수 기증 등록 행사를 벌이자며 참여 의사를 밝혔고 제이의 팀도 좋은 기회라고 생각해 수락했다. 이들은 신문 광고를 내고 유대인 회당에 부탁해서 신자들에게 전단을 집에 들고 가게 했다. 뜻을 함께하는 지역 주민들은 전단을 확대해서 가게나 전신주에 붙였다.

제이는 그날을 이렇게 회상한다. "그날 행사장에는 정말 많은 사람들이 왔습니다. 모르는 사람의 목숨을 구하겠다고 온 사람들이었어요. 당시에는 타액 검사만으로는 조직이 일치하는지 알 수 없었기 때문에 피를 뽑아야 했어요. 그런데도 문밖을 빠져나간 대기 줄이 인도까지 이어졌고 질서 유지를 위해 경찰까지 왔습니다. 그렇게 많은 사람들이 기꺼이 검사를 받으려 하다니 정말 믿기 어려웠어요."

골수 기증 등록 행사는 거의 처음 있는 일이고 그 성격이 감동적이었기 때문에 이 운동은 언론의 주목을 받았다. 전 세계 언론이 파인버그 가족에게 연락했고 홍보 광고 덕에 전 세계에서 제이의 기증자를 찾는 행사가 열렸다. 거기에 검사 비용을 기증하겠다는 사람들이 몰려들었다.

"수표가 든 편지가 몇 자루씩 왔습니다. 우체국에서 플라스틱 통을 아예 통째로 가져다주기도 했어요."

지역 건축업자 데이브 칼리Dave Cali라는 사람은 사무실이 필요하냐고 묻기도 했다. 파인버그 가족이 찾아가 보니 사무실은 185제곱미터 크기에 가구, 복사기, 프린터, 전화선이 다 갖춰져 있었다. 하지만 한 가지 문제가 있었다.

데이브가 이렇게 말했다.

"말씀드리기 죄송하지만, 사무실을 그냥 드릴 순 없습니다. 하지만 임대해드릴게요. 임대료도 마음에 드실 겁니다."

'이런.'

제이는 부모와 당혹스러운 눈빛을 교환했다. 하지만 임대료를 확인해보니 1년에 1달러였다.

"재빠르게 임대계약서에 서명했죠."

제이가 4년간 화학 요법으로 생명을 유지하는 동안 제이의 부모와 자원봉사자 수십 명은(아기를 데리고 일주일에 몇 번씩 참여하는 주부들도 있었다) 전 세계의 기증 등록자 목록에서 적합한 사람을 찾아보고 미국 전역과 캐나다, 오스트레일리아, 남아프리카 공화국, 이스라엘, 영국, 일본에서 일어나는 골수 기증 등록 행사를 조율했다. 행사장에 찾아올 수 없는 사람들에게는 테스트기를 보낸 후 수거해서 검사를 진행했고, 이렇게 해서 총 100명 넘는 환자가 골수 이식을 받을 수 있었다.

하지만 제이와 조직이 일치하는 사람은 하나도 없었다. 제이의 상태는 날로 악화됐다. 마침내 의사는 제이가 수술을 감당할 수 없어지기 전에 조직 적합성이 완벽하지 않은 골수를 이식하자고 했다.

그때쯤 시카고에 사는 벤지 메르젤Benjy Merzel이라는 학생이 제이에게 전화를 걸었다. 그는 제이의 가족이 이식할 골수를 찾아준 덕에 친구 한 명이 살 수 있었다는 이야기를 들려줬다.

"그 보답을 하기 위해 저에게 골수를 이식해줄 사람을 찾겠다고 하더군요. 매우 단호했습니다."

벤지는 며칠 후 밀워키의 위스콘신 토라 연구회에서 열리는 골수 기증 등록 행사에 친구와 이웃을 데리고 찾아가겠다고 말했다. 제이는 감사를 표하고 자신은 혜택을 못 받겠지만 다른 사람들이 도움을 얻을 거라고 덧붙였다.

골수 기증 행사에는 130명 정도가 모였고 마지막으로 검사를 받은 사람은 벤지와 함께 온 베키 파이비소프Becky Faibisoff라는 소녀였다. 베키는 주사가 무서워서 마지막까지 피해 있었다.

"행사가 다 끝나서 물품을 챙기는데 베키가 와서 '나도 할게요, 빨리 해주세요'라고 했대요. 2주 후 베키의 골수가 저와 일치한다는 걸 알게 됐죠."

베키는 제이의 영웅이 됐다.

"베키는 한 사람의 힘이 얼마나 큰지 보여줍니다. 이 세상을 바꾸는 데는 오직 한 사람만 있으면 돼요."

베키 덕분에 제이는 생명을 되찾았다. 이제 법학 공부를 다시 시작할 수 있게 됐다. 그렇지 않은가?

"이식 수술을 마친 후 학교에서 전화가 왔어요. '다시 건강해졌군. 자네 자리를 비워뒀다네. 언제 돌아올 건가?' 결정을 내리기는 쉬웠어요. 아마 저 같은 상황이라면 누구나 그렇게 했을 거예요. 수없이 많은 타인의 관대함과 연민 덕분에 우리는 아주 강력한 힘을 키웠어요. 거기서 멈출 수 없었습니다."

제이는 로스쿨을 그만뒀고 파인버그 가족은 '생명의 선물Gift of Life'이라는 기관을 계속 운영했다.

이제 이 단체는 파인버그네 집 식탁에 옹기종기 모여서 일하던 때와는 완전히 달라졌다. 그때는 유대인이 골수 공여자를 찾을 확률이 5퍼센트 이하였다. 이제 유대인 환자의 70퍼센트 이상이 공여자를 찾는다. 그리고 생명의 선물을 통해 골수 기증자를 찾아 살아난 사람이 3,500명에 이른다. '생명의 선물'은 다른 소수 집단도 적합한 골수를 찾을 수 있도록 골수 기증자를 모집한다.

파인버그 가족은 생명을 구하기만 한 것이 아니라 생명을 구할 수 있는 '구조'를 새로 만들었다. 이 구조는 앞으로 몇 세대에 걸쳐 사용될 것이다. 제이는 이 일에 평생을 바쳤다. 제이와 65명의 직원은 1년에 2,000회 이상의 기증 등록 행사를 벌여 기증자를 늘린다. 또한 분야를 넓힐 계획도 세우고 있다. 새로 생기는 본부에는 줄기세포 수집 센터를 세우고 줄기세포를 저장하는 시설을 개발해 환자에게 좀 더 빠르고 효율적으로 다가갈 생각이다.

다시 말해 이들은 무엇이든 준비하고자 한다. 제이는 말한다.

"살다 보면 굴곡이 나타납니다. 그래서 제가 매일 일터로 나가는 겁니다."

커피를 나르는 사람

제이는 타인을 위한 아름다운 희생을 보여줬다. 하지만 변화를 위해 법조계에서 일할 기회를 꼭 버릴 필요는 없다. 심부름으로도 가능하니까. 13년 전 댄 듀이*Dan Dewey*가 아버지의 항암 화학 요법 치료에 동행할 때 사용한 방법이다.

"커피 사러 갑니다." 댄은 폰티액에 있는 미시간 암센터*Michigan Cancer Institute: MCI*의 치료실 의자에 앉아 주사를 맞고 있는 환자들을 둘러보며 말했다. "아버지 지갑도 챙겼어요. 뭐 사다 드릴까요?"

댄에게 필요한 걸 말한 사람은 몇 명 없었다. 다들 댄의 아버지 돈을 쓰는 게 편하지 않았던 모양이다.

스타벅스에서 돌아온 댄은 들고 온 커피를 사람들에게 나눠줬다. 앞으로 일어날 엄청난 일의 시작이었다. 댄은 이날부터 13년간 MCI와 다른 시설에서 2만 5,000잔 넘는 스타벅스 커피를 사람들에게 샀고 그만큼의 미소를 돌려받았다.

댄은 말한다. "전 은퇴했고 이제는 이 일이 제가 원하는 일이에요. 바보같이 구는 게 제 재능입니다. 어릴 때는 아는 체하고 웃기려고 하는 성격 때문에 문제를 많이 겪었는데 여기선 그게 통해요. 출입 금지 당하기 전까지는 계속하려고요."

댄이 처음으로 커피를 사기 시작했을 당시 댄의 아버지는 두 번째 암 진단을 받은 후 항암 치료를 받고 있었다. 첫 번째 암 치료를 받은 지 5년이 지났을 때라서 댄은 암 센터에서 일하는 의사, 간호사, 의료보조인, 병원 직원 등의 얼굴을 알아봤다. "의료진에게 존경심을 표하고 싶었고 환자나 환자의 가족, 친구들에게도 뭔가를 대접하고 싶었어요."

아버지가 매주 치료를 받는 두 달 동안 댄은 매주 커피를 날랐다. 나중에는 한 번에 커피를 20잔씩 가져갔다. 항암 치료가 끝나고 나서도 이 심부름을 멈출 수 없었다. 멈추기는커녕 점점 규모를 늘려 MCI 외에도 다른 암 센터와 학대 및 방임 아동을 돕는 비영리 단체에 매주 커피 75잔을 배달했다.

댄은 몇 년이 지나도록 아무에게도 들키지 않고 커피를 날랐다. 커피를 받는 사람 외에는 스타벅스의 바리스타들만이 그가 매주 같은 날 같은 시각에 나타난다는 것을 알고 눈치를 챘다. 어느 날 평소와 똑같이 스타벅스에서 커피를 주문하려는데 지역 방송국 직원이 올 때까지 기다려야 한다는 말을 듣고 그때에야 정체를 들켰다는 걸 알았다. 바리스타 한 명이 방송국에 전화해서 댄이 하는 일을 알린 것이다.

방송국 직원들이 도착해서 댄의 커피 심부름을 따라다녔고 이 모습이 TV에 방영되자 댄에게 뜻밖의 소득이 돌아왔다. 댄이 그다음 주에도 평소와 다름없이 스타벅스에 들어갔더니 사람들이 구름떼같이 몰려와 그를 기다리고 있었다.

"전부 저에게 돈을 건넸어요. 처음 돈을 준 사람은 덩치 큰 건축업자였는데 100달러를 건네면서 '댄, 이 돈을 쓰고 싶은 데에 쓰세요'라더군요. 아이를 데리고 온 부모와 어르신도 있었고 출근길에 들른 사람도 있었어요. 다들 저를 도와주고 싶어 했어요."

타이밍도 아주 좋았다. 마침 돈이 다 떨어져서 어떻게 커피를 계속 날라야 할지 고민하고 있었다. 하지만 지역 방송 뉴스를 시작으로 미디어에 소식이 나간 덕분에 기부금이 밀려들었고 커피 배달을 계속할 수 있었다.

"혼란스러워요. 그냥 길을 가는 데도 그런 일이 자꾸 일어납니다. 어제도 줄 서서 기다리던 여자 두 명과 남자 한 명이 계산대 앞에서 제게 돈을 주더라고요."

곳곳에서 기부금이 들어왔다. 댄이 〈퀸 라티파 쇼*The Queen Latifah Show*(미국의 여성 방송인 퀸 라티파가 진행한 토크쇼-옮긴이)〉에 출연한 후 스타벅스가 1만 달러를 기부했고 댄이 자주 가는 스타벅스 지점의 바리스타 한 명이 '댄의 커피 심부름'이라는 페이스북 페이지를 개설해 모금 운동을 벌였다. 페이지에 쓰인 내용을 읽어보자.

손님들이 저에게 저 사람은 왜 커피를 저렇게 많이 사느냐고 질문하면 제가 사연을 이야기하고 그럼 그 손님들이 어떻게 기부할 수 있냐고 묻는 과정을 3년 동안 겪다 보니 좋은 생각이 떠올랐습니다. 기부를 원하는 사람은 누구나 구매할 수 있도록 '댄의 커피 심부름' 맞춤 카드를 만들어서 고객이 쓰는 돈이 MCI의 환자들을 위한 커피값으로 직접 쓰이게 하는 겁니다. 기부를 원하시면 카운터에서 바리스타에게 물어보세요. 그들이 친절하게 답해 드릴 겁니다.

감사합니다, 밸러리.

이 페이스북 페이지와 댄을 위한 여러 모금 사이트들은 이렇게 나눠지는 커피의 영향력을 논의하는 장소이기도 하다. 리즈 스크로친스키*Liz Scroczynski*가 올린 글이 사람들의 마음을 잘 대변한 것 같아서 소개한다.

"저는 로즈 센터에 있을 때 댄에게 몇 번 커피를 받았습니다. 때로는 그 커피 덕분에 하루를 견디기도 했습니다!"

댄 역시 커피 배달 임무를 수행하면서 만나는 사람들의 이야기를 올린다. 그중 커피 배달의 파급 효과를 잘 보여주는 이야기가 있었다. 댄이 어느 날 스타벅스에 있는데 어머니와 남동생 곁에 있던 나탈리라는 어린 소녀가 다가왔다. 아이는 선물 상자를 들고 있었고 어머니는 아이가 댄에게 선물을 주고 싶어 한다고 설명했다.

"전 상자를 보고 할 말을 잃었습니다. 주저리주저리 말 많은 제가 그때는 아무 말도 못 하겠더군요."

나탈리는 댄이 커피를 배달한다는 소식을 들은 후 친구들에게 선물 대신 스타벅스 기프트 카드를 받아서 댄에게 주기로 한 모양이었다.

친구들도 적극적으로 찬성했고 결국 이날 댄을 만나 친구들의 마음을 전달한 것이다. 상자를 열어보니 250달러어치의 기프트 카드가 들어 있었다.

"지금도 이 아이들의 이타적인 마음을 생각하면 말이 안 나와요."

2006년부터 무료로 커피를 배달한 사람의 겸손함이 묻어나는 말이다.

행복한 달리기

은퇴한 사람이라면 댄처럼 시간을 내서 친절을 베풀 수 있다. 하지만 일하는 사람이라도 바쁜 일정 사이에 친절을 끼워 넣을 수 있다.

미아가 치료받는 동안 비키라는 이웃은 장 보러 가는 길에 우리에게 사다 줄 것이 있는지 물어보곤 했다. 비키는 '그렇다'고 말하기 쉽게 물었다. 항상 명확하게 물었기 때문에 이러쿵저러쿵할 필요도 없었다. 어쨌든 가는 길이었고 추가로 다른 곳을 가야 하는 것도 아니었으니 말이다.

친구 폴과 사라도 어느 날 전화로 닭고기 국수 수프를 만들고 있으니 좀 가져다줘도 되겠냐고 물었다. 이들 역시 힘든 일이 아니라는 점을 확실히 전달했고, 닭고기 국수 수프를 싫어하는 사람도 없을 것이다.

어느 날 저녁에는 친구 젠과 애덤이 라자냐를 만들어서 우리 집 앞에 들고 왔다. 라자냐 한 판을 다! 댄이 그랬던 것처럼 내 친구들도 불쑥 나타나서 우리가 좋아할 만한 음식을 배달해주었다. 나는 라자냐를 앞에 두고 눈물을 줄줄 흘렸다.

묻지 않은 친절을 일상에 끼워 넣는다고 잘못될 일은 없다. 받는 사람은 쉽게 친절을 받아들일 수 있고, 당신에게 받은 친절이 그 사람에겐 그날의 가장 좋은 일이 될 수도 있다. 이런 기분을 느끼고 활력을 찾는 것이 우리에겐 꼭 필요하다. 누군가는 2달러짜리 커피 한 잔이 리셋 버튼이 되어 다음 일정을 헤쳐 나갈 힘이 되기도 한다.

내 친구 알렉스 리Alex Li는 여기서 좀 더 나아가 주말 일정에 친절을 끼워 넣었다. 그는 선배 의사가 알츠하이머병으로 달리기를 포기했다는 소식을 들었을 때 뭔가 해야겠다고 생각했다.

샌프란시스코 병원의 의사였던 월리 림Wally Lim은 수십 년간 출근 전후, 혹은 오래 환자를 진료하는 날은 점심시간을 이용해 달리기를 즐겼다. 1년에 한두 번은 마라톤에도 출전했다. 그에게 달리기는 의사라는 직업 못지않게 삶의 중요한 요소였다. 헌신적인 의사였던 만큼 52세의 나이에 알츠하이머 초기라는 진단을 받고 은퇴할 때는 상당한 충격을 받았지만, 경력이 끝난 공허함을 더 열심히 달리는 것으로 해소할 수 있었다.

하지만 얼마 안 가 집에 오는 길을 찾을 수 없어 몇 시간 동안 길을 잃곤 했다. 아내 린다가 그를 찾기 위해 경찰에 신고해야 할 때도 종종 있었다. 월리는 하는 수 없이 달리기마저 그만둬야 했다.

월리와 린다, 그리고 각각 초등학교, 중학교, 고등학교에 다니는 세 딸에게도 힘든 시기였다. 월리는 가족이 아닌 사람들과 있으면 혼란스러워졌고, 손님이 찾아오면 자극을 견딜 수 없어 방으로 올라가 혼자 있곤 했다. 알츠하이머 환자들이 흔히 그렇듯 월리 역시 종종 화를 냈다.

"월리 자신도 알츠하이머병에 걸린 걸 알고 있었어요. 할 수 있는 일이 많지 않고 전에는 할 수 있었던 것을 이제 못하는 것도요. 남편에겐 정말 힘든 시간이었죠."

월리가 일하던 의료 센터에 월리의 후임이 떠난 후 알렉스가 새 의료과장으로 들어왔다. 월리가 그랬던 것처럼 알렉스도 외과의로 일하는 것과 달리기를 둘 다 중요하게 여겼다. 점심시간에 운동복을 입고 달렸고 달리기 대회에도 나갔다. 그래서 직원들이 월리의 상황을 들려주자 마음이 무거웠다. 의사로서는 알츠하이머병이 얼마나 충격적인지 이해하고 마라톤 선수로서는 달릴 수 없는 사람의 심정을 이해했다.

"월리의 입장이 돼서 생각해봤습니다. 일과 달리기를 둘 다 잃는다면 정말 괴로울 거예요. 월리가 일터로 돌아오는 건 힘들겠지만 달리기는 다시 할 수 있을 것이고 그렇게 된다면 월리도 무척 기뻐할 거란 생각이 들었죠."

알렉스는 월리가 근처에 산다는 것을 알고 린다에게 이메일을 보내 월리가 달리기를 그만두지 않았으면 좋겠다고 생각하며, 그래서 주말에 월리와 함께 뛰고 싶다는 생각을 전했다. 가족들도 월리와 잠시 떨어져 있는 시간이 필요할 거라고도 덧붙였다. 린다는 감사한 마음으로 제안을 받아들였다.

알렉스가 인사차 집에 들러 월리와 함께 뛰고 싶다고 이야기하자 월리도 기뻐했다.

린다는 말한다. "토요일 달리기 시간은 월리가 정말 행복해하는 시간이었어요. 아침 일찍 일어나서 준비를 마치고 알렉스를 기다렸죠."

달리는 거리는 최소 9.5킬로미터 이상이고 보통 샌프란시스코의 골든게이트 공원을 가로질렀다. 알렉스는 몇몇 대회에 월리를 참여시키기도 했다.

"집에 돌아올 때마다 남편은 아직 뭔가 할 수 있다는 생각에 무척 행복해했습니다. 땀을 뚝뚝 흘리면서도 싱글벙글 웃었고 흠뻑 젖은 몸으로 절 안아주려고 했죠."

월리와 알렉스는 총 160킬로미터 이상을 함께 달렸다. 월리의 속도가 점점 느려졌지만 알렉스는 여전히 매주 찾아와 월리의 속도에 맞춰 달렸다. 두 사람의 주말 달리기는 4년 후 알렉스가 로스앤젤레스의 새 일자리를 수락하면서 끝났다.

"월리와 달리는 건 저희 둘 모두에게 좋은 일이었어요. 월리는 달리는 순간만큼은 치매 환자가 아니었습니다. 달리기 선수 월리, 아니면 동료와 진료 경험을 나누는 의사 월리였어요. 달리기 덕분에 월리가 밝아졌다고 생각해요. 달리고 난 후엔 확실히 더 행복해 보였거든요. 저도 같이 뛸 사람이 있어서 좋았고 다음 달리기 날짜를 기다렸어요. 정말 행복한 기억입니다."

린다는 다음과 같이 말한다.

"대부분 '뭘 도와줄까?' 또는 '필요한 게 있으면 알려줘'라고들 하죠. 하지만 도와달라는 말을 하는 건 정말 어려워요. 먼저 생각하고, 물어보기 전에 먼저 행동하는 사람이 당신의 삶을 바꿉니다. 그럴 때 가장 큰 변화가 일어나요. 친절한 영혼을 지닌 알렉스가 월리와 함께 달린 덕에 월리는 인내심 많고 자신을 존중하는 사람과 정말 좋아하는 일을 할 수 있었습니다. 무엇보다 소중한 행복이었어요."

대화의 가치

월리가 토요일마다 지극히 행복했던 이유 중에는 대화도 있었다. 진료는 하지 않아도 동료와 일 이야기를 할 수 있었고 그 소중한 몇 시간 동안 그는 옛날로 돌아간 듯한 기분을 느꼈다. 건강 문제를 겪는 사람들은 종종 관점이 바뀌는 것을 경험하고 의미 있는 대화나 닭고기 국수 수프 같은 단순한 기쁨에 깊이 감사하게 된다. 머릿속에서 끝없이 맴도는 '끔찍해' '살 수 있을까?' '가족들은 어떻게 하지?' 같은 생각을 멈출 수 있게 해주는 것이 있다면 그것이 무엇이든 감미로운 음악처럼 느껴진다. 미아가 치료받는 동안 동생 롭이 매주 찾아왔고 우리는 암을 제외한 모든 걸 이야기했다. 리모델링 계약을 놓고 업자와 다툰 이야기, 21세 생일 파티의 기억, 내 운동 신경이 프리스비 골프 선수에 잘 맞는지 아니면 프로레슬러에 더 잘 맞는지 등이 주제였다. 미아의 상태와 전혀 관계없는 이야기만 했지만 정말 큰 도움이 됐다.

대화라는 약은 누구나 지을 수 있다. 이 약은 우리에게 휴식이라는 지속적인 효능을 선물한다. 어떤 사람들은 아침 명상으로 균형 잡힌 하루를 보내지만 나에게는 명상이 맞지 않았다. 주위가 고요하면 머리를 비우기 힘들었다. 하지만 한 시간 정도 좋은 대화를 나누는 동안에는 멀리 떠나는 기분이 들었고 그럼 하루를 훨씬 안정적으로 보낼 수 있었다.

단순한 대화의 힘, 혹은 듣기의 힘을 과소평가해선 안 된다. 의료인들은 대화라는 치료법으로 환자의 상태를 개선한다. 환자에게 필요한 것은 신체 치료만이 아니다. 감정적 요구가 충족되느냐가 회복의 질을 결정할 수 있다. 미아를 담당한 의료진은 언제나 미아를 많은 암 환자 중 하나가 아닌 인간으로 대했다. 그런 방식이 우리를 얼마나 편안하게 했는지 모른다. 상대의 말을 주의 깊게 듣고 신중하게 대응하는 대화 방식은 겁나는 상황을 헤쳐 나갈 수 있다는 용기를 준다. 아홉 살 아이 조시 웨이드*Josh Wade* 또한 그랬다.

조시는 한동안 몸이 안 좋았는데 의사가 소장에서 일어나는 알레르기 질환인 셀리악병이 아닌지 검사해 보자고 했다. 검사를 위해 내시경을 해야 한다는 말에 조시는 겁을 먹었다. 그래서 진정제를 투약하는 동안 가장 좋아하는 늑대 인형, 골디를 데리고 있기로 했다.

조시는 검사실 의료진과 금세 친구가 되어 모두에게 골디를 소개했다. 다 같이 놀이에 참여하는 분위기가 되자 조시와 조시의 아버지 케빈도 편안해졌다. 그러다 조시는 갑자기 의사가 필요한 건 자기뿐이 아니라는 사실을 깨달았다. 늑대도 다리가 찢어진 것이다.

"아빠, 골디를 꿰매줘야 해요. 여기서 골디도 치료할 수 있어요?"

케빈이 웃으며 말했다. "그건 좀 기다렸다가 집에 가서 해야 할 것 같구나. 여기엔 의사가 필요한 환자가 많거든. 골디는 집에 갈 때까지는 괜찮을 것 같아. 어때?"

조시는 "알겠어요" 하고 웃으면서 골디를 품에 안은 채 잠들었다.

내시경 검사는 잘 끝났고 조시는 곧 회복실로 옮겨졌다. 케빈이 들어가 보니 잠든 아이의 배 위에 올려진 늑대 인형이 다리에 석고 붕대를 감고 얼굴에는 수술용 마스크를 쓰고 있었다. 골디의 '상처' 역시 대여섯 바늘 정도 꿰매 봉합돼 있었다.

조시가 의식을 되찾자 의료진의 배려는 더 크게 다가왔다. 아이는 잠에서 깨자마자 자신의 불편함보다 늑대의 상태를 걱정했다.

"아빠, 골디 다리를 누가 꿰매줬어요."

"어떤 것 같니?"

"괜찮겠어요."

"나도 그렇게 생각한다. 너도 괜찮을 것 같구나, 안 그러니?"

조시가 용감하게 고개를 끄덕였다. 케빈은 울기 직전이던 조시가 의료진의 배려 덕에 다른 곳으로 신경을 돌리는 것을 알 수 있었다. 덕분에 낯선 상황에도 금방 마음이 편해져서 무서워하지 않았다. 모두 골디의 봉합 수술 덕이었다.

"저도 의사와 간호사들에게 감사 인사를 하면서 거의 울 뻔했어요. 바쁜 분들이 그렇게까지 마음을 써줬다는 걸 절대 못 잊을 겁니다."

조시도 마찬가지였다. 거의 6년이나 지난 일인데 아이는 지금도 그 이야기를 한다. 진단 결과는 셀리악병이 맞았다. 하지만 잘 관리해서 행복하고 건강하게 살고 있다.

케빈은 그렇게 사려 깊은 의료진을 만난 것이 행운이었다고 말한다.

우리가 할 수 있는 것

아픈 사람을 돕기 위해 의료진이 될 필요는 없다. 이 장에 등장하는 사람들은 커피 한 잔부터 생명에 이르는 다양한 선물을 전했다. 건강 뿐 아니라 어떤 것이든 문제를 겪는 사람이 주위에 있다면, 그들은 현재 큰 혼란을 겪고 있으며 30분 정도의 짧은 대화도 평상시보다 훨씬 의미 있게 느낀다는 점을 기억하자. 가령 처남과 그다지 중요하지 않은 말 몇 마디 나누는 것은 언제든 달콤한 휴식이 될 수 있다.

커피 한잔하자고 다가갈 때 주의할 점이 있다.

함께하라

힘든 일을 겪는 사람을 피하고 싶은 기분이 들 수 있다. 괜히 말실수하거나 어색한 상황이 생길까 봐 두려운 것이다. 그러나 그런 걱정은 접어두자. 대개 우리가 할 수 있는 최고의 선물은 함께하는 것이다. 혹시 혼자 있고 싶어 하는 것 같다면, 물어보자.

인사말을 골라보라

괴로워하는 사람에게 인사할 때는 "잘 지내?"보다는 "만나서 좋다"고 말하자.

멈춤을 기억하라

가끔은 많은 말을 하지 않아도 된다. 특히 대화가 신가해질 땐 더 그렇다. 말을 꺼내기 전 5초간 쉬어서 상대방이 더 말할 수 있게 하자. 이렇게 하면 말을 끊을 위험도 줄어든다. 그럼 상대방도 더 터놓고 이야기할 기회가 생긴다.

먼저 물어라

상대방에게는 문제를 꺼낼지 말지 결정할 여유가 필요하다. 먼저 이야기를 꺼내야 한다고 생각한다면 일단 물어보자. 절대 꺼내고 싶지 않은 주제일 수도 있다.

조언을 삼가라

대부분 묻지 않은 조언은 안 하는 것이 좋다. 조언하면 그 시간만큼 상대방의 마음속 이야기를 들을 수 없다. 사실 힘든 일을 겪으면 모두가 조언을 건넨다.

답을 몰라도 된다

뭐라고 대응해야 할지 모르겠다면 아무 말도 하지 않아도 된다. 그냥 안아만 줘도 좋다. 이야기해줘서 고맙다고 하는 것도 좋다. 아니면 "내가 옆에 있을게"라거나 적절한 상황이라면 "도와줄 거 없어?"라고 말하자.

동일시하려고 하지 말라

동질감을 느끼려고 하는 건 자연스러운 현상이다. 그러나 "나도 그 마음 알아" "나도 엄마가 그랬거든" 같은 말은 좋을 게 없다. 각자의 경험이 다 다르고 자신만의 독특한 상황을 인정받고 싶어 하기 때문이다(그리고 이상하게도 암 이야기에 따라오는 다른 이야기에는 꼭 죽어가는 사람이 나온다). 이 책을 쓰면서 다양한 상황을 겪는 수백 명과 이야기를 해봤는데 '함께하라'는 조언 외에 가장 자주 들은 말이 이 내용이었다.

전화위복이란 말은 하지 마라

누구나 상황을 개선하고 싶어 하니 '전화위복'을 바라는 것도 무리는 아니다. 그래도 그 말은 하지 말아라. "다 이유가 있어서 일어난 일이야"라거나 "그래도 넌 메리보다는 낫잖아" 같은 말은 도움이 되지 않는다. 대신 "정말 안타깝다. 힘들 것 같아" 같은 말이 낫다. 다 괜찮아질 거란 말도 안 해도 된다. 괜찮아지지 않을 수도 있고 상대방도 그걸 안다. 그저 옆에 있는 것만으로도 위안이 될 것이다.

함께 뭔가를 해보라

당신의 방문을 통해 상대방은 기분 전환이 될 것이다. 함께 좋아하는 게임이나 활동을 해보자.

자연스럽게 행동하라

당신이 만나려고 하는 사람은 이유가 있어서 당신을 좋아하는 것이다. 그러니 긴장 풀고, 편안하게 약속을 잡자.

15분 동안 할 수 있는 일

제이 파인버그 같은 사람을 도울 수 있도록 골수 기증 등록 명단에 이름을 올려라. 미국이나 캐나다에 산다면 '생명의 선물' 웹사이트(giftoflife.org)에 들어가서 신청할 수 있다. 다른 곳에 산다면 세계 골수 기증자 협회(World Marrow Donor Association)의 웹사이트(wmda.info)를 통해 골수 기증자가 될 수 있다.

골수 기증 과정과 지역 혈액은행과 국제 골수 기증 등록 기관 등 '생명의 선물'을 나누는 단체의 정보를 더 알고 싶다면 '명예의 전당'을 참고하기 바란다.

chapter 5

말의 힘

"간호 대학 2학년 때 교수가 준 시험지를 받았다. 문제를 죽 훑어보다 마지막 문제에 눈이 갔다. '우리 학교를 청소하는 여성의 이름은 무엇인가?' 분명 난센스 퀴즈였다. 나는 그 여성을 여러 번 본 적이 있었다. 하지만 이름을 어떻게 알았겠는가? 마지막 문제는 빈칸으로 놔두고 시험지를 냈다. 수업이 끝나기 전 한 학생이 마지막 문제도 점수에 들어가냐고 물었다. '당연하지. 자네들은 앞으로 일하면서 수많은 사람을 만날 거야. 모두 중요한 사람들이야. 자네들의 관심과 성의를 받을 만한 사람들이지. 자네들은 고작 빙긋 웃으며 고개나 끄덕하는 게 전부겠지만.' 나는 그 수업을 절대 잊지 않았다. 그리고 그녀의 이름이 도로시라는 것도 알게 됐다."

– 조앤 C. 존스(Joann C. Jones)

(서스펜디드 커피(Suspended Coffees)('맡겨둔 커피'라는 뜻으로 불우한 이웃을 위해 미리 커피값을 지불해 어려움을 나누는 운동 – 옮긴이) 웹사이트에서 발췌함)

나는 내 할머니의 친절한 말을 절대 잊지 못한다. 내가 사업을 시작한 후 할머니는 내게 주기적으로 편지를 보냈다. 나는 22살이었고 경제적으로 빠듯했다. 우리 부부는 아내가 레스토랑에서 벌어오는 최저 시급에 의지해서 살았다. 아내는 다른 레스토랑에서도 시간당 8달러를 받고 일했는데, 가게 끝나는 시간부터 새벽 두 시까지 지하실에서 쿠키를 굽는 일이었다. 일이 끝나는 시간이 되면 주변은 아무도 없이 적막했지만 아내는 한 번도 불평하지 않았다. 아내가 일해서 번 돈과 내가 사업으로 자리 잡기 위해 미친 듯이 일하며 버는 얼마 안 되는 돈으로 우리는 스티브 삼촌과 수지 숙모가 싼값에 빌려준 아파트의 월세를 낼 수 있었다.

그렇게 버티는 동안 할머니는 편지로 우리를 응원했다. 그렇다. 이메일 시대에 할머니는 아직도 편지의 힘을 믿었다.

"잘 지내고 있지?" 할머니가 매주 보내는 편지는 보통 이렇게 시작하곤 했다. 그리고 편지에는 항상 레스토랑 쿠폰이 동봉돼 있었는데, 대개는 보스턴 마켓*Boston Market*(미국의 패스트푸드 식당 체인-옮긴이) 쿠폰이었다. 할머니는 "푼돈 모아 큰돈이 되니 보낸다"라고 하셨다. 우리는 외식을 자주 안 해서 쿠폰을 거의 쓰지 않았지만 그것을 보면 항상 힘이 났다.

할머니는 또 신문 기사와 광고도 보냈다. 두툼한 봉투를 열어보면 다양한 기사와 기술 회사의 광고지가 들어 있었다. 할머니는 "경쟁이 얼마나 치열한지 보라고 보낸다"고 메모를 덧붙였다.

정말 고마웠다. 웹사이트를 구축하는 2인 회사를 집에서 막 시작한

참이었는데 할머니는 나를 마이크로소프트나 오라클, IBM이랑 같은 수준으로 생각했다. 할머니가 보내준 메모를 보면 항상 미소가 지어졌다.

나중에 마이크로소프트에서 일하게 됐을 때는 회사 관련 기사가 나오면 무조건 내 우편함으로 들어왔다. 할머니는 "중요한 부분을 놓치면 안 된다"며 마이크로소프트가 언급된 부분에 밑줄을 그어서 보내줬고, 내가 회사에서 일어나는 모든 일을 잘 알아야 "상사들이 네가 얼마나 똑똑한지 알아서 널 승진시켜줄 거야"라고 했다.

실제로 그런 기사 가운데 하나를 읽은 덕에 우리 부서 CEO 눈에 든 일도 있었다. CEO가 어느 날 갑자기 날 불러서 기술 관련 질문을 했고 나는 할머니가 보내준 기사를 읽은 덕에 답을 말했다!

몇 년 전 할머니의 기일에 사촌들과 모여 할머니의 추억을 이야기하는데, 다들 할머니에게 쿠폰과 스크랩을 받았다고 했다. 할머니가 우리 모두에게 그런 우편을 보낸 줄은 몰랐다. 사촌 리처드의 말대로 "우리 아홉 명은 모두 자기가 할머니한테 제일 사랑받는 줄 알았다."

할머니의 편지는 심오하지도, 두 줄을 넘어가지도 않았지만, 진심을 담고 있었다. 할머니와 관련한 기억 중 강렬한 기억들은 모두 할머니가 편지와 스크랩에 들였을 5분 남짓한 짧은 시간과 관련 있다. 나는 10년이 지난 지금도 그 쿠폰들을 보관하고 있다. 기한은 오래전에 끝났어도 사무실 벽에 걸린 쿠폰을 보면 아직도 웃음이 난다.

천 냥짜리 말

말은 우리에게 엄청난 기회를 준다. 우푯값 55센트로 간단한 편지를 보낼 수도 있고 더 많은 시간과 돈을 들일 수도 있지만, 말이 전하는 영향력에는 한계가 없다. 우리는 말 한 마디로 사랑을 전하고 타인의 하루와 삶을 통째로 바꿀 수 있다. 내 친구 루이스 올리비에리*Luis Olivieri*는 용기를 주는 말로 자신의 인생을 바꿔준 교사 이야기를 들려준다.

푸에르토리코 마야게스에 위치한 호세데디에고고등학교*Jose de Diego High School* 11학년이던 루이스는 그저 하루하루 살고 있었다. 대학은 능력 밖의 일이라고 생각해 꿈도 꾸지 않았다.

"제가 똑똑하다는 생각을 한 번도 안 해봤고 대학에 갈 놈이라고도 생각한 적 없어요. 제 인생에 그런 일이 생길 거라고는 전혀 생각하지 않았어요. 할아버지, 아버지, 형이 그런 것처럼 나도 어떤 가게에서 점원으로 일하겠거니 했죠."

어느 날 과학 시험을 본 후 빅토르 카시아노*Victor Casiano* 선생님이 루이스에게 종례 후 남으라고 했다. 루이스는 무슨 문제가 생긴 줄 알았다.

학생들이 모두 떠나자 선생님이 의자에 등을 기대며 물었다.

"왜 시간을 낭비하니?"

"무슨 말씀이세요?"

"넌 우리 반에서 가장 똑똑한 학생이야. 대학 갈 생각을 해야지. 공부를 좀 더 열심히 해야 해."

루이스는 아무 말도 할 수 없었다.

"그냥 입만 헤 벌리고 듣고 있었어요. 제가 진짜 존경하는 분이 하는 말이라 중요했거든요. 제가 성공할 수 있다는 선생님의 말은 정말 강력했습니다."

이 대화를 기점으로 모든 것이 달라졌다. 그때까지 루이스는 과학을 잘하긴 했어도 다른 과목은 그럭저럭 보통으로 하는 수준이었다. 그만큼 신경을 안 썼기 때문이다. 하지만 이후에는 진지하게 생각하기 시작했고 점수도 올라갔다.

그래도 과학이 여전히 제일 좋았다. 루이스는 빅토르와 다른 과학교사 한 명의 도움을 받아 수업 시간과 방과 후, 그리고 주말에도 공부했다. 빅토르가 과학 경시대회에 나가보라고 권했을 때 할 수 있을까 의심스러웠지만, 푸에르토리코 서부의 오염 지표인 지의류의 분포를 연구한 프로젝트로 지역 대회에서 시 대회로, 다시 주 대회까지 올라갔다.

하지만 조금 늦게 시작한 것이 문제였다. 대학 입학 자격시험은 잘 봤지만 고등학교 초반 성적이 좋지 않아 푸에르토리코대학교에서 가장 점수 요건이 낮은 마야게스 캠퍼스의 농업 경제학과에 지원했는데도 떨어졌다. 안타깝게도 루이스의 부모님은 사립대학 학비를 감당할 수 없었기 때문에 푸에르토리코대학이 아니면 갈 수 없었다.

빅토르가 불어넣은 자신감 덕분이었을까? 루이스는 대학의 결정을 순순히 받아들이지 않고 입학담당자를 찾아갔다. 하지만 담당자는 단호했다.

"애야, 성적이 낮으면 입학이 어렵단다."

하지만 루이스도 포기하지 않았다. 입학 사정관실 밖에 총장이 지나가는 것을 보고 5분만 시간을 내달라고 요청했다.

"체격이 어마어마한 사람이었어요. 그 사람이 제 어깨에 팔을 두르고 사무실로 절 데려가더군요. 저는 회의용 탁자 옆에 서서 삭은 여행 가방을 열고 제가 받은 상을 탁자 위에 늘어놓았습니다. 액자에 끼워 놓은 증서들과 메달 몇 개였죠. 총장님이 아주 편안하게 몇 가지 질문을 던졌어요. '이 상은 무슨 상이지? 어떤 프로젝트였는지 설명해줄래?' 질문이 다 끝나고 전 기다렸죠."

드디어 총장이 말을 꺼냈다.

"이것을 보니 널 더 알 수 있을 것 같구나. 대학에 들어올 기회를 주겠다."

"갑자기 키가 커진 기분이었어요. 우리는 함께 입학담당자 사무실로 갔어요. 저에게 입학이 안 된다고 했던 사람이죠. 총장이 거기서 '이 아이를 입학시키게'라고 하면서 바로 서류에 사인했어요."

루이스는 1992년 과학 학사 학위를 받았고 이후 석사 학위도 받았다. 그는 현재 기술과 창업 관련 교육 및 훈련을 제공하는 비영리 단체 호프워크*Hopeworks*에서 일한다. 이 단체의 목표는 미국에서 가장 가난하고 위험한 도시 가운데 하나인 뉴저지주 캠든에 사는 청소년들을 가난과 폭력의 굴레에서 벗어나게 하는 것이다. 지리 정보 시스템 전문가인 루이스는 컨설턴트가 되어 더 많은 돈을 벌 수도 있지만 청소년 돕는 일을 더 중요하게 여긴다.

"제가 하는 일은 빅토르 선생님이 저에게 한 일과 비슷합니다. 저는 과학 시험이 끝나고 선생님에게 격려의 말을 들은 후 저를 믿게 됐죠. 저 또한 호프워크에서 젊은이들의 잠재력과 능력을 일깨우는 일을 하고 있어요."

아메리칸드림을 소개하다

루이스처럼 교사나 멘토의 말에 영향을 받는 것은 그리 놀라운 일이 아닐 수 있다. 하지만 전혀 모르는 타인의 몇 마디 말에 인생이 바뀌는 것은 어떤가? 리카르도 스컷*Ricardeau Scutt*은 택시 승객의 몇 마디 말 덕분에 아메리칸드림을 이뤘다.

"아이티에서 직업은 복권이랑 같아요"라고 말하는 리카르도는 2000년 직업을 얻기 위해 아버지를 따라 필라델피아에 왔다. 하지만 당시 20살이던 리카르도는 영어를 못했고 상황은 아이티와 다를 게 없었다. 몇 달이 지나도록 직장은 생기지 않았다.

하지만 영어를 할 줄 알던 아버지는 택시 운전사가 되어 어느 날 승객에게 아들의 어려움을 이야기했다. 누구와도 나눌 수 있는 평범한 대화였다. 하지만 뜻밖의 결과가 나타났다.

"그 사람이 아버지에게 월요일 아침 필라델피아 중심가의 한 건물 앞으로 절 데려오라고 했어요. 거기서 샐러드워크*Saladworks*(샐러드, 수프, 샌드위치 등을 파는 미국의 식당 체인-옮긴이) 지점을 운영하는 친구에게 저를 소개했죠. 그렇게 그 가게에서 설거지를 하게 됐어요."

리카르도는 샐러드워크에서 열심히 일했고 남는 시간에는 영어 공부와 부업을 했다. 1년 반 후에는 주말 부매니저로 올라갔고 같은 해에 매니저가 됐다. 그 지점은 수입도 좋고 고객 만족도도 높아서 샐러드워크 임원들이 지점 모집 시 그의 사례를 이야기하기도 했다. 그러다 어느 날 회사의 부사장이 리카르도에게 신입 지점장 교육용 비디오에 출연해달라는 요청을 보냈다.

하지만 리카르도는 흥미가 생기지 않아 "죄송하지만 사양하겠습니다"라고 답했다.

일주일 후 CEO가 직접 이메일을 보냈다.

"도와줄 수 없을까요?"

리카르도는 이번에도 "죄송합니다"라고 답했다. 하지만 이번에는 영어를 잘하지 못해서라고 이유를 설명했다. 그러자 CEO가 다시 이메일을 보냈다.

"한 마디로 '바보같이 굴지 말라'는 거였어요. 그래서 점장이 허락하면 해보겠다고 했죠."

이때가 11시 10분이었다. 리카르도는 11시 20분에 점장의 전화를 받고 비디오 촬영에 참여하기로 했다.

리카르도는 촬영을 위해 뉴욕시로 가기 전 뉴저지의 샐러드워크 지점에 들러 일일 매니저로 일해달라는 요청을 받았다. 이날은 정말 대단한 하루였다.

우선 한 고객이 대기 줄도 긴데 28달러를 거의 1센트 동전으로 냈다. 허둥대느라 동전을 왕창 떨어트리기까지 했다.

"약간 장애가 있는 고객 같았어요. 그래서 다른 계산대로 손님을 데려가 제가 계산을 도와주고 직원은 다음 고객을 상대하게 했습니다."

계산이 끝나자 고객이 팁을 주려고 했지만 리카르도는 정중하게 사양했다.

다음에는 노인 열 명을 대동한 인솔자가 리카르도에게 10분 안에 모두에게 음식을 전달하지 못하면 빙고 게임에 늦을 거라고 다급하게 이야기했다. 직원들이 수다스러운 노인들의 주문을 받는 동안 매장에서 식사하던 대학생들이 음식을 던지며 싸움을 시작했다. 그러자 쇼핑몰 경찰이 1인용 전동차를 타고 경로를 방해하는 고객들을 향해 '삐-삐-' 소리를 내며 찾아와 이 모든 혼란에 정점을 찍었다. 리카르도는 이 모든 일을 혼자 해결해야 했다.

결국 리카르도는 대학생들을 내보내고 노인들의 주문을 아슬아슬하게 마무리했다. 딱 20초가 지나자 인솔자가 호루라기를 불어대며 노인들을 몰고 나갔다.

업무가 끝난 후 지점의 비디오카메라에는 리카르도가 웃으며 "미국은 참 즐거워요"라고 말하는 장면이 잡혔다.

다음 날 리카르도는 뉴욕에 도착했다. 그리고 함께 선발된 다른 세 명의 매니저들과 상황을 전해 듣고 깜짝 놀랐다. 교육용 비디오는 속임수였다. 네 사람 모두 뉴저지의 같은 매장에서 일하는 모습이 촬영됐고 그들이 마주친 모든 혼란은 매니저에게 최악의 하루를 선물하라는 지시를 받은 배우들이 저지른 짓이었다.

샐러드워크는 뛰어난 매니저들에게 왜 이런 짓을 했을까? CEO에게 유머 감각이 전혀 없는 걸까? 아니면 사람들을 감정적으로 한계 상황에 몰아넣고 즐기나?

사실 매니저들은 지점장 자리를 두고 경쟁한 것이고 경쟁의 승자는 리카르도였다.

"거의 울 뻔했습니다. 16년 전에는 직업조차 없었어요. 설거지부터 시작해서 샐러드워크의 지점장이 됐죠. 아메리칸드림이 이뤄졌어요."

샐러드워크에서 만난 여성과 결혼해 자녀 다섯 명을 낳은 리카르도는 부인과 함께 지점을 운영하고 자녀 두 명도 함께 일한다. 샐러드워크 덕에 함께 사는 가족뿐 아니라 아이티에 사는 가족도 부양한다. 이 모든 일이 한 낯선 사람의 소개로 시작됐다.

리카르도는 그 사람에게 전하고 싶은 말이 있다.

"진심으로 고맙다고 말하고 싶어요. 미국과 아이티에 있는 제 모든 가족이 당신의 친절에 감사하고 있습니다. 다시 만난다면 꼭 안아드리고 싶어요. 당신 덕분에 저와 제 모든 가족의 삶이 바뀌었어요. 지금의 제가 있게 된 게 다 당신 덕입니다."

리카르도는 이제 자신이 받은 친절을 남에게 베푼다.

"그 사람이 제 롤 모델이에요. 전 매일 하나씩 좋은 일을 합니다. 노숙자도 돕고 경찰도 도와요. 누구든 하루에 한 번은 타인을 위해 좋은 일을 해야 해요. 자신이 누굴 돕게 될지, 어떤 엄청난 변화가 생길지 모른다는 살아 있는 증거가 바로 저예요."

단 한 문장

내 친구 셰릴 라이스*Cheryl Rice*만큼 말의 힘을 뼈저리게 느낀 이도 없을 것이다. 그녀는 단 한 문장으로 사람들과 깊이 교감한다. 이 일이 시작된 건 진행하던 프로젝트 때문에 너무 힘들고 속상해서 잠을 거의 못 자던 때였다. 동료가 어느 날 한 문장이 쓰인 카드를 내밀었다. 거기엔 짧지만 완벽한 문장, '당신은 소중합니다'가 쓰여 있었다. 셰릴은 그 문장을 읽고 눈물을 흘렸다.

"전 제 가치를 믿지 못해 힘들었어요. 그런데 그 카드를 받으니 질문의 답을 얻은 것 같았습니다. 나는 소중합니다. 동료의 마음이 오롯이 전해졌어요."

동료의 행동에 감동한 그녀는 똑같은 카드 100장을 주문해서 가족과 친구뿐 아니라 그냥 아는 사람에게도 전했다. 나중에는 모르는 사람들도 기분이 좋아지도록 전략적으로 장소를 찾아서 카드를 놔뒀다. 일테면 주유기 옆 카드 꽂는 틈이나 도서관의 책 속 또는 자동차 앞유리 등에 끼워뒀다.

그러다 더 대담한 행동도 하게 됐다. 어느 날 계산대 뒤에서 기다리는데 앞에 60대로 보이는 여성이 서 있었다. 계산원이 잘 지내냐고 인사를 건네자 그 여성은 "별로요. 남편은 실직했고 아들은 말썽만 부려요. 실은 크리스마스를 어떻게 보내야 할지도 모르겠어요"라고 대답하고는 정부에서 받은 푸드 스탬프를 내밀었다.

"마음이 아팠어요. 돕고 싶어도 방법을 알 수 없었죠. 그 사람 물건을 계산해줘야 할까요? 남편의 이력서를 한번 보자고 할까요? 전 할 수 있는 게 없었고 그 사람도 가게를 떠났죠.”

셰릴이 주차장으로 걸어가는데 아까 그 여성이 카트를 반납하러 가는 것이 보였다. 그때 지갑에 줄 게 있다는 생각이 퍼뜩 떠올랐다. 어인에게 다가가는 내내 심장이 두근거렸다.

“실례합니다. 아까 계산대에서 말씀하시는 걸 들었어요. 힘든 시기인 것 같아서요. 제가 뭔가를 드리고 싶어요.”

이렇게 말하면서 셰릴은 ‘당신은 소중합니다’ 카드를 건넸다. 카드를 본 여성은 울기 시작했다. 그러곤 눈물을 훔치며 셰릴을 꼭 껴안고 말했다. “이 말이 얼마나 의미 있는지 모르실 거예요.”

“전혀 예상하지 못한 반응이었어요. 차로 걸어가면서 저도 울었죠.”[5]

너무 강렬한 경험이라 나누고 싶었다. 셰릴은 2016년 긍정심리학 자격증 과정의 마지막 프로젝트에서 ‘당신은 소중합니다’ 카드를 다른 사람에게 전달하는 데 동의하고 온라인으로 신청하면 카드 30장을 무료로 보내주기로 했다. 셰릴은 이 프로젝트 이름을 ‘당신은 소중합니다 마라톤’이라고 지었다.

“제게 그 카드가 없었다면 그 여성에게 다가가서 뭐라고 했을지 모르겠습니다. ‘당신은 소중합니다’ 카드는 그런 행동을 해도 좋다는 허가증 같은 거예요. 인류애가 필요한 순간을 포착하고 같은 인간으로서 동질감을 느끼는 것이 이 카드의 핵심 역할이죠. 다른 사람도 그런 경험을 하길 원했습니다.”

카드를 받은 사람들은 삶이 바뀌었다고 말한다. 샌디라는 여성이 세릴에게 경험을 들려줬다.

성인이 된 아들에게 '당신은 소중합니다' 카드를 주자 아들이 눈물을 참으려고 애쓰더군요. 아들은 한참 동안 카드를 보고 있었어요. 아들의 표정을 보니 제가 아들을 소중하게 생각하고 아들을 사랑한다는 걸 드디어 믿는 것 같더군요. 우리는 아주 오랜만에 대화다운 대화를 나눌 수 있게 됐습니다.

우리 두 사람의 삶에 이런 큰 변화가 필요했던 건 아들의 과거 때문이에요. 아들은 몇 년 동안 우울증을 앓으면서도 철저하게 숨겼죠. 자살 시도도 두 번이나 했어요. 몇 주에 한 번씩 아들을 만나서 우리 관계를 고쳐보려고 노력했습니다. 정말 힘든 시간이었어요.

하지만 제가 '당신은 소중합니다' 카드를 준 이후로 우리 관계에 변화가 생겼습니다. 아들은 늘 조용하고 수줍음 많은 아이였고 자기 생각을 이야기하길 힘들어했어요. 이제는 좀 더 마음이 열렸습니다. '당신은 소중합니다' 카드가 저와 아들을 연결해줬습니다.

카드를 주는 사람도 삶의 변화를 느낀다. '마라톤'에 참가한 줄리도 편지를 보내왔다.

'당신은 소중합니다' 카드를 들고 다니면서 사람들을 유심히 보게 됐습니다. 전에는 모르는 사람에게 다가가기가 힘들었는데 이 카드 덕에 저도 변했어요. 이제는 의미 있는 소통을 나눌 사람을 찾으려고 노력합니다. 그 결과 사람들을 진짜로 보게 됐어요. 전보다 훨씬 소통을 잘하는 사람이 됐습니다.

이것이 바로 '당신은 소중합니다' 카드의 본질이다.

"카드를 주는 사람은 다른 이들을 살펴보는 데 익숙해집니다. 카드가 있거나 없거나 마찬가지예요. 눈을 마주치고 예의 바르게 말하고 새치기하는 걸 봐주며 몇 마디 따뜻한 말을 건네는 건 자전거의 보조 바퀴처럼 우리를 지탱해줍니다. 제 마지막 희망은 사람들이 달라지는 거예요."

아이디어는 통했다. '당신은 소중합니다 마라톤'은 계속 이어지고 있으며 지금까지 미국 50개 주를 비롯하여 73개국에서 카드 100만 장이 전달됐다.

인사에서 시작된 인연

셰릴의 '당신은 소중합니다' 카드는 말이 가진 폭넓은 힘을 보여준다. 모자 사이를 돈독하게 하고 모르는 사람을 친구가 되게 하는 말은 위대한 변화의 시작이 될 수 있다. 그리고 한 걸음 더 나아가 생명을 살릴 수 있다. 마이크라는 노숙자에게는 '잘 지내지?' 같은 사소한 말도 큰 의미가 있었다.

당시 20살이던 마이크는 알코올 중독자였던 어머니의 폭언을 피해 집을 나왔다. 며칠 안으로 지낼 곳을 찾을 줄 알았으나 현실은 달랐다. 난생처음 아버지를 찾아갔지만 아버지 역시 도움을 줄 생각이 없었다. 결국 마이크는 입은 옷과 담요 한 장만 가지고 필라델피아 남쪽의 실내경기장 웰스 파고 센터*Wells Fargo Center* 건너편 다리 밑에서 살게 됐다.

이듬해 마이크는 낮에는 욱신거리는 다리로 쓰레기통의 음식을 뒤지고 밤에는 다리 밑에서 잠을 잤다. 자연스럽게 '투명 인간', 즉 노숙자 무리의 일원이 됐고 무시당하는 데 익숙해졌다.

하지만 어느 날 아침 누군가가 그에게 관심을 보이면서 모든 것이 달라졌다. 주변 지역 공사장에서 일하던 인부 한 명이 다리 밑에 앉아 있던 마이크에게 다가온 것이다.

"괜찮니?"

남자가 물었다.

"그럼요, 괜찮아요."

마이크도 대답했다.

"뭐 먹을 것 좀 줄까?"

"아뇨, 괜찮아요."

누군가의 관심을 받는 것이 낯설었던 마이크는 조심스러웠다. 하지만 인부는 마이크에게 공사장으로 오면 먹을 것을 좀 주겠다고 30분 동안 끈질기게 권했다.

마침내 마이크는 상태가 심각해진 발 때문에 절룩거리며 인부들이 휴식하는 트레일러로 따라갔다. 두 사람은 그곳에서 좀 더 이야기를 나눴다. 주로 마이크의 건강과 어머니의 상황에 관한 이야기였다. 마이크는 햄버거를 먹고 다리로 돌아왔다.

다음 날 경찰이 다가와 그를 확인했다. 또 처음 일어난 일이었다. 경찰은 마이크의 발이 심하게 변형된 걸 확인하고 병원으로 데리고 갔다. 마이크는 건설 인부가 경찰에 전화했으려니 했다. 의사가 발을 보더니 감염이 심해서 더 늦었으면 마이크는 죽었을 거라고 했다. 안타깝게도 감염이 발목까지 퍼져서 발을 절단해야 했다.

마이크는 병원에서 몇 달간 재활 치료를 받으면서 노숙자들에게 집을 제공하는 비영리 단체, 프로젝트 홈Project HOME의 자원봉사자들을 만났다. 재활이 끝나자 프로젝트 홈은 그에게 숙소를 제공했고 마이크도 곧 활발하게 자원봉사를 시작했다. 거주자 위원회에서 일하고, 성경 공부 모임을 시작하고, 프로젝트 홈의 강연자 단체에 가입했다. 거주자들을 위한 월례 영화 상영회도 시작했다. 영화가 끝나면 토론회가 있었는데 마이크는 이때가 사람들과 친해지기 좋은 시간이었다고 말한다. 또한 필라델피아 공공 도서관과 프로젝트 홈의 거주 시설 중 한 곳인 카이로스하우스에서도 봉사하고, 세인트조지프대학교 학생들 앞에서 자신의 경험을 강연하기도 했다.

마이크는 길에서 사는 사람들을 만나면 언제나 멈춰서 말을 걸고 가능하면 돈도 건넨다.

"저도 노숙 생활을 하며 거의 죽을 뻔했기 때문에 도움이 필요한 사람을 무시하지 않으려고 노력해요. 어떻게 해서든 돕고 싶어요."

마이크는 공사장 인부가 경찰에 전화를 건 이후 20년 동안 거리로 돌아가지 않을 수 있었다. 하지만 집 없는 삶이 어떤 것인지 절대 잊지 않았고 그에게 관심을 보인 사람에게 늘 감사한다.

"제가 아직 살아 있는 건 그 사람 때문이에요. 덕분에 지금의 제가 된 거죠. 원래는 죽을 목숨인데 그 공사장 인부 덕분에 이렇게 살고 있습니다."

우리가 할 수 있는 것

돈이나 시간이 많아야만 변화를 이끌 수 있는 것은 아니다. 우리는 말로도 엄청난 힘을 휘두를 수 있다. 도움이 필요한 사람이 주위에 있다면 간단하게 자신을 소개한 후 어떤 일을 겪고 있는지 알아보거나 도와줄 수 있다고 말하자.

온라인에서 찾은 한 여성과 자폐증이 있는 아들의 이야기는 내가 가장 좋아하는 이야기 중 하나다. 이들은 새 아파트 단지로 최근 이사했는데 여성은 아들이 말이 서툴고 때로 시끄럽게 떼를 써서 무척 걱정했다. 주민들이 아들을 보고 어떻게 생각할까? 아들에게 험악한 눈빛을 보내진 않을까? 뒷말이 나오면 어쩌지? 그보다 더 심한 일이 일어난다면? 과연 얼마 후 이웃이 이들을 한번 오라고 했고, 여인은 무슨 말을 들을지 두려웠다. 그들을 골칫거리라고 생각할까? 잔소리를 늘어놓을까?

그러나 이웃은 꽃다발을 건넸고, 그 안에는 이웃들이 모두 그녀가 좋은 엄마가 되기 위해 얼마나 노력하는지 알고 있으며 모두 돕고 싶어 한다는 쪽지가 들어 있었다. 여인은 안심하는 동시에 감사함을 느꼈고 이후에도 기운 내고 싶을 땐 항상 이 쪽지를 다시 봤다.

말의 힘을 좋은 곳에 쓸 방법 몇 가지를 소개한다.

좋은 말을 할 생각이면 꼭 하라

"당신이 곧 죽게 되고 전화 한 통만 할 수 있다면 누구에게 전화해서 무슨 말을 하겠습니까? 그럼 왜 지금 하지 않나요?" 작가이자 시인인 스티븐 레빈*Stephen Levine*이 꺼낸 이 멋진 질문에 답해보자.

'당신은 소중합니다' 카드를 보내라

'당신은 소중합니다' 카드 30장을 무료로 받아서 사람들에게 전달하라. 여기서 '무료'란 100퍼센트 무료라는 뜻이다. 배송료도 다른 어떤 추가 요금도 없다. 크기는 일반 명함 크기다. '당신은 소중합니다 마라톤' 웹사이트 *youmattermarathon.com*에서 신청할 수 있다.

감사를 그룹 활동으로

미네소타주에서 교사로 일했던 고(故) 헬렌 로슬라*Helen Mrosla* 수녀는 멋진 그룹 활동을 고안했다.[6] 가족이나 직장 내 팀, 또는 같은 수업을 듣는 친구들에게 각자의 이름이 적힌 종이를 무작위로 돌린다. 종이를 받은 사람은 거기 적힌 사람이 장점을 종이에 쓴다. 한 사람이 종이를 전부 걷어 이름 주인에게 준다. 헬렌은 9학년 학생들이 이 활동을 하고 나면 언제나 깜짝 놀라며 좋아했다고 한다. 그녀는 이후 군에서 사망한 옛 제자의 장례식에 갔다가 이 활동이 얼마나 의미 있었는지 깨달았다. 학생의 부모는 아들이 부대에 배치될 때 칭찬이 적힌 종이를 들고 갔다고 전했고 다른 학생들도 그 종이를 여전히 소중하게 간직하고 있다고 말했다.

이 활동을 가족 행사로 만들거나 추수감사절 같은 명절에 해볼 수 있다. 나도 빅 브라더 빅 시스터(BBBS)나 소아암 환자를 위한 포코노스 지역 캠프인 로날드 맥도날드 캠프Ronald McDonald Camp에서 자원봉사를 할 때 비슷한 활동을 했다. BBBS에서는 직원의 이름이 적힌 보드에 동료들이 몇 주에 한 번씩 그 사람의 장점을 적었다. 로날드 맥도날드 캠프에서는 상담원들이 캠프 마지막 날 서로에 대해 생각하는 장점을 적어서 전달했다. 나는 10년 된 그 쪽지를 지금도 가지고 있는 직원을 알고 있다!

당신의 이야기를 나눠라

할아버지가 돌아가셨을 때 할아버지에 관한 놀라운 이야기를 많이 들었다. 할아버지는 92세에 운동을 다시 하기로 하고 체육관 회원권을 끊었다(다행히 병원이 바로 옆에 있었다). 트레이너가 장례식에 참석해 할아버지가 체육관에서 인기가 아주 좋았다는 이야기를 들려줬다. 만나는 사람마다 응원을 아끼지 않았기 때문이었다. 할아버지가 일주일에 한 번씩 들러 피자를 먹던 식당 주인도 찾아와 할아버지가 가게에 오면 늘 남들이 흘린 쓰레기를 줍고 직원들에게 직원과 자녀의 안부를 물었다고 이야기해주었다. 장례식장에서 이런 이야기를 들으니 큰 힘이 됐다. 이제 나도 사랑하는 사람을 잃은 이들에게 고인의 일화와 기억을 이야기한다. 모두가 고마워한다.

모르는 사람에게 편지를 써라

모르는 사람에게 카드와 편지로 응원을 보내라. 적절한 사람을 찾아 편지를 보내는 기관을 이용하면 된다. '명예의 전당'에 병원에서 치료받는 아이, 최근 유방암을 진단받은 여성, 전방에 배치된 군인, 위탁 보호 아동, 난민 등 응원이 필요한 사람에게 편지를 전달하는 13개 기관을 정리했다.

- -

15분 동안 할 수 있는 일

고맙다고 말하라. 고마운 마음이 드는 사람들 명단을 적고 다 적은 후에는 한 사람을 골라 고마운 이유를 적은 편지를 써라. 10분이면 다 쓸 수 있지만 받는 사람은 평생 간직할 것이다. 일주일에 한 번씩 15분 정도 시간을 내서 이런 편지를 쓰는 건 어떨까? 내 친구 마이크는 생일마다 자기 나이와 같은 수의 사람들에게 감사 편지를 쓴다. 삶에 감사하고 다른 사람의 기운을 북돋우는 좋은 방법이다. 나이에 따라 받는 사람 수를 다섯 살에 한 명 정도로 잡는 편이 나을 수도 있겠다.

- -

chapter 6

'예스'라고 답하기

"아들의 학교에는 엄격한 '모자 금지' 규칙이 있다. 하지만 항암 치료로 머리가 빠진 소녀 한 명은 당연히 예외다. 나는 5학년 아이 몇 명이 암 연구를 위해 1달러를 기부하기만 하면 금요일에는 누구나 모자를 쓸 수 있도록 교장에게 허가받았다는 공지를 읽고 정말 감동했다. 지금까지 전 학년이 모은 돈은 500달러에 이른다."

– 아이오와주 디모인의 멜로디 W.

(맘카페 웹사이트에서)

줄리어스 패터슨Julius Patterson은 교도소에서 복역하는 4년 동안 미래에 집중했다. 우리는 거의 매일 재소자 70명을 대상으로 의사 결정에 관한 인지 행동 심리 수업을 진행했는데, 재소자들을 도울 수 있고 직업으로도 연결될 수 있으니 서로에게 좋았다. 또한 내가 자원봉사하는 호프워크에도 편지 여러 통을 보내 석방되면 직업 훈련 프로그램에 참여할 수 있는지 물었다. 여동생과 가석방 담당관에게도 자리가 있는지 확인하게 했다. 우리는 확실히 참여할 수 있다고 알렸다.

때가 되자 이야기한 대로 일이 진행됐다. 줄리어스는 훈련 프로그램을 마치고 우리가 운영하는 기업에서 성공적으로 인턴 면접을 마쳤다. 이 기업은 트라우마를 겪은 사람들을 돕는 법을 단체에 지도하는 곳이다. 줄리어스는 캠든시 교육구 직원과 지역의 기업 임원들을 교육했다.

줄리어스는 내가 가르치는 호프워크 기업인 수업의 학생이기도 했다. 출소 후 몇 달 만에 다시 교도소로 돌아가는 젊은이가 많다는 점을 잘 알았던 그는 출소자들의 성공을 돕는 비영리 단체를 설립하는 것이 꿈이었고 그 꿈을 위해 사회복지사 경력을 쌓을 수 있는 일자리를 구하기 시작했다. 하지만 쉽지 않았다. 전과가 있는 사람을 고용하려는 곳이 별로 없었고 몇 년간 감옥에 있다 보니 도와줄 인맥도 없었다. 미국의 교도소에서 출소한 사람 중 83퍼센트가 다시 체포되는 이유가 이 두 가지이다. 직업이 없으면 희망도 없다.[7]

하지만 줄리어스는 포기하지 않았고 한 비영리 단체의 최종 면접까지 올라갔다. 잘하면 이곳에서 사람들은 돕는 일을 시작할 수 있었다.

다행히 이 기관은 면접자의 전과 기록에 개의치 않았고 오히려 그의 태도와 경험을 높이 샀다. 하지만 이 일자리는 4년제 대학 학위를 요구했고 줄리어스는 대학을 졸업하지 않았다.

많은 회사에서 대학 졸업장을 요구하는 이유는 학위가 채용 후보자의 능력을 보장하기 때문이 아니라 관행이기 때문이다. 줄리어스는 관행의 희생자가 됐다.

하지만 그는 회사에 다시 생각해달라고 요청했고 매니저는 연락하겠다고 했다. 몇 달 같았던 며칠이 지난 후 드디어 회사에서 결정을 내렸다는 연락이 왔다. 학위를 얻기 위해 노력한다면 고용하겠다는 내용이었다.

줄리어스는 기쁜 마음으로 조건을 받아들였다.

매니저로서는 조건을 갖춘 다른 사람을 뽑는 편이 더 안전했을 것이다. 무슨 일이라도 생기면 관행을 따르지 않았기 때문이라는 말을 들을 것이기 때문이다. 하지만 다행히도 단체장 역시 취업 요건이 적절치 않다고 생각했고 다른 매니저들도 줄리어스의 채용을 승인했다.

줄리어스는 정말 괜찮은 사람이다. 똑똑하고 매력적이며 성실하다. 내 수업에서도 항상 먼저 나서서 다른 학생을 도왔고 멋진 조언을 해주기도 했다. 내가 아직 사업을 한다면 즉시 그를 채용했을 것이다. 하지만 교도소 수감 전력이 있는 그에게 '좋습니다'라는 대답을 들을 기회는 한정적이었다. 줄리어스가 힘들게 얻은 그 대답은 그가 언젠가 비영리 단체를 운영해서 인생을 변화시킬 수천 명에게도 좋은 소식이었다. 한편 줄리어스는 6개월 만에 승진했고 시간이 날 때는 교도소에서 나온 사람들의 멘토 역할을 한다.

호프워크에는 이런 이야기들이 많다. 지금 꺼낼 이야기에도 내 학생이었던 사람이 등장한다. 재능 있는 마케터이자 디자이너이면서 사업가인 칼루아 저네이*Caloua Zbané*는 가난한 환경에서 동생들을 돌보며 자란 10대였다. 그녀는 4.0 만점으로 고등학교를 졸업한 후 일주일에 하루도 쉬지 않았다. 레스토랑에서 일하고 호프워크의 직업 훈련 프로그램을 이수하면서 프리랜서로 디자인 사업도 했다. 하지만 이렇게 바쁘게 일하면서도 생활비를 해결하고 나면 임대 보증금과 첫 달 월세를 낼 수 없어 친척 집 소파에서 잤다. 그녀는 삶이 과연 나아질지 알 수 없었다.

칼루아는 경제적 자유를 보장하는 일이라면 무엇이든 했을 것이다. 하지만 무엇보다 디지털 마케팅 관련 일을 하고 싶었다. 합리적인 근무 시간을 제시하고 그토록 바라던 안정적인 생활이 가능하며 대학에도 다닐 수 있는 일자리를 원했다. 하지만 캠든에 사는 많은 10대와 마찬가지로 칼루아는 디지털 마케팅 분야에 아는 사람이 없었고 진로에 도움을 줄 만한 가족도 없었다.

다행히 호프워크에는 젊은이들에게 직업 관련 조언을 해주고 모의 면접도 진행하는 자원봉사자들이 있다. 그중 디지털 마케팅 대행사인 시어 인터랙티브*Seer Interactive*에서 일하는 직원들이 있었다. 이들이 칼루아를 만난 것이 인연이 되어 인턴 면접을 볼 기회가 주어졌다. 칼루아는 인턴이 되어 능력을 증명한 후 정식 직원 자리에 지원했고 이제 낮에는 시어에서 시간제로 근무하고 밤에는 대학에서 공부하며 틈틈이 프리랜서 디자이너로 일한다. 이제 집세를 낼 만한 돈을 벌고 저축까지 할 정도로 경제적으로 편안하다.

시어의 직원들이 칼루아를 위해 기꺼이 모의 면접을 진행하고 회사도 칼루아에게 기회를 준 덕에 칼루아의 인생은 순식간에 바뀌었다.

이렇게 타인에게 "예스"라고 말함으로써 모든 것이 바뀔 수 있다. 줄리어스와 칼루아 같은 사람들의 새로운 시작을 돕고 10대 노숙자의 세상을 바꿀 뿐 아니라 우리가 짐작하지도 못할 만큼 많은 사람들의 목숨을 구하는 과학적 발견도 가능하다. 그리고 우리 자신에게 "그래"라고 말할 때 우리는 다른 사람들이 따라 들어올 문을 열 수 있다.

기회를 드립니다

콜린 랜디Colleen Landy는 필라델피아의 젊은 노숙자를 위한 쉼터, '약속의 집Covenant House'을 운영하면서 색스비 커피Saxbys Coffee 체인의 CEO에게 이 젊은이들에게 직업을 줘서 사회에 편입할 기회를 주자고 제안했다.

CEO 닉 베이어Nick Bayer는 흔쾌히 수락했다.

"콜린에게 다음 날 아침에 갈 테니 가장 고용확률이 높은 사람을 준비시켜 두라고 했습니다."

닉이 도착하자 고등학교 졸업반인 단테 윌슨Dante Wilson이 기다리고 있었다. 단테는 못된 아이들과 돌아다니고 무책임하게 행동한다고 어머니에게 쫓겨났다. 노숙자 쉼터에서 인생의 쓴맛을 본 단테는 어서 그곳을 나가고 싶었다.

닉은 단테의 첫인상을 이렇게 회상한다.

"쉼터에 도착해서 회의실의 작은 창문으로 안을 들여다보니 재킷을 걸친 단테가 미소를 띠고 앉아 있더군요. 분위기가 침울하겠거니 했는데 활짝 웃는 청년을 본 거예요. 단박에 채용해야겠다는 느낌이 왔습니다."

닉은 필라델피아에 있는 리튼하우스 스퀘어점에 단테를 채용했다. 경력이 전혀 없었으므로 카페 청소와 그릇 치우는 일부터 시켰다. 일주일 후 잘하고 있는지 궁금해서 지점에 전화를 걸어봤다.

"꽤 잘하고 있습니다. 의욕이 넘치고 사람들하고도 잘 지냅니다. 그런데 괜찮으시면 바리스타 훈련을 시켜보고 싶습니다"라는 대답이 돌아왔다.

그렇게 단테는 바리스타가 됐고 한 달 후 이곳 직원들은 순전히 닉의 근면함을 칭찬하기 위해 '이달의 팀원 상'을 제정했다. 단테는 일곱 달 연속으로 이 상을 받았다.

단테는 색스비에서 7년간 일하면서 여러 번 승진했고 닉의 말에 따르면 단테를 칭찬하는 고객들의 이메일이 주기적으로 도착했다고 한다. 카페에서는 좀처럼 일어나지 않는 일이다.

직업은 인생을 바꾼다. 닉은 단테를 채용하면서 단테의 인생을 바꿨다. 단테는 절대 그날을 잊지 못한다.

"약속의 집에 들어오는 닉 베이어 씨의 모습을 보니 키 큰 올백 머리와 단정한 차림새가 눈에 띄었어요. 절대 안 뽑힐 거라고 생각했죠. 하지만 전 일하게 됐고 색스비가 제 삶에 들어온 후 이 모든 일이 일어났어요."

단테의 성공을 본 닉은 다른 젊은이들도 많이 고용했다. 이 기회가 아니면 직업을 찾기가 힘들었을 아이들이다.

닉은 "전 이 도시에 좋은 일을 하고 싶어요"라고 말하며 이렇게 덧붙인다.

"젊은이들이 거리에서 잠자고 열다섯 살 아이가 돈 때문에 타인의 얼굴에 총을 겨누는 걸 보면 마음이 아픕니다. 나쁜 환경에 둘러싸인 아이들은 희망이 없어요. 이제 전 할 수 있는 일이 있고 앞으로도 계속 제가 할 수 있는 일을 할 겁니다. 쉬운 길이 아닌 옳은 길로 가고 싶어요. 우리는 약 700명을 고용하는데 대부분 경력이 없어도 되는 일자리입니다. 이런 자리에 도움이 필요한 사람을 채용할 수 있습니다. 생활에 필요한 기술도 가르치고요. 기업주로서 제 책임은 조미료처럼 이들에게 기회를 주고 책임감을 기르게 하는 겁니다. 일을 잘하면 승진 기회를 주고, 다른 곳에서 일하고 싶다면 좋은 추천서를 써줄 거예요."

색스비는 멘토링 프로그램을 통해 '생활에 필요한 기술'을 전수한다. 닉은 말한다. "어려운 환경에서 자란 아이들은 다른 직원들과는 좀 다르게 대해야 합니다. 제시간에 출근하는 법, 일터에 오는 시간을 계산하는 법, 급여를 잘 사용하는 법 등을 가르쳐야 해요." 색스비에서는 시간을 따로 빼서 직원들에게 이런 기술을 가르친다.

한때 멘티였던 단테는 이제 자신처럼 어려운 상황을 겪는 청소년들을 위한 멘토링 프로그램을 이끌고 있다. 닉이 준 기회에 감사하는 마음이 큰 만큼 도움에 보답하기 위해 헌신한다.

"색스비는 제 세상과 관점을 바꿨습니다. 닉이 없었다면 전 아직 거리에서 살고 있을 거예요. 지금도 제가 세상에서 가장 운 좋은 사람 같아요."

10대의 낙관주의

10대 노숙자를 고용하면 위험할 수 있지만 닉은 여러 번이나 이런 위험을 기꺼이 받아들였다. 한번은 내가 가르치는 학생 중에 간절하게 직장을 구하던 메건을 고용하기도 했다. 나는 빅 브라더 빅 시스터에서 함께 봉사하면서 닉을 알게 됐는데, 내가 메건 이야기를 꺼내자 닉이 두말없이 메건을 고용했다. 닉이 위험을 알면서도 메건에게 기회를 준 덕에 메건의 삶은 완전히 달라졌다. 이제 메건은 자립했고 사업을 운영하며 다른 사람을 고용한다.

메건과 단테는 우리가 왜 10대에게 기회를 줘야 하는지 알려준다. 잭 안드라카*Jack Andraka* 역시 마찬가지다. 아무도 그에게 기회를 주지 않았다면 수많은 이들이 손해를 입었을 것이다.

잭은 췌장암으로 친구를 잃은 후 병을 일찍 진단했다면 상황이 달라졌을 거라는 생각을 지울 수 없었다. 조사해 보니 거의 모든 췌장암 환자들이 병을 늦게 발견해서 생존 확률이 낮았다. 분명 더 나은 방법이 있을 것 같았다. 특히 더 나은 진단 검사가 필요하다고 생각한 잭은 과학계의 대응을 기다리지 않고 직접 나서기로 했다. 그의 나이는 불과 14살이었다.

미친 생각이었다. 잭은 똑똑하고 과학을 좋아하긴 했지만 보통 10대와 다를 바 없었다. 친구들과 등산이나 카약을 즐기고 청소년들이 나오는 TV 드라마를 즐겨 봤다. 과연 잭은 어떻게 과학자들과 수십억 달러 규모의 제약 회사들이 이미 개발한 진단 검사보다 나은 검사 방법을 발명할 수 있을 거라고 생각했을까?

잭이 대답한다. "10대의 낙관주의죠."

잭은 어디서 도움을 구해야 하는지도 알았다.

"인터넷으로 10대들의 가장 좋은 친구 둘에게 접근했어요. 구글과 위키피디아요."

잭은 온라인 과학 잡지를 수없이 정독한 후 췌장암 환자들에게 발견되는 단백질 8,000개의 목록을 실은 기사를 찾았다. 가능성이 묻힌 금광이었다. 췌장암 초기에 나타나는 단백질을 찾을 수 있다면 초기 진단 시스템을 만들 희망이 있었다.

"그래서 하나씩 수치를 대입해서 답을 찾는 엄청난 과정을 시작했어요. 정신 나가기 직전 4,000번째 시도에서 드디어 그 단백질을 찾았죠." 완치 가능성이 큰 췌장암의 초기 단계에 수치가 높아지는 단백질이었다. 잭이 찾던 초기 바이오마커(질환 등의 상태를 나타내는 혈액과 체액 내의 단백질이나 DNA 등의 지표 물질-옮긴이)로 보였다.

이렇게 찾은 단백질 정보를 감지할 수 있는 검사법을 만드는 일도 쉽지 않았지만 잭은 일단 시작할 수 있다는 생각에 신났다. 그러다 갑자기 주방 조리대는 암 연구에 적합하지 않겠다는 생각이 들었다. 그래서 연구소에 자리를 달라고 요청하기로 했다.

잭은 인터넷으로 찾은 풍부한 정보를 이용해, 기존 방법보다 더 효과적이고 더 저렴한 췌장암 검사법을 개발하기 위한 제안서를 쓴 뒤 연구를 지원해줄 것 같은 대학교수 200명에게 보냈다.

"제가 인류를 구할 천재라고 극찬하는 긍정적인 이메일이 쇄도할 거라고 기대하며 편안히 기다렸어요."

잭은 이렇게 말하며 웃음을 터트렸다.

"하지만 현실은 냉정했어요. 한 달 동안 199개의 거절 이메일을 받았죠. 한 교수는 제 연구 과정 전체를 꼼꼼하게 살펴본 후 왜 단계마다 최악의 실수를 저질렀냐고 물어보기까지 했어요."

그러다가 200번째 이메일을 받았다. "어쩌면" 가능하다는 내용이었다. 존스홉킨스의과대학의 병리학, 종양학, 화학 및 생체 분자 공학 교수 아니르반 마이트라Anirban Maitra는 나중에 〈CBS 뉴스〉와 인터뷰하면서 이렇게 말했다.

"열다섯 살 아이에게 방법 및 장비 그리고 위험 가능성까지 갖춘 자세한 실험 과정을 적은 이메일을 받는 일은 흔치 않습니다. 그래서 제가 그랬죠. '어쩌면 내 실험실 한쪽을 주고 박사 학위가 있는 연구원이 지도하게 할 수도 있네. 어떻게 될지 보지'라고요."

면담 후 '어쩌면'은 '예스'가 됐다. 마이트라는 잭에게 공간을 제공했고 잭은 매일 방과 후, 또 주말과 휴일에 실험실을 찾았다.

"제 '뛰어난' 실험 과정에 구멍이 한 100만 개쯤 있다는 걸 알게 됐어요."

잭은 도구 이름부터(처음에는 겸자를 '핀셋'이라고 불렀다) 과학 장비 사용법까지(실험실이 폭발한 일도 있었다) 아주 많은 것을 배워야 했다. 하지만 기죽지 않았다.

이렇게 열정을 쏟아부은 결과 기존의 검사법보다 400배 이상 정확한 진단법을 개발했다. 췌장암을 초기에 발견할 수 있고 생산 단가는 몇 센트밖에 안 될 예정이다(기존 테스트기보다 2만 배 이상 저렴하다). 아직 완벽하지는 않지만 일단 완성되면 수많은 사람들이 암을 치료하고 살아남을 가능성이 있다. 이 검사법을 변형해 난소암이나 폐암도 진단할 계획이다. 잭의 가장 큰 희망은 모든 병을 진단하는 것이다.

"언젠가는 우리 모두 사랑하는 삼촌, 엄마, 형제자매를 잃지 않는 날이 오면 좋겠어요."[8]

3번 계산대

때로는 "그래"라는 단순한 말이 다른 사람의 하루나 일주일을 버티는 힘이 되기도 한다. 나도 극심한 스트레스를 받던 시기에 동생과 여행을 가기로 하고 며칠 전 전화를 걸어서 말했다.

"수영복 꼭 들고 와."

"왜?"

"스트레스가 너무 심해서 수영을 꼭 하고 싶거든."

"알았어."

더는 질문이 없었다. 동생은 내가 구체적으로 이야기하지 않으려한다는 걸 알고 더 물어보지 않았고 놀러 가서도 내내 하루 몇 시간씩 의무적으로 나랑 수영을 같이 했다. 때로는 오전 여섯 시처럼 엉뚱한 시간에도 수영했다. 나는 걱정하던 신경 쇠약에 걸리지 않았고 이는 동생이 나에게 아낌없이 베푼 '치료' 때문이라고 생각한다.

킴 그랜디네트*Kim Grandinette*에게 필요한 것은 세 살 된 아들 폴리가 슈퍼마켓에서 쿠폰을 스캔하면서 가족을 그리워하는 하루를 견디는 것이었다.

킴의 한 살짜리 둘째 아들 레밍턴은 호흡기 문제 때문에 일곱 번째로 병원에 입원했고 폴리는 동생과 떨어져 있는 시간을 힘들어했다. 크리스마스가 다가오니 더 괴로웠다.

"폴리는 늘 동생이나 병원에서 아이 곁을 지키는 제 아빠와 함께 있지 못해 얼마나 슬픈지 이야기하곤 했어요."

레밍턴이 병원에 입원한 지 3일째 되는 날 킴과 폴리는 슈퍼마켓에 들렀고 폴리는 "동생 곁에서 동생을 행복하게 해줄 것"을 골라도 되냐고 물었다.

킴은 눈물을 삼켰다. "그럼. 레밍턴이 뭘 좋아할 것 같니?"

두 사람은 장난감 코너에서 작은 동물 인형을 골랐다. 킴은 폴리를 위해 트랜스포머 장난감도 사기로 했다. 계산대 앞에서 폴리가 계산원 크리스틴에게 동생이 병원에 있어서 자신이 트랜스포머를 받게 됐다고 이야기했다.

계산원은 따뜻한 눈으로 킴을 바라보았고 킴은 상황을 설명했다.

그러자 크리스틴은 "얼마나 힘든지 알 것 같아요. 저도 어머니가 지난 몇 년간 연말마다 입원했거든요"라고 응답했다.

크리스틴이 물건을 계산하는데 폴리가 이 모습을 흥미로운 눈빛으로 지켜봤다.

"아줌마, 제가 도와드릴까요?"

아이가 말했다.

크리스틴은 웃으며 "그럼"이라고 답하고 카운터를 돌아 나와 아이를 카트에서 내린 후 한 손으로 안고 계산을 진행했다.

"쿠폰은 이렇게 스캔하는 거야. 이건 바코드라는 건데 이렇게 아래를 향하게 찍으면 돼."

크리스틴은 스캐너를 끌고 와서 아이에게 건넸다.

"이제 여기에 찍어보렴."

크리스틴이 계산대 맨 위를 가리키자 아이는 자랑스럽게 제 위치를 찍었다.

"전에는 폴리가 그런 부탁을 한 일이 한 번도 없었어요. 그날은 왜 그랬을까요? 어쨌든 아이에겐 중요한 일이었나 봐요. 아이가 뿌듯해하는 걸 느낄 수 있었고 밖에 나와서도 계속 웃더라고요."

몇 분 후 카시트의 버튼을 채워줄 때도 아이는 웃고 있었다.

"엄마, 재미있었어요. 저도 크면 계산원이 되고 싶어요."

힘든 시기에 찾아온 짧지만 행복한 순간이었다. 킴은 울적하던 아이의 얼굴에 웃음이 퍼지는 걸 보며 크리스틴의 단순하고 친절한 행동에 고마움을 느꼈다.

1년 후 레밍턴은 훨씬 상태가 좋아졌다. 폴리는 크리스틴의 계산대

줄이 아무리 길더라도 꼭 거기서 쿠폰을 찍겠다고 기다린다. 킴은 값을 매길 수 없는 귀한 친절을 위해 치르는 값이라 생각하고 기꺼이 기다린다.

네 발 달린 친구들

다른 사람을 위해 "예스"라고 대답하기 위해서는 자신에게도 "예스"라고 외쳐야 함을 잊지 말자. '안 돼'라는 말을 자꾸 듣다 보면 자신의 가치를 잊어버리기 쉽다. 자신을 아끼지 않으면 절대 다른 이들에게 좋은 사람이 될 수 없다. 누구도 신경 쓰지 않을 때라도, 아니 그럴 때일수록 더 자신에게 관대한 사람이 되어야 한다.

캐런 셔크*Karen Shirk*가 그런 경우다. 회사에 다니면서 사회 복지학 석사 과정을 밟던 그녀는 피곤한 게 정상이라고 생각했다. 대학은 원래 그런 곳 아닌가? 그러다 어느 날 교정을 걸어가다가 호흡 정지를 겪었다. 그리고 근력 저하와 피로감을 유발해 몸을 쇠약하게 하는 질병인 중증근무력증 진단을 받았다. 갑자기 인생이 달라졌다. 독립심과 넘치는 활력으로 세상을 바꾸겠다는 꿈을 꾸던 24세 여성은 이후 7년간 병원 신세를 지거나 가정에서 간병인의 도움을 받아야 했다. 그러다 도우미견 이야기를 읽었다.

"정말 마음에 드는 아이디어였어요. 개를 워낙 좋아하기도 했고, 언제나 남의 도움을 받아야 한다는 사실에 신물이 나 있었기 때문에 도우미견의 두움으로 의존도가 줄어들고 아파트에 혼자 있을 수 있다면 정말 좋겠다고 생각했어요."

하지만 도우미견을 제공하는 기관들은 모두 캐런의 요청을 거절했다. 한 기관의 대표가 이유를 설명해줬다. 대부분 호흡기를 끼는 사람은 장애가 심해서 사회로 복귀할 수 없다고 생각해 개를 주지 않는다는 것이다. 캐런은 밤에만 호흡기의 도움을 받는 상황이었지만 기관에서는 다른 후보에게 개를 주는 것이 좋겠다고 판단했다.

7년간 투병한 캐런은 더는 이렇게 살 수 없겠다는 생각에 모르핀 알약을 띄엄띄엄 먹어서 자살할 수 있는 양을 모았다. 그런데 간병인에게 이제 포기하고 싶다고 말하자 간병인이 아이디어를 냈다. 훈련받지 않은 강아지를 사자는 것이다.[9]

"안 돼요. 제가 강아지를 돌보지 못할 거예요. 저 하나도 감당하지 못하잖아요."

캐런이 거절했다.

"그러지 말고 한번 보러 가요."

간병인도 굽히지 않았다.

캐런은 마지못해 간병인을 따라 강아지를 보러 갔다. 하지만 창문 너머로 보기만 할 거라고 단호하게 얘기했다.

"간병인이 이 가게 저 가게 저를 끌고 다니면서 강아지를 구경하게 했지만 저는 가는 곳마다 '괜찮아요. 전 못 키워요'라고 했어요."

하지만 벤을 만나는 순간 마음이 달라졌다. 그 검은 독일셰퍼드 강아지를 보자 군인 가족이어서 늘 이곳저곳으로 옮겨 다니던 어린 시절이 생각났다. 친구를 사귀기 힘든 어린 시절에 검은 독일셰퍼드는 캐런의 가장 좋은 친구였다.

"벤이 저를 바라보는 순간 뭔가가 통하는 느낌이 들면서 벤이 제 강아지라는 걸 알 수 있었어요."

캐런은 강아지를 돌보는 건 간병인 몫이라고 생각했지만 간병인은 이번에도 좋은 아이디어를 냈다.

"간병인이 벤을 데리고 외출하라고 절 떠밀었어요. 집에 틀어박혀 살던 저를 바꿔놓았죠. 그런데 휠체어를 타고서도 벤과 외출할 수 있었고, 먹이고 돌볼 수 있었어요. 어쩌면 제게는 책임을 지워줄 사람이 필요했나 봐요."

벤을 가르쳐서 일상을 되찾는 것이 캐런의 목표가 됐다. 그리고 벤을 훈련시키면서 둘 사이의 유대감도 커졌다.

"벤을 본 순간부터 살고 싶어졌어요. 벤이 도와주니 매일 조금씩 뭔가 해볼 수 있겠다는 희망이 생겼어요."

캐런은 1년 반 동안 매일 몇 시간씩 벤을 훈련시켰다. 지역 내 반려견 훈련 학교에 벤을 데리고 갔고 다음에는 고급 과정에 등록해서 전문 훈련사들에게 맡겼다. 훈련사들은 캐런에게도 집에서 벤을 교육하는 방법을 가르쳤다.

그래서 캐런이 다시 위기에 빠졌을 때 벤은 도울 준비가 돼 있었다. 캐런이 심장 절개 수술을 받고 집으로 돌아온 날이었는데, 약을 공급하는 기기가 고장을 일으켜 캐런이 거의 죽을 지경이 됐다. 이때 마침 전화가 울리자 벤은 입으로 수화기를 내려서 짖기 시작했다. 훈련받은 대로였다. 캐런의 아버지는 벤이 짖는 소리에 뭔가 잘못된 것을 알고 경찰에 신고했다. 경찰이 도착할 때까지도 벤은 짖고 있었다.

벤이 돕지 않았다면 간병인이 다음 날 아침 도착했을 때 캐런은 이미 죽어 있었을 것이다.

벤은 캐런의 목숨을 두 번이나 살렸을 뿐 아니라 캐런이 중중근무력증 진단을 받고 직장을 그만둔 지 9년 만에 다시 직장에 돌아갈 수 있게 도왔다.

"벤은 제게 더 많은 일을 할 수 있다는 자신감을 줬어요. 또 문을 여닫는 것도 도와주고요. 열쇠를 떨어트려도 걱정 없었죠. 벤이 주워주니까요. 비상약이 든 의약품 가방을 가져오고 저 대신 계산원에게 돈을 줄 수도 있었어요. 벤을 만나기 전에도 제 활동 능력은 똑같았어요. 하지만 그때는 도움을 받을 수 없으니 아무것도 안 하려고 했죠. 다시 일하지 않으면 시름시름 앓다 죽겠다는 생각은 하고 있었는데 벤이 자신감을 준 덕분에 할 수 있었어요. 복귀 후 처음 출근한 날은 정말 최고였어요. 해방감을 느꼈죠."

인생과 병에 대해 자신감이 커질수록 캐런은 도우미견이 필요한데 기준에 맞지 않아 받지 못하는 사람들을 생각했다. 도우미견이 있다면 얼마나 많은 사람들이 삶을 되찾을 수 있을까? 그래서 직접 문제를 해결하기로 하고 아이들을 위한 도우미견 훈련을 시작했다. 다른 기관에서는 아이들에게는 도우미견 대신 가정에서 함께 지낼 수 있는 반려견만 제공하려고 한다. 반려견은 좋은 친구는 될 수 있어도 아동이나 아동의 가정을 돕도록 훈련받지는 않는다.

캐런은 우선 자신의 원룸 아파트에서 개 두 마리의 훈련을 시작했다. 1998년 이렇게 '포 포즈 포 어빌리티'가 탄생했다. 처음 몇 해 동안은 지역 아동을 위한 강아지 훈련을 진행했지만, 포 포즈 포 어빌리티가 아동용 도우미견을 제공하고 최소 연령 제한도 없다는 소문이 퍼지자 미국 전역과 일본, 호주, 독일 등에서 요청이 밀려들었다.

이후 10년 동안 캐런은 돈을 벌지 못하고 사회 보장 수표에 의존해 살았다. 개를 원하는 사람은 당시 훈련비용인 1만 달러를 모금해야 했다.

'포 포즈'는 강아지가 태어나는 날 아기 울음소리나 전동 드릴, 자동차 소리 등 온갖 녹음된 소리를 들려주는 것으로 훈련을 시작한다. 사람들이 온몸을 만지고 손가락을 입에 집어넣는 것도 훈련 과정이고 어떤 환경에서도 편안함을 느낄 수 있도록 이곳저곳으로 데리고 나간다. 이 단계부터는 개를 받을 각 아동에게 필요한 것을 검토하고 그에 따라 개를 훈련한다. 말을 못 하는 아이가 자주 집을 나가서 힘들어하는 가정이 있었다. 아이는 섭씨 영하 28도의 날씨일 때도 한밤중에 집을 나갔다. 하지만 포 포즈에서 아이를 쫓아가도록 훈련받은 개가 있었던 덕분에 아이는 다치지 않고 집에 돌아왔다.

어떤 개들은 발작 초기 증상을 가족에게 알리는 훈련을 받는다. 한 사람은 꼭 아이 곁에서 발작에 대비해야 해서 몇 년 동안 한 침대에 눕지 못한 부부에게는 축복과도 같은 존재였다. 또 아이의 인슐린 수치가 바뀔 때 나는 냄새를 감지하도록 훈련받는 개들도 있다. 부모는 하루에도 몇 번씩 아이를 깨워 인슐린 농도를 측정하지 않아도 되었다고 고마워한다. 또 기존의 도우미견은 다른 사람들이 만지면 안 되지만 포 포즈의 개들은 사교성 훈련을 받기 때문에 무시당할 때가 많은 아이들에게 도움이 된다.

자폐 아동 노아 파우스트*Noah Foust*는 도우미견 해리의 사회성 덕에 뜻밖의 기쁨을 누렸다. 노아의 가족은 노아의 안전을 지키고 공격적인 행동을 완화하기 위해 해리를 데려왔다. 그러나 해리는 그 이상의 역할을 했다. 노아의 어머니 캐시 파우스트는 말한다.

"해리와 같이 학교에 다닌 이후 아이가 처음으로 친구에게 전화를 받고 생일 파티에도 초대받았어요. 또 반 친구들에게 그림과 편지 선물도 받아요. 기대하지 않았던 일인데 정말 최고입니다."

캐런은 "요즘 세상은 돈으로 성공을 따지죠. 저는 도우미견을 받은 가정의 이야기를 듣고 행복한 눈물을 흘린 횟수로 성공을 측정합니다"라며 자랑스러워했다.

캐런이 가장 좋아하는 사례는 도우미견 '커피'에 대해 감사하는 마음을 이메일로 보낸 열일곱 살 소년 딜런의 이야기이다. 딜런은 커피를 받기 전 매일까지는 아니어도 매주 발작을 일으켰고 하루에 20번 이상 발작이 일어난 적도 있었다. 발작이 너무 심해서 온몸이 땀에 젖었고 이후에 찾아오는 모욕감도 견디기 힘들었다. 딜런은 "정말 끔찍했어요. 그 시간이 정말 싫었어요"라고 적었다. 하지만 커피가 발작을 미리 알고 예방하는 훈련을 받은 덕에 커피와 함께한 첫해에는 발작을 세 번밖에 겪지 않았다. 딜런은 "제가 얼마나 행복한지 모르실 거예요"라고 덧붙였다.

이제 투명 인간이 아니라는 사실도 놀라운 변화였다. 학교 친구들이 한 번도 함께 앉자고 한 일이 없었기 때문에 딜런은 늘 간병인과 둘이서만 점심을 먹었다. 하지만 이제 다가와서 커피를 쓰다듬는 아이들이 딜런이 똑똑하고 재미있고 마음씨 따뜻한 친구라는 걸 알게 됐다. 결국 딜런과 커피 곁에 앉고 싶은 친구들이 너무 많아서 큰 테이블로 옮겨 앉기까지 했다.

가장 신나는 일은 졸업 파티에 함께 갈 파트너가 생겼다는 것이다. 파트너가 먼저 딜런에게 가자고 했다.

"캐런 덕분에 이 모든 놀라운 일이 제게 일어나고 있어요. 커피를 제게 주셔서 고마워요. 사랑해요." 딜런의 이메일은 이렇게 끝난다.

포 포즈 포 어빌리티는 거의 20년 동안 1,400마리의 도우미견을 보내 딜런 같은 아이들의 삶을 바꿨다. 포 포즈는 도우미견과 아동을 맺어주는 기관 가운데 미국에서 규모가 가장 크고 캐런 생각에는 전 세계에서 가장 크다. 기관은 점점 성장해서 이제 1년에 100마리를 내보낸다. 현재는 도우미견을 필요한 아동에게 제공하는 데 필요한 기간이 약 2년 정도인데, 이 기간을 개를 키우고 훈련하는 1년으로 줄이는 것이 캐런의 목표다.

도우미견을 받으려는 가정은 현재 포 포즈가 개 한 마리에 들이는 훈련비용 4~6만 달러 중 1만 7,000달러를 모금해야 한다. 캐런은 이 점 역시 신청자와 가족에게 중요한 가르침이 된다고 말한다. 캐런이 그랬듯 장애인들은 대개 누가 줄 때까지 기다리는 것에 익숙하다. 하지만 돈을 모금하면서 이들도 뭔가 할 수 있다는 걸 배운다.

모금을 통해 지역 사회가 이들을 얼마나 생각하는지도 알 수 있다. 캐런에게 강아지를 사러 가자고 한 간병인처럼 말이다.

"저에겐 제 죽음을 지켜보기를 거부한 좋은 친구가 있었어요. 그 친구가 저를 이곳저곳 데리고 다니면서 강아지를 보여줬죠. 제가 삶의 의지를 다시 찾아서 싸울 용기를 얻을 수 있기를 간절히 바라는 마음에서였어요. 다시 그녀를 만난다면 '고마워요. 당신 덕에 새 삶을 시작하게 됐어요'라고 말하고 싶어요."

그리고 지금까지 1,400가정이 캐런처럼 새 삶을 시작했다.

우리가 할 수 있는 것

그날은 마구 차를 몰았다. 정말 지각하기 싫었기 때문이다. 끼어드는 차를 절대 봐주지 않았고, 보행자들을 기다리지 않고 지나친 적도 몇 번 있었다. 사무실 건물에 도착해서 엘리베이터에 뛰어들었고 평상시처럼 다른 사람들을 위해 엘리베이터 문을 잡아두지 않고 문이 닫힐 때 다른 쪽을 봤다. 나는 내 문제를 모두의 문제로 만들고 있었다.

아이러니하게도 세상을 좀 더 좋은 곳으로 만들기 위해 빅 브라더 빅 시스터 회의에 가는 길이었다. 하지만 그 과정에 내가 보인 행동은 내 뜻과 정반대였다.

나는 내가 서두를 때는 평상시보다 친절하지 않고 생각도 짧다는 것을 알고 있다. 다른 사람들도 대부분 그렇다. 하지만 서두를 때는 예의를 차리지 않는 내 경향을 인지하는 것이 도움이 된다. 바빠서 서두른다는 생각이 들면 때로 모든 것을 멈추고 숨을 깊이 들이마신다.

천천히 30을 세고 '이봐, 예의를 갖춰. 문을 열어주고 보행자들이 길을 건널 수 있게 멈춰'라고 마음속으로 말한다. 이렇게 마음을 가라앉히고 내가 원하는 방식으로 행동할 기회를 나에게 줘야 한다.

"예스"라고 말한다고 해서 수많은 일을 떠맡고 너무 바빠진 나머지 친절을 포기해서는 안 된다. 오히려 속도를 늦춰야 한다. 노숙자를 직원으로 쓴 닉 바이어와 청소년을 실험실에 받아준 아니르반 마이트라 역시 기꺼이 속도를 늦추지 않았다면 요청을 받아들이기 힘들었을 것이다. 닉은 노숙자를 고용하면 교육 시간이 더 걸릴 것을 알았고 마이트라 박사 역시 고등학생 과학자를 가르치는 시간을 염두에 뒀을 것이다. 하지만 누구보다 바쁜 두 사람은 기회를 놓치지 않았다. 속도를 늦추면 타인과 자신을 받아들일 힘이 생긴다.

"예스"라고 말하는 몇 가지 좋은 방법을 소개한다.

무엇을 줄 수 있을지 생각하라

도움을 주기 위해 사회복지사가 될 필요는 없다. 빅 브라더 빅 시스터에는 자동차 수리비를 내지 못하는 사람의 차를 무료로 고쳐주는 정비사가 있고 치아를 무료로 봐주는 치과의사가 있다. 이들이 먼저 BBBS에 전화해서 도움이 필요한 가족이 있는지 물어봤다. 당신은 어떤 기술을 가지고 있는가? 또 어떤 기관을 찾아 도움을 제안해야 할까? 이웃 중에 도움이 필요한 사람이 있을까? 좋은 생각이 나지 않는다면 '명예의 전당'을 확인하자. 편지를 쓰거나 10달러 정도를 기부하는 간단한 행동으로 "예스"라고 말할 수 있는 비영리 단체 여러 곳을 만날 수 있다.

기회를 창출하라

줄리어스가 체감했듯 많은 직업이 대학 졸업자에게 한정돼 있다. 그리고 많은 경우 대학 학위는 특정 직업에 필요한 기술을 측정하는 도구로 적절하지 않다. 대학 졸업장은 기술 요건이라기보다는 배경을 확인하는 수단이다. 예를 들어 내 회사는 특정 코딩 기술이 있는 프로그래머를 뽑아야 했는데 대학 학위로는 그 기술이 있는지 전혀 알 수 없었다. 당신의 회사를 살펴보라. 대학 졸업장이 필요 없는 자리가 있는가? 사업체를 이끌거나 인사권자라면 인사부에 학위를 보지 않아도 되는 직책을 알리자.

하버드대학교와 연구 및 자문 회사인 가트너*Gartner*의 공동연구에 따르면 학위 요건을 제거하면 자리가 더 빨리 채워지고 고용 유지율이 개선되며 구인과 각종 수당에 드는 비용이 절감된다. 또 학위 조건 때문에 기회가 차단되는 비율이 높은 라틴계와 아프리카계 미국인 수백만 명에게 직업을 구하고 중산층의 삶을 꾸릴 기회가 열린다.[10]

쉬운 척하라

수업 후 학생 한 명과 이야기하느라 시간 가는 줄 몰랐다. 학교 주차장에서 차를 빼서 도로에 접어드니 잭이 학교를 마치는 시간에 절대 못 맞출 것 같았다. 그래서 아내의 친구 패티에게 전화를 걸었다. 나는 15분 전에 부탁하는 것에 대해 열심히 사과했다. 하지만 패티는

내가 부탁해줘서 고맙고 잭을 집에 데리고 가는 것도 별일 아니라고
했다. 말처럼 쉬운 일은 아니었을 것이다. 하지만 패티는 그렇게 '보이
도록' 말했다. 미아가 아팠을 때 많은 사람들에게 도움을 요청해야 했
고 다들 기꺼이 도와줬지만 어떤 사람들은 얼마나 힘들었고 많은 어
려움이 있었는지 이야기했다. 그저 "그래, 좋아"라고 말하는 것이 얼
마나 큰 선물인지 깨달았다.

다른 사람들이 '예스'라고 답할 수 있게 하라

미아의 항암 치료 기간에 자주 만났던 간호사 샤론이 걸음이 힘든
한 여성을 보고 다가가서 말했다. "같이 걸으시겠어요?" 여성이 동의
하자 샤론은 여성의 손을 잡고 의자로 이끌었다. 두 사람을 보면서
"제가 도와드릴까요?"라고 말한 것보다 훨씬 사려 깊다는 생각이 들
었다. 샤론이 선택한 어휘는 도움을 받을 '필요성'을 강조하지 않았기
때문에 상대가 더 쉽게 받아들였다. 마찬가지로 "내가 가서 도와줄 게
있는지 볼까?"라고 말하는 대신 "너희 집에서 만날까?"라고 말하는 것
이 낫다. "내가 병원에 같이 가줄까?"보다는 "내가 병원에 같이 가면
어떨까?"라고 말하자. 때로는 도움을 받기가 쉽지 않다. 이럴 땐 돌려
말하는 편이 더 나을 수 있다.

낯선 사람에게 "예스"라고 말하라

링크드인*LinkedIn*(비즈니스 위주의 소셜 미디어-옮긴이)의 사회적 영향
책임자인 메그 갈링하우스*Meg Garlinghouse*는 종종 직장을 구하는 사람

들에게 정보성 면담*informational interview* 요청을 받는다. 자신도 구직 활동하면서 이런 면담으로 도움을 많이 받았기 때문에 꼭 참여하려고 한다. 그러다 호기심에서 면담한 사람들의 정보를 찾아봤는데 모두 자신과 배경이 비슷해서 실망스러웠다(지인의 소개로 만났기 때문이기도 했다). 그녀가 생각한 링크드인은 모두에게, 특히 타고난 기회와 인맥이 부족한 사람들에게 경제적 기회를 제공하는 곳이었다. 그래서 '플러스 원' 접근법을 시작했다. 자신의 인맥 내에서 한 사람을 만날 때마다 사회적 자본과 인맥이 부족한 외부인 한 사람을 더 찾는 것이다. 메그는 동료가 대학을 졸업한 딸의 구직을 돕는 것을 보고 강력한 인적 네트워크를 보유한 수많은 부모들이 학생 한 명을 추가로 도와준다면 계층 간의 간격이 줄어들 수 있겠다는 생각으로 '플러스 원' 방식을 생각했다.

15분 동안 할 수 있는 일

자신만의 '플러스 원'을 생각해 보자. 일주일에 이력서 한 개 봐주기, 한 달에 한 번씩 대화하기, 1년에 한 번 모의 면접 진행하기 등 무엇이든 괜찮다. 하지만 핵심은 당신의 도움이 필요한 타인에게 주기적으로 "예스"라고 대답하는 것이다. 기회는 생각보다 가까운 곳에 있다. 눈을 크게 뜨고 아래의 경우가 있는지 생각해 보자.

- 온라인에서 직업 관련 조언을 얻기 위해 연락한 사람.

- 내 회사에 신입직으로 지원했으나 지원자들이 흔히 저지르는 실수 때문에 합격하지 못한 사람. 이번 기회는 놓쳐도 다음 기회에 도움이 될 수 있다.
- 내 사회적 연결망 밖에 있는 사람 중 자녀가 내 분야의 대학이나 기업에 들어가려고 하는 사람. 한 번 만나서 이야기를 나누고 싶어 하는지 물어보자. 그런 사람이 집을 사거나 아이를 입양하거나 그 밖의 어떤 일이라도 내가 도움이 될 만한 일을 한다면 도움을 제안할 수 있다.
- 교사나 비영리 단체 직원. 다양한 분야에서 조언이나 격려가 필요한 사람을 많이 알고 있을 것이다.

'명예의 전당'에 코칭과 멘토링 기회를 제공하는 기관을 모아두었다. 여기서 모르는 사람에게 "예스"라고 말할 놀라운 기회를 찾을 수 있을 것이다. 점심 시간을 이용해 화상 통화로 자신의 직업이나 취미에 관해 소외 계층 학생과 대화를 나누거나 직업을 찾는 참전 군인에게 전화로 도움을 줄 수도 있다. 또는 어린 과학자와 펜팔이 되거나 대학 진학을 준비하는 위탁 보호 청소년에게 진로 상담을 해줄 수도 있다.

. . . .

chapter 7

좋은 친구가 돼라

"나이대가 다른 사람들과 친구가 돼라. 모국어가 다른 사람들과 어울려라. 다른

계층 출신을 만나라. 이것이 세상을 알고 성장하는 방법이다."

'무작위로 친절 베풀기(Random Acts of Kindness)' 재단 페이스북 페이지

경기가 좋을 때였다. 존슨앤드존슨이 검색 엔진 마케팅을 총괄하는 인터넷 광고 대행사로 내 회사를 선정했고 유니버설 스튜디오는 DVD 출시작 일부의 마케팅 캠페인을 맡겼다. 또 현대자동차와는 미국 판매법인의 온라인 광고 관리를 협상 중이었다.

이렇게 기회가 밀려드는 동시에 필라델피아를 벗어나 고객사들의 본사가 있는 시애틀, 로스앤젤레스 등으로 기업을 확장하라는 압력이 들어왔다. 고객사들은 우리가 회사 규모를 최소 네 배 정도 늘려서 가격을 낮춰주길 바랐다(온라인 광고 공간을 구매하는 것도 우리 회사 업무였기 때문에 고객사들은 우리가 규모를 늘리면 더 많은 광고 공간을 구매하고 부채도 늘려서 결국 가격을 내리게 될 것을 알고 있었다).

나는 고객들이 좋았지만 많은 사무실을 관리하기 위해 미국 전역을 날아다니고 싶지는 않았다. 경영팀도 마찬가지였다. 그래서 우리와 협력하거나 우리 회사를 인수해서 우리에게 필요한 사업 규모와 사무실을 제공할 기업을 찾기로 했다. 관심을 보이는 여러 기업과 만난 지 1년 남짓 후 '에이퀀티브*aQuantive*'라는 회사를 선택했다. 우리의 기업 문화나 경영 방식과 잘 맞을 뿐 아니라 크기를 키워줄 곳이었다. 에이퀀티브는 미국에서 가장 큰 인터넷 광고 대행사였다.

계약을 마무리하기 일주일 전은 긴장감이 넘쳤다. 빨간 줄이 죽죽 그어진 계약서를 살피고 또 살피는 것 외에 에이퀀티브가 요구하는 자료 수백 장을 정리해야 했다. 또 회사 직원과 고객 및 언론에 신중하게 우리 결정을 전달할 계획을 짰다. 그 주에는 하루에 세 시간도 못 잔 것 같다.

금요일, 우리는 서류에 서명했고 월요일에 발표하기로 했다. 하지만 할아버지에게는 기다리지 않고 바로 말했다. 언제나 나를 열렬히 지지하는 사람에게 발표가 나가기 전에 먼저 알리고 싶었다. 나는 종종 할아버지에게 전화를 걸어 내 사업에 관한 의견을 듣고 할아버지가 뉴스에서 본 내용이 나와 관련이 있을지 토론하곤 했다. 할아버지는 잠재 고객에게 내 명함을 나눠주기도 했는데, 내가 아는 할아버지라면 아마도 골목길에 서서 행인에게 돌렸을 것이다. 내가 계약 이야기를 꺼내자 할아버지는 당연히 기뻐하셨다.

월요일 아침 전 직원을 불러 인수 결정을 발표했다. 다들 변화를 예민하게 받아들일 테니 자유롭게 질문할 기회를 주고 우리가 에이퀸티브 밑으로 들어가면서 얻게 될 이익을 논의했다. 그런데 회의가 끝난 후 비서가 근심스러운 표정으로 다가왔다.

"음성 메시지를 좀 들어보셔야겠어요."

메시지 세 개 모두 할아버지가 남긴 것이었다. 할아버지는 아침에 주식 거래소가 문을 열자마자 우리를 인수한 회사의 주식을 샀다. 그다음 자신이 주주라는 사실을 알리고 회사의 재무 사정을 알아보려고 에이퀸티브의 최고 재무 책임자에게 전화를 걸었다. 하지만 음성 사서함으로 넘어갔다. 그래서 재무팀 직원들에게도 차례로 전화를 돌렸으나 역시 아무도 전화를 받지 않았고 전화를 해준 사람도 없었다. 할아버지는 너무나 걱정이 돼서 즉시 나에게 전화한 것이다.

"아침 아홉 시에도 전화를 받지 않는 회사를 어떤 고객이 찾겠니? 사업이 제대로 되겠어? 지금이라도 계약을 깰 수 없어?"

할아버지는 직원이 전화를 받을 때까지 계속 시도하겠다고 벼르고 있었다.

할아버지는 그 회사가 워싱턴주에 있다는 사실을 모르고 있었다. 새로 내 상사가 된 사람들에게 미국 서부 시간으로 아침 여섯 시에 음성 메시지를 남긴 것이다.

세상에.

할아버지는 언제나 자유롭게 나를 '도왔다'. 예를 들어 결혼한 지 얼마 안 됐을 때는 아내를 임신시키는 방법을 말해주었다. 파티에 참석한 사람들이 다 듣는데 '배관 작업'을 어떻게 해야 하는지 소리칠 때는 정말 듣기 힘들었다(짐작하다시피 할아버지와 할머니는 내가 아이 갖는 문제에 꽤 집착하셨다). 또 할아버지의 부탁을 받은 치과 의사가 나에게 전화하기도 했는데 할아버지는 그 의사가 괜찮은 고객이 될 것 같다고 생각했다고 한다. 할아버지는 그런 분이었다.

할아버지가 새 회사의 직원들에게 뭐라고 음성을 남겼을지 모르니 약간 걱정됐다. 임원들이 뭐라고 생각했을까?

'가만, 애송이가 맡은 회사를 샀더니 할아버지라는 사람이 전화해서 장부를 보자고 해? 대체 이게 무슨……?'

그래서 최고 재무 책임자에게 전화를 걸어서 할아버지는 나를 워낙 좋아하고 기분이 좋아서 그런 것이니 음성 메시지는 무시해도 좋다고 메시지를 남겼다.

이 일에 관련하여 그 회사로부터 들은 말은 한마디도 없다.

그 일을 생각하면 웃음이 난다. 회사를 에이퀀티브에 매각한 첫날이었을 뿐인데 할아버지는 벌써 그 회사가 제대로 된 회사인지 확인하려고 했다. 그런 할아버지를 둔 나는 얼마나 운이 좋은가?

에이퀀티브와 함께 일하는 동안 할아버지는 매스컴에 나온 관련 기사를 전부 모아서 100쪽 넘는 파일로 묶고 의문이 드는 부분은 전부 형광펜으로 표시했다. 나중에 마이크로소프트가 에이퀀티브를 매수하면서 내가 마이크로소프트 직원이 되자 할아버지는 내가 직장을 유지하고 앞서 나갈 수 있도록 계속해서 조언을 아끼지 않았다.

할아버지는 내 위대한 롤 모델이었다. 할아버지의 호기심 많고 사려 깊은 성격은 그 자체로 내 삶을 풍성하게 해주었다. 나는 할아버지가 재미있는 사람이길 바라지 않았다(재미있는 분이긴 했지만). 오히려 내가 할아버지의 흥미를 끄는 사람이 되어야 했다. 그리고 할아버지의 열정을 닮기 위해 노력했다. 할아버지를 생각하면 지칠 때도 언제나 흥미와 흥분을 느끼려고 노력하게 된다.

내 삶을 형성한 다른 멘토들도 많다. 사실 나는 복이 많은 편이라 '멘토: 미국 멘토링 파트너십MENTOR: The National Mentoring Partnership' 같은 기관에게 젊은 층 3분의 1은 단 한 명의 멘토도 없이 성장한다는 이야기를 들으면 늘 놀란다. 존재 자체만으로 누군가의 인생을 도울 수 있다는 점을 생각하면 멘토가 부족하기는 불가능할 것 같다. 그러므로 '잠재적' 멘토는 절대 부족하지 않다. 우리가 모두 한 걸음만 나서면 모두에게 멘토가 생길 것이다. 결국 멘토란 삶에서 배운 교훈을 전달하는 사람 아니겠는가?

두 사람의 힘

빅 브라더 빅 시스터는 멘토를 찾아 계속 도움을 주고받을 수 있게 돕는 기관이다. 내 친구 톰 맥엘보그*Tom McElvogue*는 2015년 지역 지부가 주는 '세기의 빅 브라더 상'을 받았다. 무슨 일을 해서 받은 거냐고 묻자 그는 한 달에 몇 번 얼굴을 내민 것뿐이라고 겸손하게 답했다. 하지만 BBBS에서는 얼굴을 내미는 것에 큰 의미를 둔다. 이는 성인 (빅)이 자신의 진정한 모습 그대로 연결된 아이(리틀)와 온전히 함께한다는 의미이다. 할아버지가 언제나 그랬듯 자기 모습 그대로 행동한다는 의미이기도 하다. 내 말에 의심이 든다면 지금 들려주는 이야기에서 톰이 '리틀'에게 미친 영향을 생각해 보기 바란다.

1970년대 초, 여덟 살 꼬마 조 우튼*Joe Wootten*의 멘토였던 톰은 어느 날 BBBS의 CEO에게 전화를 받았다.

"저희는 실제 '빅'과 '리틀'이 등장하는 무료 광고를 싣고 있어요. 혹시 두 사람도 관심 있으면 필라델피아 스튜디오로 와서 스크린테스트를 받아보시죠. 광고에 어울리는지 보게요."

톰이 소식을 전하자 조는 열광했다.

"TV와 전광판에 우리 모습이 등장하는 거예요. 친구들이 다 우릴 보겠죠? 진짜 최고예요!"

톰은 조의 기대치를 낮추려고 애썼다.

"그래, 우리 둘이 꽤 근사하긴 하지. 그래도 탈락힐 수도 있어. 테스트받는 사람 중에 실제 광고에 나가는 거 극히 소수야."

하지만 톰의 말에 아랑곳하지 않고 분명히 뽑힐 거라고 확신하는 조를 보며 톰은 아이가 차차 진정하기만을 바랐다.

스크린테스트 날이 되어 조의 집 앞으로 가니 조가 벌써 집 밖에 앉아 기다리고 있었다. 멋진 옷을 차려입고 머리도 말끔히 빗었다. 평상시와는 전혀 다른 모습이었다. 차에 올라타는 모습을 보니 힘이 넘쳤다. 한시도 가만히 있지 못해서 진정시키느라 힘들 지경이었다. 톰은 한 번 더 이야기했다.

"우리 떨어질 수도 있어. 스크린테스트를 받는 것만 해도 영광이잖아, 안 그래?"

하지만 조는 분명히 테스트를 통과할 것이라며 기대감을 버리지 않았다.

스크린테스트는 전혀 부담스럽지 않았고 오히려 재미있었다. 이후로 며칠 동안 조는 톰과 이야기할 기회만 생기면 가장 먼저 "우리 뽑혔어요?" 하고 물었다. 가족과 친구들이 광고에서 두 사람을 보면 얼마나 멋지겠냐며 기대에 부풀었다.

드디어, 약 일주일 후 CEO에게 전화가 왔다.

"광고 대행사에서 연락 왔어요."

"어떻게 됐어요?"

톰은 선택이 안 됐다면 조에게 어떻게 말해야 하나만 생각했다.

"조가 마음에 든대요. 카메라를 잘 받아서 광고에 넣고 싶대요."

"잘됐어요."

"한 가지 더 드릴 말씀이 있어요. 톰은 사진이 좀 어색해서 다른 빅을 광고에 넣겠다고 하는데, 괜찮으시겠어요?"

"문제없습니다. 어서 조에게 이야기해야겠어요."

얼마나 다행인지. 톰에게는 조가 통과했다는 사실이 가장 중요했다. 전화를 거니 조는 언제나처럼 다짜고짜로 물었다.

"소식 왔어요? 우리 통과했대요?"

"그래, 네가 광고에 나가게 됐어!"

조는 소리를 질러댔고 톰은 아이가 쿵쿵 뛰는 소리를 들을 수 있었다. 몇 분 뒤 흥분이 가라앉은 후 나머지 소식을 전했다.

"그런데 한 가지 알려줄 게 있어. 나는 너처럼 사진이 멋지지 않아서 다른 빅 브라더가 광고에 나갈 거야. 내가 계속 너의 빅인 건 변함없어. 광고에만 다른 사람이 나가는 거야."

갑자기 조용해졌다.

"조?"

침묵이 이어졌다.

드디어 조가 입을 열었다.

"저 광고 안 찍을 거예요. 우린 팀이잖아요. 톰이 광고에 맞지 않으면 나도 맞지 않아요."

"조, 나 없이 찍어도 괜찮아. 넌 꼭 해야 해."

"아니에요. 그쪽에서 톰을 원하지 않는다면 나도 싫어요."

"정말이니?"

"그럼요. 우린 한 팀이에요."

이후 두 사람은 주제를 바꿔 주말에 뭘 할지 이야기했다. 톰은 전화를 끊고 침대에 앉아 눈물을 흘렸다. 그는 충격받았다. 조가 광고 촬영 생각에 너무 행복해했기 때문에 자신의 부재가 문제가 될 거라고는 전혀 생각해보지 않았다. 두 사람의 유대감은 톰이 생각한 것보다 훨씬 깊었다.

조와 톰은 지금도 한 팀이다. 두 사람은 몇십 년째 자주 만나서 영화를 보거나 컵스카우트 활동에 참여하고 아니면 그냥 수다를 떨기도 한다. 조는 1973년 톰의 결혼식 때 신랑의 들러리였고, 47년 전 빅과 리틀로 만나 팀을 이룬 이후 매년 양쪽 가족과 크리스마스를 함께 보낸다. 조의 어머니는 톰이 조를 위해 들인 노력에 깊이 감명받아 더 많은 팀이 생겨날 수 있도록 매년 BBBS에 기부한다.

빅 브라더 빅 시스터는 효율적인 멘토링을 위한 시스템을 잘 갖추고 있다. 신청 절차와 배경 확인을 마친 후, 한 달에 두 번 시간을 낼 의사가 있는 성인을 아동과 연결한다. 이후 다양한 활동을 조직해 두 사람 사이의 유대감을 키우고 관계가 돈독해질 수 있도록 돕는다. 지금까지 100만 명 넘는 아동이 BBBS에서 멘토를 만났다.

잘 작동하는지 어떻게 아냐고? 연구에 따르면 '빅'과 맺어진 아동은 약물을 복용할 확률이 46퍼센트 낮다.[11] 또 '리틀'의 65퍼센트는 빅 덕분에 교육 수준이 올라갔다고 이야기한다.[12]

이런 결과는 우연이 아니다. 누구와 어울리는지는 중요하다. 빅과 맺어진 리틀이 이득을 누리는 이치는 분명하고 단순하다. 빅은 리틀의 삶에 도움을 주고 우리가 삶에서 받는 모든 도움은 효과가 있다.

스티브와 맥스

BBBS가 맺어준 스티브 맥클라치*Steve McClatchy*와 맥스 미첼*Max Mitchell*의 이야기 또한 깊은 감동을 준다.

그룹홈에 살던 맥스는 같은 시설에 있는 다른 아이를 찾아온 빅 브라더를 보고 자신도 빅이 있으면 좋겠다고 생각했다. 맥스뿐 아니라 거기 있던 다섯 아이가 다 그랬다. 빅 브라더는 부모 없는 이 아이들을 전부 데리고 나가서 농구를 하거나 함께 시간을 보냈다. 하지만 곧 모든 아이의 멘토가 되기는 어렵겠다는 것을 깨닫고 아이들에게 BBBS에 등록하라고 했다. 13살이었던 맥스도 BBBS를 찾았다.

"전 멘토가 정말 필요했어요. 어린 시절 학대당한 경험 때문에 아무도 믿지 않았고 이야기하고 마음을 털어놓을 사람이 없었어요. 저도 멘토를 만나 농구도 하고 재미있게 놀고 싶었어요."

스티브가 그런 사람이 됐다.

"전 12남매 중 11번째 아이였어요. 제 인생을 돌아보면 얼마나 많은 이들이 절 도와줬는지 몰라요. 아버지는 제 영웅이었고 제게 영감을 주는 분이었어요. 모두가 그런 행운을 누리진 못하죠. 멘토나 안내자 없이 살아야 하고 결정적인 판단을 내릴 때 아무도 곁에 없는 인생은 상상도 하기 어려워요. 처음에는 멘토 역할을 얼마나 할 수 있을지 생각하지 않았어요. 그저 아이의 숙제를 도와주고 아이스크림도 사줄 생각이었어요."

스티브와 BBBS 직원은 스티브가 사는 미국가톨릭대학교의 기숙사를 출발해 워싱턴 D.C. 외진 곳에 있는 맥스의 그룹홈으로 갔다.

"앞문을 열고 들어갔더니 덩치 큰 아이가 서 있었어요. 키 187센티미터에 몸무게는 113킬로그램이었대요. 그래서 원장인 줄 알았어요. 그런데 말을 안 하고 웅얼거리기만 하는 거예요. 제가 '맥스를 만나러 왔습니다. 제가 맥스의 빅 브라더예요'라고 말하자 고개만 끄덕이고요. 그래서 '맥스 오나요? 위층에 있어요? 오늘 외출해도 됩니까?' 이렇게 네 번 정도 묻고 난 후에야 자기가 맥스라는 답을 얻을 수 있었죠. 맥스에게 길 건너편에 있는 농구장에 가자니까 좋다고 하더군요."

그때부터 두 사람은 등산과 스포츠를 즐기고 영화를 보거나 공부도 했다. 또 스티브의 대학에서 라디오쇼를 진행하고 캠퍼스에서 가구도 옮겼다. 스티브는 맥스의 통장 개설을 도와주고 예산에 맞게 돈 쓰는 법을 가르쳤으며 대학 입시를 도왔다.

"스티브는 제 미식축구 시합 때마다 찾아왔어요. 워싱턴에서 가장 험한 지역에서 경기가 열릴 때도 찾아왔고요. 한번은 애들이 꽉 들어찬 고등학교 체육관에서 농구를 하는데 스티브가 친구와 함께 들어왔어요. 거기서 유일한 백인들이었죠. 다들 '저 사람들 누군데 여길 왔어?' 하고 수군댔어요. 그게 스티브였어요. 제가 어디서 시합을 하든 찾아왔어요. 학교에 심판이 없어서 스티브가 심판을 본 적도 있어요. 정말 모든 걸 다 해줬어요."

한편 맥스는 난독증 때문에 학습 능력이 떨어져서 성적이 나빴다. 결국 사회복지사, 사례 관리자(복지 대상자의 전반적인 복지 관리를 맡는 사람-옮긴이), 치료사 등 맥스를 돌보는 전문가들이 졸업장이 나오지 않는 대안학교에 맥스를 보내야겠다고 결정했다. 하지만 이때도 스티브가 맥스를 대신해 나섰다.

"일반 학교에 갈 수 있어요."

"맥스는 그럴 능력이 안 됩니다."

맥스의 사회복지사가 말했다.

"맥스의 능력은 제가 알아요."

"힘들어지기만 할 겁니다."

"제가 보증한다면요?"

"그걸 보증하실 순 없어요."

"제가 보증한다면요? 제가 매일 찾아가서 맥스에게 문제가 있는지 살필 겁니다. 맥스는 할 수 있어요. 다시 말씀드리는데 맥스가 문제없이 고등학교를 마칠 수 있게 제가 곁에 있을 겁니다."

"그럴 수 없을 것 같은데요."

"만약 문제가 생기면 그때 일반 학교에서 지금 말씀하시는 학교로 전학시켜도 됩니다. 맥스가 가고 싶은 학교에서 가장 가기 싫은 학교로 그때 옮기면 돼요. 하지만 지금은 맥스가 원하는 대로 고등학교 졸업장을 받을 수 있는 곳부터 시작하면 좋겠어요."

스티브의 헌신을 본 전문가들은 맥스에게 기회를 줬고 스티브는 자신의 말을 지켰다. 맥스에게 도움이 필요할 때마다 찾아갔고 공부도 도왔다. 큰 시험을 앞둔 어느 날 저녁 스티브가 맥스에게 전화를 걸었다.

"한 번 더 만나서 공부할까?"

"아뇨, 친구들이랑 놀 거예요."

"그러지 말고 공부 좀 더 하자."

이렇게 두 사람은 그룹홈 지하에서 몇 시간 더 공부한 후 맥도날드에서 햄버거를 먹었다. 맥도날드에서 돌아왔는데 그룹홈 앞에 경찰차들이 깔려 있었다. 운전자가 무차별 총기 난사 사고를 일으켜서 맥스의 친구 두 명이 총을 맞았고, 한 명은 중태였다. 저녁에 함께 놀기로 한 친구들이었다. 맥스가 공부하지 않고 친구들과 있었다면 그 역시 목표물이 됐을 수 있다.

스티브의 노력 덕분에 맥스는 고등학교 중퇴를 면했고 졸업 후 2년제 대학에 다녔다. 46세인 지금은 불우 청소년을 위한 상담사로 일하는 동시에 팝 워너*Pop Warner*(미식축구 같은 스포츠를 어린이와 청소년에게 가르치는 비영리 단체-옮긴이) 코치가 되어 자신의 어린 시절을 떠올리게 하는 아이들에게 스포츠에 대한 사랑을 가르치고 아버지 역할을 한다. 맥스는 스티브에게 받은 보살핌을 되돌려주고 싶었고, 실제로 지난 20년간 워싱턴 지역에서 2,000명 가까운 아이들을 가르치며 그 사랑을 몇 배로 갚았다. 아이들과 그 부모에게 휴대전화 번호를 알려주고 필요할 때마다 전화하게 한다. 또 아이들이 학교생활을 수월하게 해나갈 수 있도록 교장을 만나기도 하고 길에서 배회하는 아이들을 보면 불러 세운다. 여러모로 모범을 보이는 어른이 됐다.

맥스의 노력은 통계로도 증명된다. 그가 가르치는 선수 중 85퍼센트가 고등학교를 졸업하고 60퍼센트는 대학에 간다. 이 지역의 평균 고등학교 졸업률과 대학 진학률을 훨씬 뛰어넘는 수치다. 더욱 놀랍게도 맥스가 가르친 아이들 가운데 열 명 이상이 프로 구단에 진출했고 모두 비영리 단체로 돌아와 코치를 하거나 팀을 응원한다.

맥스는 자신의 성공이 자신을 믿고 지지해준 스티브 덕분이라고 말한다.

"스티브를 처음 만났을 때 저는 아무하고도 이야기하지 않고 늘 고개를 숙이고 다녔어요. 스티브가 고개를 들고 당당하게 말하라고 했죠. 저는 저를 보살펴줄 사람을 원했는데 스티브는 제가 스스로 생활을 챙기고 좋은 자세를 갖게 해줬어요. 졸업 파티에 가야 해서 불안할 때도 춤추는 법을 알려줬고요. 스티브 덕에 전과 달리 많은 경험을 했어요. 스티브는 하늘에서 내려준 축복입니다. 그는 제가 뭘 하든 절 사랑해요. 제게 스티브가 필요하다는 것을 하느님이 아셨나 봅니다."

그는 특히 스티브가 위험할 수도 있는 세계에 몸을 던진 것에 감사했다.

"스티브는 우리 동네를 마다하지 않았어요. 제 삶의 일부가 되어 저와 함께 싸웠죠. 한번은 저랑 같이 빈민가 음식인 햄 혹*bam bock*(돼지 종아리와 발 사이 부위로 만든 요리-옮긴이)을 먹었어요. 끔찍한 음식이죠. 하지만 스티브는 마치 최고의 요리를 먹는 것처럼 먹는 거예요. 그래서 제가 '별로죠?' 하고 물어보니까 좀 질기다고 하더라고요. 저도 맞장구치면서 먹었어요. 스티브는 정말 제 삶의 일부가 됐어요."

스티브는 대학생일 때 제빵 전문 업체 필스버리*Pillsbury*에서 선반에 물건 채우는 일을 했다. 그곳에서 유통기한이 다 된 제품을 가져갈 수 있게 해줘서 빵을 가득 싣고 맥스의 동네에 가곤 했다.

"다른 애들이 '야, 너희 형 왔어, 도우 보이*dough boy*(필스버리 광고에 등장하는 귀엽고 하얀 캐릭터-옮긴이) 왔어.' 이랬어요. 스티브는 트렁크를 열고 온 동네에 필스버리 제품을 나눠줬죠. 다들 스티브와 안면이 있어서 하이 파이브를 했어요. 마치 우리 동네 사람인 것처럼요. 고등학교에서 미식축구 올스타전이 열리기 전 스티브가 저에게 필스버리 스티커를 두 개 줬어요. 졸리 그린 자이언트(냉동 채소와 통조림을 주로 생산하는 그린 자이언트의 초록색 거인 캐릭터. 그린 자이언트와 필스버리는 둘 다 다국적 기업 제너럴 밀스의 브랜드다-옮긴이)와 필스버리 캐릭터였어요. 그랬더니 다른 아이들도 다 그 스티커를 갖고 싶어 했어요. 결국 우리 팀 선수들이 모두 헬멧에 필스버리 스티커를 붙이고 시합에 나갔죠. 동네 사람들 모두 스티브를 좋아했어요."

스티브의 가족 역시 맥스를 반겼지만 처음부터 쉽지는 않았다.

"맥스가 우리 집을 방문했는데 입을 열지 않더군요. 한마디도 안 했어요. 25~30명 정도 있는 집에 들어와서 긴장했나 봐요. 주말은 아직 시작도 안 했는데요."

맥스는 처음 몇 번은 스티브의 어머니인 케이 옆에 내내 붙어 있었다. 그 집은 자기 음식을 즉시 먹지 않으면 다른 사람에게 뺏기는 곳이었기 때문에 케이의 보호가 필요했다.

처음에는 교외 주택의 분위기도 무서웠다. 우선 가로등 수가 훨씬 적고 멀리 떨어져 있었다. 도심에서처럼 앞에 누가 오는지도 쉽게 분간할 수 없었다. 앞문을 잠그지 않는 것도 이상했다. 형제가 12명이나 되다 보니 드나드는 사람이 많아서였다. 자기 침대가 아닌 스티브의 방에서 자는 것 역시 낯설었다. 일찍 일어나는 맥스는 늦게 일어나는 스티브가 일어날 때까지 방을 나가지 않고 침대에 앉아 기다렸다.

하지만 어느 날 케이가 내려와 보니 맥스가 두려움을 극복하고 홀로 주방에 앉아 있었다.

"시리얼 좀 먹어도 될까요?"

"먹고 싶은 시리얼 다 먹으렴."

이후 맥스는 언제나 가장 먼저 주방에 내려왔다.

"시리얼을 12그릇 정도 먹더라고요. 우리 집 애들하고 다를 게 없었죠. 그게 저에겐 의미 있었어요. 그렇게 식탁에 앉아 있는 모습을 보니 참 행복했습니다. 우리를 가족으로 생각한 거잖아요. 우린 맥스를 사랑하고 맥스는 우릴 사랑해요. 하늘이 준 선물이죠. 지금까지도 감사하게 생각합니다"라고 케이는 말한다.

맥스는 이제 케이를 '엄마'라고 부르고 그때부터 지금까지 크리스마스를 비롯한 명절을 맥클라치 가족과 보낸다. 대학생인 스티브의 자녀들은 큰 경기가 열릴 때면 '맥스 삼촌'과 영상 통화를 하며 서로 좋아하는 스포츠팀 이야기로 열을 올린다.

한편 스티브는 지금도 맥스가 큰 경기를 치르면 보러 온다. 종종 맥스의 팝 워너 팀이 전국 대회에 나갈 때는 꼭 찾아온다. 하루 전에 알리더라도 비행기를 타고라도 온다. 관람석에 앉아만 있지도 않는다. 팬들은 경기 도중 선수석으로 내려가는 것이 엄격하게 금지돼 있지만 스티브는 어떻게든 방법을 찾는다. 스티브를 맥스 코치의 형으로 아는 선수들과 하이 파이브를 하고 사진을 찍어주며 응원을 주도한다. 최근 올랜도에서 승리했을 때도 선수들은 스티브에게 팀 게킷을 짔다. 하지만 그보다 더 감동적인 선물은 따로 있었다. 전혀 과장이라고 볼 수 없는 '#1 팬'이라는 글귀를 새긴 반지를 선물한 것이다.

우리가 할 수 있는 것

많은 관계가 친절한 행동 한 번에서 시작된다. 나는 학생들에게 면접 연습이 필요하면 내 친구들을 데려와 모의 면접을 부탁한다. 그럼 학생 한 명이 내 친구와 가까워져서 멘토 관계가 시작될 때가 종종 있다. 혹은 친구가 우리 교실에 찾아와 직업 관련 강의를 한 후 학생과 연결되기도 한다. 그럼 톰과 스티브처럼 내 친구들도 의지할 데 없던 아이와 새로운 관계를 쌓는다.

우리 가족은 멘토링을 단체 활동처럼 생각한다. 내가 가르치는 학생들은 모두 놀라운 젊은이들이다. 그래서 가끔 몇 명을 집으로 데리고 와 저녁을 대접하는데, 다행히 아내는 학생들이 오는 것을 좋아한다. 덕분에 아이들은 집에서 만든 밥을 먹을 수 있고 편안히 쉬면서 강력한 여성 롤 모델을 만난다.

학생들이 일이 필요할 때는 스티브 삼촌이 공장에서 일할 수 있게 해준다. 삼촌은 일만 시키지 않고 아이들을 가르친다. 학생이 하루 여덟 시간 일하고 돈을 받았다면, 그중 두 시간은 스티브와 인생을 논한 시간이다.

스티브 삼촌은 나에게도 많은 도움을 주었다. 내가 회사를 차렸을 때 공장 내 사무 공간을 저렴하게 빌려줬고 고용, 해고, 돈 받는 법 등에 대해 알려줬다. 삼촌 역시 몇 가지의 사업을 운영하면서 쉴 새 없이 바빴는데도 나를 도왔다. 내 회사에 매각 제안이 들어왔을 때는 뉴욕으로 찾아와 인수 과정을 도왔다. 회사가 소송에 걸렸을 때는 재판이 있을 때마다 법정에 앉아 상대편을 노려보며 불안하게 만들겠다고도 했다. 좋은 생각이 아닌 것 같다고 말리긴 했지만 삼촌의 제안이 고마웠다. 삼촌은 언제나 바쁘면서도 내가 부탁하면 무엇이든 흔쾌히 맡아주었다. 도움이 필요한 사람이 보이지만 시간이 없다고 생각될 때 삼촌을 떠올린다. 삼촌은 시간은 내기 나름이라는 것을 알려줬다.

부동산 문제를 잘 아는 사촌 제이슨은 나와 멘티들이 집을 찾을 때 도와준다. 지금까지 그의 조언 덕에 노숙 생활을 하던 학생 네 명이 좋은 집을 찾아 완전히 달라진 삶을 살고 있다. 그런데 이런 '단체 멘토링'은 거의 자연스럽게 형성됐다. 내 학생들을 만나본 친척들이 학생들의 모습에 감동했다고 하고는 도와줄 방법을 묻는 식이다.

건강하고 장기적인 멘토 관계를 만드는 방법을 몇 가지 소개한다.

얼굴을 보여라

맥스는 스티브가 단지 찾아오기만 하는 것으로도 둘의 관계가 발전했다고 이야기한다. 스포츠 행사든 공부 모임이든 또는 햄 혹을 함께 먹든, 스티브는 사소한 것이라도 함께했고 그것을 중요하게 여겼다. 당신이 이번 주에 함께할 수 있는 사람은 누구인가?

열정을 일깨워라

할아버지는 내가 하는 일이라면 무엇이든 흥미를 보였다. 80대의 나이에도 내 사업을 이해하기 위해 블로그와 온라인 광고를 배웠다. 일이 있을 때마다 고개를 들고 살펴보던 할아버지처럼 우리도 그렇게 할 수 있다.

주고받는 법을 배워라

나는 멘토들이 가끔 내 도움을 기꺼이 받아들일 때 무척 기쁘다. 당신은 멘티를 충분히 도와주고 있다. 그들에게도 도울 기회를 줘라.

············

스포츠팀, 가족, 친구, 동료 등의 모임, 또는 멘토와 나 둘만이라도 내가 속한 '팀'은 내 삶에 크나큰 영향을 미친다. 우리가 함께하는 사람들은 단지 우리 생활의 일부가 아니다. 우리 정체성을 결정하는 주요 인물이다. 한 사람의 삶에 좋은 영향을 주고 싶다면 '명예의 전당'의 코칭 섹션을 참고하자. 한 시간 남짓한 시간을 기부할 수 있는 단체부터 맥스와 스티브처럼 장기적인 멘토 관계를 쌓을 수 있는 단체까지, 시간을 약간 투자해서 큰 효과를 낼 수 있는 기관 열 곳 이상을 정리했다.

15분 동안 할 수 있는 일

마음을 보여라. 내 이모 캐런은 75세이고 자녀 넷, 손자 12명 모두와 끈끈한 관계를 유지한다. 또한 몇몇 비영리 단체의 이사를 맡고 있고 여행을 즐기며 이모 나이의 반도 안 되는 사람들보다 더 활발하게 사회생활을 즐긴다. 항상 분주하게 돌아다니느라 잠은 언제 자는지 모르겠지만 조카들에게 멘토 노릇을 할 시간도 낸다. 내 사촌 몇 명과는 일주일에 한 번씩 대화를 나누고 나에게도 일과 생활 전반에 관한 조언을 주기적으로 건넨다. 한 번은 내 블로그를 하나하나 다 읽어본 후(양이 꽤 된다) 나에게 전화를 걸어서 블로그와 이 책에 관한 생각을 들려주었다. 멘티를 위해 시간을 낼 때, 특히 요청하지 않은 시간을 낼 때는 그들을 얼마나 중요하게 생각하는지 알려라. 설사 쓸 수 있는 조언이 하나도 없었더라도 이모의 조언은 놀라운 선물이었을 것이다. 당신의 애정을 보여주기 위해 이번 주에 할 수 있는 일은 무엇인가? 15분 정도 생각해본다면 적어도 몇 가지는 떠오를 것이다.

chapter 8

삶을 바라보는
새로운 렌즈

"우리는 장미 덤불에 가시가 있다고 불평할 수도 있고 가시덤불에 장미가 핀다고 기뻐할 수도 있다."

– 에이브러햄 링컨(Abraham Lincoln)이나 알퐁스 카(Alphonse Karr)가

한 말로 전해짐

구두 판매원 두 명이 새 시장을 뚫기 위해 외딴곳으로 갔다. 도착한 지 사흘 만에 한 명이 사무실로 전화를 걸어 말했다. "다음 비행기로 돌아가겠습니다. 여기선 신발을 팔 수가 없어요. 다들 맨발로 다니거든요." 같은 시각 다른 판매원은 공장에 이메일을 보냈다. "엄청나게 팔릴 것 같습니다. 여기선 아무도 신발을 안 신어요!"

– 작자 미상

잭은 네 살 때 의상을 갖춰 입고 슈퍼히어로로 놀이하는 것을 좋아했다. 어느 날 근육까지 들어간 의상을 입은 잭이 스파이더맨을 맡고 나는 행주 크기의 아동용 망토를 두르고 배트맨을 맡았다. 우리는 여느 슈퍼히어로처럼 고약한 상황을 맞이했다.

"나쁜 놈들이 우리 저녁을 먹으려고 하는군."

내가 스파이더맨에게 말했다.

"걱정하지 마세요, 아빠. 저한테 좋은 생각이 있어요."

잭은 주방으로 뛰어가더니 국자를 집어 들고 공중에서 휘두르기 시작했다.

"뭐 하니?"

"악당들에게 줄 팬케이크를 만들어요. 우리 저녁을 가져가려는 걸 보면 배가 고픈 거잖아요."

내가 단단히 잘못 생각했다. 나는 도둑을 잡아서 가둘 생각이었다. 잭의 관대한 영혼에 상처가 될 말을 내뱉지 않아서 다행이었다.

아이들이 우리에게 많은 것을 가르친다는 사실은 비밀이 아니다. 어떤 부모라도 잘 알 것이다. 그리고 타인을 돕는 일에 있어서 아이들이 어른보다 훨씬 문제를 잘 해결한다. 아이들은 어른처럼 냉소적이지 않고 어른 입장에서는 장애물로 보이는 것들을 인식하지 않기 때문이다.

때로 순수한 관점이 세상에 진정한 변화를 가져올 수 있다.

게이브리얼의 친절의 날

나타샤 알잘리언*Natasha Aljalian*의 삶은 빛이 비치기 전 가장 어두운 시기를 지나고 있었다.

나타샤의 세 살 난 아들 게이브리얼의 얼굴이 몇 달간 창백했다. 기운도 점점 떨어져서 나타샤는 아들을 소아과에 데려갔고, 의사는 게이브리얼이 바이러스에 걸린 것 같다고 했다. 하지만 나타샤는 다른 문제가 있을 거라고 생각했다. 그래서 일주일 후 상태가 더 나빠지자 다른 의사를 찾아 진료 예약을 잡았다.

진료 날짜가 오기 전 게이브리얼의 유치원에서 전화가 왔다. 유치원 원장은 아이가 아픈 건 아닌데 뭔가 잘못된 것 같다고 했다. 게이브리얼은 더 창백해졌고 극도로 무기력해졌다.

"게이브리얼을 데리러 갔는데 딱 봐도 병원에 가야겠다는 걸 알 수 있었어요. 남편은 얼마 전 외국으로 나가고 없어서 제가 즉시 새 소아과에 전화했어요. '절 모르실 거예요. 다음 주에 첫 진료 예약을 잡아놨거든요. 하지만 아들에게 큰일이 생긴 것 같아요'라고 했죠. 이때가 금요일 늦은 오후였어요. 병원에서 저희를 불렀고 새 의사는 토요일 아침에 혈액 검사를 진행했어요."

혈액을 보스턴 어린이 병원으로 보낸 후 나타샤는 아들의 용기를 칭찬하기 위한 선물을 사러 장난감 가게로 향했다. 그때 나타샤의 전화벨이 울렸다. 소아과 의사였다.

"운전 중이면 차 세우세요."

나타샤는 차를 세웠다.

"검사를 더 해봐야겠지만 백혈병인 것이 99퍼센트 확실해요. 병원으로 바로 오세요."

"시간이 뒤틀린 것 같았어요. 영화에서처럼요. 해는 아직 빛나는데 전처럼 밝지 않았어요. 주위의 소음이 점점 사라졌죠. 주변 세상의 소리가 꼭 물속에서 나는 것 같았어요. 무슨 말이 들리긴 했지만 이해할 수 없었어요. 아무 말이나 나오는 것 같았어요."

"분명…… 요인이…… 유리해요……. 긴 싸움…… 3년…… 입원을 계속해야…… 70~90퍼센트 확률…… 오래 살 수도…… 바로 병원으로……" 같은 말이었다.

'숨 쉬어.' 나타샤는 속으로 말했다. '숨 쉬어.'

게이브리얼은 뒷좌석에 앉아서 손뼉을 치며 웃고 있었다. 나타샤가 고개를 돌려 아들을 바라보자 아이는 웃으며 손을 흔들었다. "엄마, 안녕."

"그 웃음, 아이의 목소리. 모든 게 느린 동작으로 일어나는 것 같았어요."

나타샤는 아무것도 모르는 아이가 앞으로 어떤 싸움을 해야 할지 생각하니 가슴이 무너지는 것 같았다.

이후 2년 반 동안 게이브리얼은 항암 치료를 받았고 오랜 시간 병원에서 생활했다. 나타샤는 아이가 세균에 노출되어 면역 체계에 혼란이 일어날까 봐 집 밖에 거의 내보내지 않았고 매 순간 아이와 함께 있었다. 아이의 침대에서 같이 자면서 아이가 약 때문에 잠을 못 잘

때 아이를 진정시켰다.

아이를 설득해서 MRI를 비롯한 수없이 많은 검사를 받게 했다. 치료를 시작할 때마다 아이를 달래고 꼭 붙잡았다. 아이가 토하고 불안감과 공포심을 느낄 때 곁에서 위로했다. 영양 튜브를 달지 않게 하려고 제발 음식을 먹고 물을 마시라고 애원했다. 응급실에 데려간 일도 열 번이 넘는다. 아이가 어떻게 될지 불안할 때마다 오히려 아이를 보며 웃고 뽀뽀하고 안아주며 아이를 안심시켰다.

마침내 게이브리얼은 암을 이겨냈고 가족들은 안도와 기쁨을 동시에 느꼈다.

암이 재발하지 않았는지 확인하기 위해 병원에서 검사를 받고 돌아온 날 밤, 게이브리얼에게 좋은 생각이 떠올랐다. 아이는 어둑한 조명 아래 누워 있었다. 나타샤는 방금 책을 다 읽어준 후 아이가 암 진단을 받은 지 3년째 되는 11월 3일이 곧 다가온다고 이야기하고 있었다. 이제 여섯 살이 된 게이브리얼은 진단을 받았을 때는 아주 어린 나이였는데도 그날을 일부 기억했다. 장난감 가게에 가기로 했는데 병원에 갔고 한동안 병원에서 나오지 못한 것을 기억했다. 나타샤가 아이에게 말했다.

"정말 힘든 날이었어. 그리고 아주 슬펐지. 하지만 지금 네 모습을 보렴. 강하고 튼튼하잖아. 그러니까 행복해야 해. 엄마가 슬퍼 보여도 걱정하지 마. 그날은 언제나 힘든 날이 될 테니까."

그러자 게이브리얼이 물었다.

"그날을 행복한 날로 만들면 어때요?"

"무슨 말이야?"

"비밀 산타의 날은 항상 행복하잖아요. 내가 진단받은 날에 모두를 행복하게 만들 일을 하면 어떨까요?"

'세상에, 내 아이가 이런 생각을 하다니.'

게이브리얼은 치료를 시작하고 처음 맞은 크리스마스에 누군가 현관에 선물을 놓고 간 후 생긴 가족의 비밀 산타 전통을 이야기했다. 자신은 색칠 놀이 책과 크레용을, 동생 메리는 장난감을 받았다. 카드도 함께 받았는데 알잘리언 가족은 냉장고에 이 카드를 붙여두고 1년 내내 이야기했다. 그러다 다른 이들을 위해 직접 비밀 산타가 되기로 했다.

다음 크리스마스가 다가오면서 가족들은 누구에게 선물을 줄지 생각했다. 게이브리얼은 할머니까지 불러서 앞자리에 앉게 하고 엄마가 운전하는 차에 앉아 선물 받을 사람들의 집으로 향했다. 그리고 나타샤와 함께 문 앞에 몰래 선물 꾸러미를 내려놓고 왔다. 이 일은 소중한 크리스마스 전통이 됐다. 게이브리얼이 매해 선물을 배달할 날짜와 몰래 차를 주차할 장소 등을 자세히 계획했다.

사람들에게 행복을 전하는 것이 너무 좋았던 아이는 이제 자신의 '진단 기념일'을 선언하기로 했다. "어두운 날을 밝은 날로 만들어요. 거기에 행복한 것들을 가득 채워서." 아이가 침대에서 엄마에게 이같이 속삭였다.

"앉아서 자세하게 설명해봐." 나타샤가 말하자 아이는 친척들이 모두 다른 사람에게 좋은 일을 하는 날을 묘사했다.

나타샤는 카메라를 들고 아이디어를 나누는 장면을 6분 분량의 영상으로 찍어 친척과 가까운 친구에게 보냈다.

"11월 3일이 다가오고 있어요." 잠옷을 입은 게이브리얼이 침대에 앉아 카메라를 보고 말한다. "그날을 좋은 날로 만들기 위해 할 수 있는 일이 아주 많아요. 그럼 우리는 어두운 날을 밝은 날로 바꿀 수 있어요."

영상을 받은 친구 한 명이 이 영상을 위한 페이스북 페이지를 만들어서 사람들이 11월 3일에 뭘 했는지 올릴 수 있게 하자고 나타샤에게 제안했다. 이 말을 들은 게이브리얼은 몇 명이 참여할지 궁금하다고 했다. 나타샤는 20명 정도는 모아봐야겠지만 비밀로 하고 친절을 베푸는 즐거움도 있는 만큼 사람들이 좋은 일을 하고도 말하지 않을 가능성도 있다고 말해두었다.

하지만 상황은 정반대로 돌아갔다. 한 소년이 좋은 일을 하자고 권하는 영상은 10월 초에 올라갔고 곧 수만 번 조회됐다. 11월 3일이 되자 친절한 행동을 했다는 보고가 전 세계에서 쏟아져 들어왔다. 플로리다주에 사는 나타샤의 자매와 위스콘신주에 사는 친구를 시작으로 하루가 끝나기 전 거의 모든 주의 이름이 등장했다. 이후 아르메니아, 프랑스, 체코 등에서도 소식이 왔다. 그동안 지도를 좋아하는 게이브리얼은 스마트폰 앱으로 친절한 행동이 일어난 장소를 찾아보고 나타샤가 프린트해준 지도에 표시하며 싱글벙글했다.

활동에 참여한 사람들은 웹사이트에 올라온 지시에 따라 '게이브리얼의 친절의 날'을 설명하고 친절한 행동을 타인에게 돌려주라고 권하는 카드를 써서 함께 건네며 친절을 베풀었다. 카드를 받은 많은 사람들이 나타샤에게 이메일을 보내거나 페이스북 페이지에 반응을 올렸다.

한 여성은 "전 어머니와 20년 넘게 대화하지 않았어요. 당신이 말한 날 덕분에 엄마에게 전화를 걸었죠. 우리는 화해했고 어머니는 처음으로 손자들을 만났답니다"라고 적었다.

다른 사람은 "어머니가 돌아가신 후 남편과 동생도 죽었어요. 누군가 '게이브리얼의 친절의 날'이라며 저에게 장미꽃을 건네더군요. 정말 뭐라고 해야 할지…… 이 장미 덕에 온종일 행복했어요. 정말 오랜만에 느껴보는 기분이었습니다"라고 쓰기도 했다.

어떤 이들은 친절한 행동에 깊은 감사를 느껴 매일 자신만의 방식으로 행동에 나서겠다고도 했다.

게이브리얼 가족 또한 그날 온갖 곳을 돌았다. 여러 집의 현관에 꽃을 내려놨는데 일부는 아는 사람들의 집이고 일부는 모르는 사람들의 집이었다. 버스 정류장에 가서 카드를 돌렸다.

식당에 가서 다른 사람들의 식사비를 내준 후 무슨 일이 일어나는지 보기도 했다. 게이브리얼이 테이블 위에 메뉴판을 주르륵 세워서 몸을 숨긴 후 '친절의 날' 카드를 든 웨이트리스가 손님에게 이미 계산됐다고 말하는 걸 지켜본 것이다. 기쁘게도 그 사람은 다른 손님의 식사비를 내주겠다고 했고 알잘리언 가족이 떠난 후에도 친절의 사슬은 계속 이어졌다.

이들은 어린이 병원과 암 센터에도 찾아가서 장난감을 전달했는데 나타샤는 이곳에서 강력한 옛 기억을 떠올렸다.

"어린이 병원에 갔다가 632호 병실 앞에서 사진을 찍었어요. 몇 년 전 아이가 휠체어를 타고 들어간 곳이죠. 그때는 정말 약하고 작았는데 지금은 건강해져서 좋은 일을 해요. 누가 뭐래도 그때가 최고의 순간이었어요."

그날 알잘리언 가족은 페이스북 페이지와 이메일을 통해 50개 주와 56개국에서 650개의 친절한 행동이 일어났다는 소식을 들었다.

"지금도 오늘이 어두운 날이에요?"

그날 밤 게이브리얼이 나타샤에게 물었다.

"아니, 정말 멋진 날이었어."

"내일도 해도 돼요?"

"아니 멋지고 즐거웠지만 매일 이렇게 할 수는 없단다."

그날 저녁 다들 찾아와 자신의 경험을 나눈 통에 나타샤는 아직도 이 엄청난 하루를 제대로 소화하지 못하고 있었다.

"내년에는 해도 돼요?"

"그럼, 당연하지. 너만 원한다면."

다음 해 게이브리얼 가족은 아플 때 특히 도움을 많이 줬던 지역 소방서와 경찰서, 그리고 은행에 도넛 수백 개를 돌리는 것으로 하루를 시작했다. 노숙자 보호소에는 티셔츠, 코트, 장갑을 전달했다. 저소득 아동과 노숙자 가정에 생필품을 제공하는 '요람에서 크레용까지Cradles to Crayons'에 물품을 기부했고 다양한 분과의 의사들과 암 치료를 받는 아동에게 컵케이크를 보냈다. 또 병원에 장난감을 보내고 게이브리얼을 치료한 의사들에게도 선물을 보냈다. 마지막으로 익명으로 꽃을 보내고 식당에서 다른 사람 식비를 대신 냈다.

이해에는 페이스북에 올라온 친절한 행동이 1,243개였고 역시 50개 주 전역에서 동참했으며 해외는 105개국이었다. 이후 친절한 행동 횟수와 참가국 수는 계속 증가하고 있다.

나타샤는 "사람들은 친절하고 선하게 태어났어요"라고 말하며 덧붙였다. "게이브리얼이 촉매 역할을 한 거죠. 아이가 적절한 시기에 좋은 생각을 했어요. 사람들은 좋은 일을 하고 싶어 하는데 살다 보면 잊어버리죠. 저희가 한 일은 다른 사람을 위해 좋은 일을 하기가 쉽다는 걸 일깨운 거예요. 친절한 행동이 하나이건 수백만이건 상관없어요. 하나하나의 행동이 다 중요하니까요."

친절한 행동을 실천하는 데 그치지 않고 게이브리얼에게 받은 영감을 이용해 한 발 더 나가기로 한 사람이 최소 일곱 명 있다. 이들 역시 자신의 진단 기념일을 행복한 날로 바꾸는 '친절의 날'을 시작했다.

쓰레기를 보석으로 바꾸다

여섯 살 꼬마가 관점을 바꾸는 일이 얼마나 쉬운지 보여주었다. 게이브리얼과 나타샤에게 11월 3일은 고통스러운 기억으로 가득한 날이었다. 하지만 게이브리얼이 이날을 완전히 다른 날로 바꿀 수 있었던 것처럼 나타샤도 그렇게 할 수 있었다.

관점이 어둠을 빛으로 바꾼다면 무엇인들 못 하겠는가? 마치 마술처럼, 반밖에 차지 않은 물컵이 반이나 찬 물컵으로 바뀔 수 있다. 관점을 바꾸면 쓰레기가 보물로 바뀐다. 패멀라 레이니 롤러*Pamela Rainey Lawler* 역시 어떤 사람에게는 필요 없어진 것으로 다른 이의 필요를 채운다는 아이디어로 자선 기관을 세우면서 이런 진리를 경험했다.

패멀라는 로레타 슈워츠 노벨*Loretta Schwartz-Nobel*의 저서 『풍요로움의 그늘에서 굶주리다*Starving in the Shadow of Plenty*』를 읽은 후 굶주림 문제를 새롭게 알게 됐다. 세계의 굶주림 문제는 잘 알려져 있었지만 이 책은 미국, 특히 그녀의 고향인 필라델피아에 만연한 문제에 집중했다. 도시는 레스토랑의 르네상스라 할 만큼 먹을 곳이 많았고 패멀라 역시 외식을 즐겼다. 하지만 굶어 죽어가는 사람이 많다는 사실을 알게 된 이상 이제 그럴 수 없었다.

"제 인생과 굶주림으로 고통받는 사람들 사이의 거리 때문에 마음이 아팠어요. 너무 많은 사실을 알게 돼서 알기 전으로 다시 돌아갈 수 없었습니다."

하지만 레스토랑과 요식업을 잘 몰랐기 때문에 조사가 필요했다. 패멀라는 업계 내부 사람과 푸드 뱅크 및 무료 급식소 대표들을 만나서 자주 상해서 버리는 음식이 무엇인지 물었다. 그래서 음식이 넘치는 곳과 모자라는 곳이 있지만 둘을 만나게 하기는 어렵다는 사실을 알게 됐다. 예를 들어 무료 급식소에서 식당 음식을 수거하려고 해도 기관의 인력 부족으로 수거가 제때 이뤄지지 않아 음식이 상하는 경우가 많았다. 물류를 담당할 중개인이 필요했고 패멀라는 그 지점에서 시작했다.

업계 전문가들은 어렵다고만 했다. 음식이 상하지 않도록 효율적으로 전달하는 일이 정말 가능할까? 음식이 상해서 사람들이 아프기라도 하면 식당이 책임져야 하지 않을까? 아직 아무도 성공한 적이 없는데 작은 비영리 단체가 정말 음식을 배분할 능력이 있을까? 다행인지 패멀라는 요식업 경력이 없었기 때문에 앞으로 닥칠 어려움을 예측하지 못하고 무작정 뛰어들 수 있었다.

패멀라는 1,500달러를 모은 후 마케팅 일을 그만두고 버려지는 음식과 이 음식을 배고픈 사람에게 효율적으로 나눌 몇몇 단체 사이의 수송 수단을 만들기 시작했다. 각 기관의 요구 조건과 저장 용량을 파악한 후 식당, 출장 뷔페, 식료품점, 농산물 매장과도 이야기를 진행했다.

초기에는 남는 음식이 있다는 전화를 받으면 패멀라가 직접 스테이션왜건에 음식을 실어서 기관에 배달했다. 보통 식사 시간이나 파티가 끝난 밤늦은 시간이었다. 낮에 배달해야 할 때는 집에 있는 세 자녀가 도왔다. 처음에는 이렇게 작게 시작했다.

그러다 자원봉사자들이 합류하면서 사업이 커졌고 얼마 후 '필라번던스'라고 이름 붙인 이 비영리 단체는 보조금을 받아 운전사를 고용할 수 있게 됐다. 덕분에 패멀라는 운영에 집중하고 기금을 모아 차량을 더 갖추고 더 많은 사람을 도울 수 있었다.

필라번던스가 도운 사람 가운데 멜라니 허드슨*Melanie Hudson*이 있었다. 그녀는 결혼한 지 17년 만에 남편을 잃고 힘들어하고 있었다. 그러다 고용주가 정부 계약을 따내지 못하게 되면서 15년 동안 다니던 직장에서 해고됐다. 허드슨 가족은 맞벌이 가정에서 갑자기 벌이가 없는 가정으로 전락했다.

멜라니는 딸 베로니카와 작은 원룸 아파트로 이사하고 불필요한 지출을 모두 끊었다. 그곳에서 장애아 도우미 일을 시작했고 베로니카도 아르바이트를 구했다. 그래도 빈곤선 위로 올라오기는 힘들었다. 멜라니가 다니는 곳은 몇 달에 한 번씩 문을 닫았고 그럼 다시 돈 벌 곳을 찾아야 했다.

"불운이 돌고 도는 끔찍한 상황이었어요"라고 멜라니는 말한다.

음식 솜씨가 좋은 멜라니는 친구나 가족을 위해 요리하는 것을 즐겼다. 하지만 이제는 손님을 초대할 자리도 요리할 재료도 없었다.

"돈이 부족해지기 전에는 엄마가 한 요리가 정말 맛있었어요. 특히 닭고기, 양배추, 감자를 넣고 끓인 스튜가 맛있었죠. 또 엄마가 만든 마카로니 치즈는 세계 최고였고요. 하지만 신선한 재료를 사는 게 힘들어졌어요. 우리는 값싼 라면과 패스트푸드를 많이 먹었어요." 베로니카의 말이다.

음식이 모자랄 때면 멜라니는 굶었다. 그리고 허기로 오는 통증을 잊기 위해 일찍 자려고 애썼다.

결국 멜라니는 마지막 방법으로 도움을 청하기로 했다. 그녀는 몇 년 동안 인근 교회 주변에 줄 선 사람들을 봤다. 음식과 관계가 있겠거니 생각한 그 줄에 이제는 자신이 설 차례였다. 실패자가 된 기분이었다. 대학을 졸업했고 경력도 있는 그녀는 도움을 '주는' 데 익숙한 사람이었다.

"전 슈퍼우먼이 되려고 했어요. 베로니카에게 상황을 제대로 이야기하지도 않았고요. 하지만 배가 고파 괴로우니 도와달라는 말이 술

술 나오더라고요."

그녀는 줄을 섰고 그렇게 신선한 요리를 다시 식단에 넣었다. 이제는 실패자라는 생각에서 벗어나 당당하게 필라번던스 이야기를 꺼낸다.

"필라번던스 덕분에 좌절하지 않고 편하게 숨 쉴 수 있었어요. 아이를 먹일 수 있었으니까요. 이 일 역시 지나갈 거란 희망을 얻었어요."

이제 멜라니는 다른 이들에게 희망을 주려고 한다.

"여윳돈이 생기고 필라번던스에 맞는 프로그램이 있으면 25달러를 기부할 거예요. 변화에 한몫한다는 느낌이 들게요."

필라번던스는 1984년 설립된 이후 계속 성장해 지금은 필라델피아 지역에서 매주 9만 명에게 음식을 전달한다. 모두 쓰레기를 쓰레기로 보지 않은 패멀라의 능력 덕분이다.

꽃의 힘

오리건주에 사는 하이디 버크먼*Heidi Berkman*도 비슷한 생각을 했다. 그녀는 몇 년간 회의 및 행사 기획자로 일하면서 행사가 끝나자마자 버려지는 꽃에 그 많은 돈이 든다는 사실에 괴로워했다. 색색으로 피어난 향기로운 꽃들이 쓰레기통으로 직행했다. '중고' 꽃을 누구보다 위로가 필요한 호스피스 병원 환자와 가족에게 배달하면 어떨까?

"저는 환자와 가족들에게 색깔과 생기와 사랑을 전하고 싶었어요. 누구보다 꽃이 필요하지만 가장 기대하지 않는 사람들이죠. 임종을 앞둔 환자의 가족들은 매우 힘들어해요. 고립되고 잊혔다는 생각에 외로워합니다. 꽃 선물은 그런 기분을 싹 바꿀 수 있죠."

하이디는 2007년 벤드시의 자택 주차장에서 자원봉사자 몇 명의 도움을 받아 남은 꽃을 수거해 호스피스 병동 환자를 위한 새 꽃다발로 만드는 '블룸 프로젝트Bloom Project'를 시작했다. 아직 상담사로 일하던 때라 작업은 보통 주말에 했다. 꽃을 보관할 냉장고가 없어서 꽃을 수거해서 꽃다발로 만들고 다시 이 꽃을 호스피스 병원에 전달하는 일을 모두 하루에 해야 했다.

하이디는 처음 프로젝트를 시작할 때는 호스피스 병원 직원들이 꽤 '현실적'이었다고 이야기한다.

"이 일이 잘되긴 힘들 거라고 하더군요. '우리 간호사와 사회복지사들은 의료 장비와 컴퓨터를 들고 다녀야 하고, 일도 많은데다 시간도 빡빡해요. 그래서 병원 사무실에 들러서 환자에게 줄 꽃을 들고 가라고 하면 잘 받아들일지 모르겠어요'라면서요."

하지만 막상 시작해보니 다들 열정적이었다. 하이디에게 전화로 놀라운 반응을 전한 한 호스피스 병원 직원이 모두의 마음을 대변하는 것 같다.

"꽃다발 덕분에 우리 팀 사기가 얼마나 올라갔는지 몰라요. 이 간단한 선물이 간호사와 사회복지사들의 일을 훨씬 즐겁게 만들어줬습니다. 죽어가는 환자를 돌보기만 하는 게 아니라 이런 특별한 선물을 통해 가족에게도 기쁨을 나눠주는 사람이 됐으니까요."

가정 의료 및 호스피스 기관 '파트너스 인 케어Partners in Care'에서 국장을 지낸 케이티 하틀리Katie Hartley도 그때의 기쁨을 회상한다.

"다들 정말 기뻐했어요. 남자들도요. 처음에는 '저요?'라고 물어보곤 너무 감동해서 울음을 터뜨렸죠. 누군가가 그 사람들을 위해 꽃다발을 만들었다는 것 자체가 그들에겐 선물이었어요."

꽃다발은 대화에도 변화를 가져왔다. 아버지가 호스피스 병상에 누워 있던 리즈 테일러*Liz Taylor*와 그녀의 어머니 마사 헨드릭*Martha Hendrick*에게도 그랬다.

리즈의 말이다. "어머니와 저는 아버지의 상태를 지켜보면서 며칠 동안 병실에 앉아 있었어요. 아버지는 의식이 별로 없었고 우리는 긍정적인 기분을 유지하기 위해 아무 이야기나 했죠. 정말 힘들었어요. 곧 닥칠 명확한 현실을 외면하기가 참 어려웠죠."

비 내리는 날 간호사가 아름다운 꽃다발을 병실 안 탁자 위에 올려놓자 모든 것이 바뀌었다.

"꽃을 보니 사람들의 친절함이 새삼 떠올랐고, 그렇게 아버지와 관련된 멋진 기억을 꺼내 보게 됐어요. 앞으로 만날 일도 없고 우리를 알지도 못하는 동네 자원봉사자들의 배려심이 얼마나 놀라운지도 이야기했고요. 이렇게 아름답고 기쁘고 단순한 행동으로 병실 안 대화를 바꾸고 아버지의 삶을 축복해줬잖아요."

꽃은 나흘 후 샌디 헨드릭이 숨을 거둘 때까지 병실 안에 있었다. 마사는 이렇게 회상한다. "그 꽃이 계속 생각났어요. 어릴 때 좋은 기억이 있으면 계속 생각나는 것처럼요. 그 친절한 선물이 닻이 되어서 저를 지탱하고 삶이 계속된다는 희망을 줬어요. 이후로 숨쉬기가 편해졌습니다."

시기 역시 딱 알맞았다. "아버지가 돌아가신 다음에 꽃을 받은 게 아니라 가장 힘든 시기를 지날 때 받아서 그런 강력한 효과가 있었어요. 누군가 우리를 생각하고 그런 친절함이 존재한다는 사실이 놀라웠어요. 지금도 우리끼리 그 이야기를 할 정도예요."

리즈 모녀는 이 선물에 크게 감동해 둘 다 블룸 프로젝트의 자원봉사자가 됐다. 드물지 않은 경우다. 꽃 선물에 고마움을 느낀 많은 가족이 봉사자가 됐고 프로젝트의 봉사자는 이제 200명에 이른다. 이들은 블룸 프로젝트를 도와 지금까지 꽃다발 26만 개 이상을 오리건주 중부와 포틀랜드 도심 지역의 호스피스 병원 환자들에게 전달했다.

긍정적인 말의 힘

하이디와 패멀라의 노력은 제법 큰 비영리 단체를 탄생시켰다. 하지만 자신의 관점을 사람들과 나누기 위해 꼭 그런 큰 사업체를 꾸려야 하는 것은 아니다. 나는 한때 10대를 대상으로 한 기업가 강좌에서 관점에 관한 교훈을 얻은 일이 있다. 내가 선생이었지만 나보다 훨씬 어린 젊은이에게 가르침을 얻을 때가 의외로 많았다.

수업은 위탁 가정에 살거나 살았던 경험이 있는 14세 미만 청소년을 주로 돌보는 필라델피아 비영리 단체인 '독립달성센터*Achieving Independence Center*'에서 일주일에 두 번 열렸다. 심각한 트라우마를 겪은 학생들은 어찌 할 수 없는 상황에 무척 힘들어했다. 이 아이들은 많게는 열 곳이 넘는 위탁 가정을 전전했고 그만큼 학교도 자주 옮겼다. 학대받거나 노숙 생활을 한 아이들도 많았다. 안타깝게도 사회는 이들에게 안정적인 집을 찾아주지 못했으니 아이들 중 대부분이 화가 나 있는 것도 당연한 일이었다.

다른 아이들은 보통 부모에게 배우는 삶의 기술과 태도를 이 학생들은 방과 후 센터에 와서 배웠다. 학생들이 오면 보통 접수원이나 경비원이 문을 열어주고 학생들 곁을 맴돈다. 웅크리고 있던 화가 언제 폭발할지 몰라서 항상 조심해야 했기 때문이다. 학생들끼리 몇 마디 나누다가 직원이 말릴 틈도 없이 주먹이 날아가는 일이 다반사였다. 내가 처음 아이들을 가르치기 시작했을 때도 수업 중에 그런 일이 있었고 학생이 동료 교사를 협박하기도 했다. 또 다른 반 학생이 내 교실에 들어와서 학생들 주려고 가져온 간식을 들고 가기도 했다. 나중에 경비원 한 명이 "새로 오셨나 봐요. 수업 중엔 문을 꼭 잠가야 합니다"라고 충고해줬다.

내가 뭘 하는 건지 어리둥절하기도 했지만 제대로 된 곳에 왔다는 사실도 알 수 있었다. 괴로운 마음으로 퇴근하면서도 효과적인 교습법을 찾아 아이들의 삶에 도움을 주겠다는 마음을 더 강하게 먹었다.

하지만 학생들의 행동만 문제가 아니었다. 사고방식도 개선해야 했다. 나는 수업을 시작할 때마다 학생들에게 각자의 상황을 듣곤 했는데 대부분 불행한 점을 이야기했다. 한 학생이 사회복지사들의 이직률이 높아 벌써 복지사가 네 번째 바뀌었다고 이야기하면 다른 아이는 위탁 부모가 원하는 만큼 음식을 못 먹게 한다고 고자질한다. 그럼 또 다른 학생은 사례 관리자에게 자기 이야기를 전부 다시 해야 했다고 불평한다. 모두 듣기 괴로운 이야기들이었다. 감정을 분출하는 행위도 필요했겠지만, 기업가 수업에서 만든 제품이나 서비스를 전화로 또는 거리에서 팔아보자고 동기를 불어넣는 방법으로는 좋지 않았다.

하지만 한 여학생은 부정적인 생각에 사로잡혀 있지 않았다. 야스민은 늘 긍정적으로 말하고 급우들의 강점을 알려주곤 했다. "일라이자, 잡역부 사업 명함이 잘 되는 것 같다"라거나 "재스민, 우리 같은 아이들을 도와주는 비영리 단체라니 멋지다" 같은 말을 건넸다. 하루는 토마스가 설득력 있게 말을 잘한다는 걸 알고 그의 언어 능력을 칭찬했고 다음 날은 다른 학생들은 아직 제품 개발 단계인데 다이아몬드는 티셔츠 생산을 마치고 판매를 준비하다니 놀랍다고 했다.

야스민이 긍정적인 면을 찾아내자 학생들이 변하기 시작했다. 뻣뻣하던 몸에 긴장이 풀리고 교실 안에 웃음이 번졌다. 얼마 안 가 다른 학생들도 야스민처럼 자신을 우호적으로 관찰하게 됐다. 야스민은 자신이 찾은 장점을 표현하는 작은 행동으로 친구들에게 눈에 띄는 변화를 가져왔고 장기적으로는 반 전체 분위기를 바꿨다. 급우들이 자기만의 특별한 점을 찾고 그들의 삶에서 좋은 점을 인식하도록 도와줬다. 그 결과 우리 반은 친절하고 서로를 응원하며 함께 있는 시간이 즐거운 반이 됐다.

나 또한 어딜 가든 야스민의 교훈을 실천한다. 긍정적인 면을 찾으려 하고 실제로 항상 그런 면을 찾는다. 또 다른 사람들에게도 이 교훈을 전달하는 것을 잊지 않는다.

특별한 휠체어

라이언 웨이머*Ryan Weimer* 역시 비슷하지만 매우 다른 방식으로 사람들의 관점을 바꿨다. 바로 자신의 아이들에 대한 남들의 선입견을 바꾼 것이다.

"보통은 저희 아이들에게 아주 냉랭하죠." 라이언의 두 자녀는 선천적 척수성 근위축증을 앓고 있다. "다들 휠체어에 탄 아이를 보면 뭐라고 말해야 할지 잘 몰라요. 잔인해서가 아니라 어떻게 해야 할지 모르는 거예요. 휠체어를 타지 않는 어린이에게는 휠체어가 무서울 수도 있고요."

라이언과 그의 부인 라나는 다른 아이들이 휠체어라는 장벽 없이 키턴과 브라이스를 대할 수 있길 바랐다. 부모가 바라보듯 유머 감각이 뛰어나고 그림, 비디오 게임, 만들기를 좋아하는 상상력 풍부한 아이로 보길 바랐다. 그러다 어느 가을 키턴이 뿌린 씨앗이 의외의 열매를 맺었다.

당시 세 살이던 키턴은 아빠와 놀다가 핼러윈에 무엇으로 변신하고 싶냐는 아빠의 질문에 해적이 되고 싶다고 대답했다.

라이언은 안 되는 이유부터 먼저 생각했다. '휠체어에 묶여 있으니 아이가 무엇으로 변신했는지 아무도 모를걸.' 하지만 동시에 방법도 찾았다. '그 주위에 해적선을 만들면 되겠어.'

그래서 배를 만들었다. 라이언과 라나가 배를 짓는 데는 175시간이 넘게 걸렸지만 키턴은 완성된 배를 보고 입이 귀에 걸렸다.

"이거 진짜 내 거예요?"

"그럼, 아가야."

키턴은 당장 '휠체어 코스튬'을 입어보겠다고 고집을 부렸다. 라이언은 해적선을 휠체어에 부착하고 아이의 어깨에는 곁들여 만든 앵무새를 달았다.

사탕을 받으러 돌아다니는 날이 왔다. "사람들이 키턴에게 아무 거리낌 없이 다가와서 코스튬에 대해 한마디씩 했어요. 아들은 슈퍼스타가 됐답니다. 아버지라면 당연히 아이가 좋은 경험을 많이 하고 소속감을 느끼길 바라죠. 아들의 그런 모습을 보니 목이 메었어요."

이때 '매직 휠체어*Magic Wheelchair*'를 시작해야겠다는 아이디어가 떠올랐다.

"아들이 핼러윈을 체험하고 다른 사람들이 전과 다르게 키턴과 소통하는 모습을 보니 기분이 묘했어요. 아무도 아이의 장애를 신경 쓰지 않더군요. 그동안 보았던 어색한 반응과는 정반대였습니다. 아이들을 휠체어에 태워 놀이터에 가면 놀이터 전체가 얼음이 되면서 다들 우리 아이들을 쳐다보곤 했거든요. 우리는 사람들이 제 아이들의 장애를 보지 않고 다른 아이들과 똑같이 대했으면 했어요. 키턴은 코스튬 덕분에 즉각 사람들의 눈에 띄었고 어른과 아이가 모두 키턴의 장애를 신경 쓰지 않고 그냥 다가왔어요. 아이에게나 부모에게나 놀라운 경험이었습니다. 다른 가족들에게도 이런 경험을 선물해준다면 좋겠다는 생각이 들었어요."

라이언은 2015년 킥스타터*Kickstarter*(미국의 크라우드 펀딩 서비스-옮긴이) 캠페인으로 2만 5,000달러를 모금해 매직 휠체어를 시작했다. 첫해에는 휠체어 탄 아이들을 위해 마리오 카트 두 개, TV 드라마 〈에이전트 오브 쉴드Agents of S.H.I.E.L.D〉에 등장하는 전투기 '퀸젯', 〈스폰지밥〉의 네모난 바지, 〈겨울왕국〉의 얼음 성, 〈닌자 거북이〉의 밴, 포켓몬, 백조 공주 등 코스튬 여덟 개를 만들었다. 2020년에는 130개 이상을 제작했고 매해 제작 수를 늘릴 예정이다.

80명이 넘는 자원봉사자가 미국 전역에서 팀을 짜서 의상 제작을 도와주는데 의상 하나마다 봉사자들이 들이는 시간은 200시간 정도다. 보통 세 명에서 다섯 명이 팀을 짜서 서너 달 동안 코스튬을 제작한다. 제작팀은 지역 사회 전체를 대상으로 모금 활동도 한다. 라이언은 지역 주민들이 그저 외부에서 "그거 괜찮네"라고 하는 것이 아니라 "나도 한몫했지"라고 말할 기회라고 말한다.

이들은 핼러윈 외에도 팬들이 좋아하는 영웅 의상을 입고 참가하기도 하는 '코믹콘(만화와 관련된 영화, 캐릭터, 게임을 만든 창작가와 팬이 모여 다양한 행사를 개최하는 박람회-옮긴이)' 등 다른 행사용 코스튬도 제작한다. 메이크어위시재단Make-A-Wish Foundation(난치병 어린이들의 소원을 들어주는 기관. 세계 40여 개국에 지부가 있다-옮긴이) 역시 코스튬 제작을 위해 매직 휠체어를 찾는다. 최근에는 브라이스(라이언의 아들이 아닌 다른 브라이스다)라는 네 살 남자아이가 〈스타워즈〉 파티를 여는 것이 마지막 소원이라고 했다. 제작팀은 브라이스의 휠체어를 타이 파이터TIE fighter로 만들고 브라이스는 다스베이더로 변장하게 했다.

라이언은 말한다 "브라이스는 타이 파이터를 정말 좋아했어요. 내

내 그 이야기를 하면서 그걸 타고 동네를 한 바퀴 날고 싶어 했죠. 병원에 있는 동안 어머니에게 자신이 떠나면 다른 아이가 즐길 수 있게 타이 파이터를 선물하라고 했어요. 브라이스의 어머니는 아이의 마지막 두 달 동안 소중한 기억을 남기게 됐고 우리도 함께 할 수 있어서 감사했습니다. 부모에게 그런 기억은 평생 남죠."

매직 휠체어는 또 캐시라는 어린 소녀를 스타로 만들어줬다. 제작 팀은 캐시의 휠체어를 슈퍼히어로 '그린 애로우'의 오토바이로 만들었다. 캐시는 최고의 영웅이 되어 코믹콘을 마음껏 돌아다녔다. 아이는 라이언에게 "이 코스튬이 제게 문을 열어준 덕분에 남들과 똑같이 제대로 놀다 왔어요"라고 감상을 전했다.

라이언은 이런 마법을 보며 보람을 느낀다. "일단 장벽이 사라지고 대화를 나누기 시작하면 휠체어에 탄 사람이 이상하거나 무서운 사람이 아니라 괜찮은 사람인 걸 알게 됩니다. 관심사가 비슷하다는 걸 발견할 수도 있죠. 휠체어 코스튬은 아이들을 겁먹게 하는 장벽을 부수고 오랜 우정을 쌓도록 도와줍니다."

웨이머 가족은 아이들에게 이런 우정이 얼마나 중요한지 알기 때문에 계속해서 이 기쁨을 전파하려고 노력한다.

"전 사업가는 아니에요. 의상을 처음 만들 때도 간호 대학에 다니고 있었습니다. 하지만 이 일을 꼭 해야만 했어요. 우리 아이들이 그랬듯 다른 아이들의 삶을 바꿀 수도 있는 코스튬을 제작하는 일이 정말 좋아요. 삶에 즐거움을 더할 재능을 발견했다면 그것을 나눌 방법을 찾아야 해요."

선물 같은 부탁

때로 관점을 바꾸면 휠체어와 거기 탄 아이 같은 사물이나 사람을 보는 방식만 바뀌는 게 아니라 '모든' 시선이 전환될 수도 있다. 샌퍼드 그린버그*Sanford Greenberg*도 갑자기 장애인이 되면서 그런 변화를 경험했다.

컬럼비아대학교 2학년을 앞둔 1960년 여름 샌퍼드는 야구를 하다가 눈앞이 뿌옇게 흐려지는 것을 느꼈다. 하지만 곧 괜찮아졌고 이후 의사에게 알레르기성 결막염이었을 거란 이야기를 들었다.

하지만 학기가 시작되자 계속 증상이 나타났다. 아무에게도 말하지 않았지만 몇 달이 지나자 더는 비밀로 할 수 없게 됐다. 기말고사를 치를 때는 눈앞이 완전히 흐려졌다. 학업을 지속할 수 없었던 샌퍼드는 고향 버펄로로 내려갔고 이곳 병원에서는 녹내장이 심각하니 디트로이트의 외과로 옮기라고 했다.

며칠 후 의사는 당시 가능한 유일한 치료를 할 수밖에 없었다. 눈을 살리기 위해 시력을 포기한 것이다. 19살 나이에 샌디 그린버그는 어둠의 나락으로 떨어졌다.

샌디는 집에서 회복하는 동안 다양한 조언을 들었다. 어머니는 아버지의 고물상에서 일해보라고 했다. 사회복지사는 학교에 돌아갈 생각은 하지 말라고 했다. 대신 최저 임금 이하의 돈을 주고 장애인을 고용하는 작업장에 가라고 했다.

샌디는 이때의 비참한 기분을 훗날 "누구도 만나고 싶지 않은 차가운 고립 속 끔찍한 황무지……"라고 표현했다.[13] 하지만 기숙사 룸메이트였던 아트는 집까지 찾아오겠다고 고집을 부렸고 교재를 읽어줄 테니 학교로 돌아오라고 샌디를 설득했다.

컬럼비아로 돌아간 샌디에게 아트는 그 이상을 해 줬다.

"룸메이트가 절 매일 도와줬습니다. 교실로 데려다주고 다시 방으로 데려다줬어요. 저와 함께 도시를 돌았죠. 캠퍼스의 콘크리트 벤치에 부딪히기라도 하면 제 다리에 반창고를 붙여줬고요."

샌디는 아트가 도와줄 수 없었던 날도 기억한다. 아트는 평상시와 같이 사회복지사에게 샌디를 데려다줬으나 다른 약속이 있어서 바로 기숙사로 데려다줄 수 없다고 했다.

샌디가 말했다. "하지만 네 시에 부교수님 오시는 것 알잖아. 부교수님을 못 만나면 졸업도 못 하고 그럼 난 일자리도 못 얻을 거야."

두 사람은 약 20분 동안 다투다가 결국 각자의 길을 갔다.

"혼잡한 시간대였어요. 무작정 사람들 속으로 들어가서 그랜드 센트럴역으로 향했습니다. 하지만 몽유병 환자처럼 손을 뻗고 다니다가 금세 거대한 쇠기둥에 부딪혀 이마가 찢어졌어요. 다음에는 푹신한 곳에 손이 닿았는데 어떤 여성의 가슴이었죠. 또 아기가 타고 있는 유모차 위로 넘어졌어요. 아기 어머니는 소리를 질러댔고요."

샌디는 몇 번 넘어지며 멍이 든 후 지하철역에 도착했고 결국 겨우 학교로 돌아갔다.

"컬럼비아대학교의 철문을 향해 걸어가다가 한 남자에게 부딪혔는데 그 사람이 '이런, 죄송합니다, 선생님'이라더군요. 아주 비꼬는 투로 '선생님'이라고 했어요. 당연히 제 룸메이트 목소리였죠. 절 내내 따라온 거예요. 너무 화가 나서 한 대 치고 싶었는데 그냥 꽉 껴안았습니다."

샌디의 삶에 획기적인 변화가 일어난 순간이었다.

"지하철을 타고 한 가지 얻은 것이 있어요. 지하철에서 나왔을 때는 세상을 완전히 다르게 보게 됐죠. 더는 의심과 두려움이 없었고 무엇보다 제가 뭐든 할 수 있다는 것을 느꼈어요. 그 사건이…… 지금의 저를 만들었어요. 그때의 변화가 절 이끌었어요."

샌디는 대학을 졸업한 후 마셜 장학생*Marshall scholar*(미국 학생을 대상으로 영국 대학원에 진학할 학생을 선발해 지원하는 마셜 장학금을 받는 학생-옮긴이)이 되어 옥스퍼드대학교에 진학했다. 음악 일을 하려는데 돈이 필요하니 400달러만 빌려달라는 아트의 전화를 받았다. 샌디와 아내 수의 계좌에 404달러밖에 없을 때였다.

"그의 부탁은 선물과도 같았어요."

샌디는 기꺼이 옛 룸메이트에게 돈을 보냈다.

샌디는 계속해서 컬럼비아에서 MBA 과정을 이수하고 하버드에서 박사 학위를 취득한 후 존슨 정부에서 백악관 펠로*White House fellow*(백악관에서 매년 20여 명을 선발해 정부 관료와 일하게 하는 장학 프로그램의 일원-옮긴이)가 되어 녹음된 음성의 재생 시간을 빠르게 조정해 시각 장애인을 돕는 기기인 가변 음성 제어기*Variable Speech Control*의 발명을 도왔다. 또 아내와 함께 시각 장애 치료에 가장 큰 공헌을 한 사람에게 수여하는 300만 달러 기금을 설립했다. 2,978일이라는 시간 안에 인간을 달에 보내겠다고 공언한 존 F. 케네디의 목표에 영감을 받아 목표 기한을 정한 '2020 시각 장애 종식을 위한 샌디 앤드 수전 그린버그 상'을 제정한 것이다. 300만 달러어치의 금괴가 '2020년까지 시각 장애 종식에 기여한 개인이나 단체'에게 돌아갈 것이다(이 상은 2020년 12월 전 세계 안과학에 공헌한 과학자 13명에게 돌아갔다-옮긴이).

'시각 장애 종식 2020' 웹사이트는 "이 상의 목적은 전 세계적 연구 공동체를 창설해 집단 기술과 공동의 자원을 인류의 질병인 시각 장애를 영구히 종식하기 위한 발걸음에 사용하는 것입니다"라고 뜻을 밝히고 있다.

과연 할 수 있을지 의심이 든다면 누구도 인류가 달에 도달할 거라고는 생각하지 못했음을 기억하라. 또 샌디 그린버그를 담당했던 사회복지사는 그가 대학을 포기해야 한다고 했던 것도 기억하라.

한편 아트는 성공적으로 경력을 쌓았으며 샌디의 파트너가 되어 시각 장애 종식을 위한 상 제정에 함께했다.

그리고 음악 일에 쓰려고 했던 400달러는 어떻게 됐을까? 아트는 이 돈으로 파트너와 공동 작업을 했고 이후 '사이먼 & 가펑클'로 알려지게 됐다.

우리가 할 수 있는 것

샌디는 아트 가펑클의 도움으로 두려움을 극복하고 시각 장애가 성공의 장애물이 아니라고 생각하게 됐다. 이제 그는 시각 장애인의 관점을 근본적으로 바꾸기 위해 노력하고 있다. 게이브리얼은 "그날을 행복한 날로 만들면 어때요?" 하고 물었고, '게이브리얼의 친절의 날'은 그의 '진단 기념일'에 친절한 행동이 수천 번 일어나게 했다. 야스민은 좋은 점을 찾기로 했고, 야스민이 없었다면 우리 반은 그렇게 잘 굴러갈 수 없었을 것이다.

모두 관점의 문제다. 관점을 바꾸는 방법을 몇 가지 소개한다.

"최악보다는 최선을 믿어라"

내가 제일 좋아하는 조언이다. 1886년 제인 웰스*Jane Wells*라는 여성이 결혼에 관한 조언을 담은 시에 포함한 이 글귀는 최근 몇 년간 온라인에 자주 소개됐다. 아마 지금도 유효한 정서이며 모든 인간관계에서 노력이 필요하다는 점을 이야기하기 때문일 것이다. 최선을 가정하고 자신은 점쟁이가 아님을 기억하라. 모르는 게 있으면 물어라.

의도를 받아들여라

나는 다른 사람들의 의도를 생각하면 좋다는 것을 알게 됐다. 내가 운전하고 있으면 아내는 끝없이 잔소리를 퍼붓는다.

- "차 오는지 잘 봐."
- "여기선 적신호 시 회전 금지야."
- "아직 차선 변경하지 마."

아내가 하는 말을 듣노라면 아내 없이 운전하는 85퍼센트의 시간 동안 내가 줄줄이 사고를 내지 않는 것이 기적 같다. 굳이 말하자면 내 운전 실력은 저런 잔소리를 계속 들을 정도는 아니다. 한때는 짜증이 나서 한마디 톡 쏘기도 했다. 그러다 내가 아내의 충고를 잘못 받아들이고 있다는 사실을 깨달았다. 아내는 도움을 주고 우리 안전을 지키고 싶을 뿐이다. 내가 받는 많은 충고는(운전이든 다른 문제든) 날 돕고 싶은 사람들의 의견이다. 때로 평정심을 유지하기가 어렵긴 하지만 감정을 드러내지 않는 일을 점점 잘해 나가고 있다. 상대방의 의도를 떠올리면 날 생각해서 피드백을 주는 사람이 고마워진다.

자신의 어휘에 '아직'을 추가하라

"직장을 못 구했어"라고 말하는 대신 "아직 직장을 못 구했어"라고 말하라. 미묘한 차이지만 뇌는 알아챈다.

'해야 한다'를 '할 수 있다'로 바꿔라

아내와 나는 집안일을 고통으로 여겼다. 그래서 종종 "빨래해야 해"라거나 "점심 만들어야겠네" 또는 "쓰레기 버려야 해"라고 말했다. 항암 치료를 시작하자 미아는 병원에 있거나 기운이 없어서 전처럼 자주 집안일을 할 수 없게 됐다. 그래서 몸이 회복되고 다시 힘이 생기자 열광했다. 이제는 "점심도 만들 수 있고 저녁도 할 수 있고 빨래도 할 수 있다니 정말 행복하다"고 한다. 관점이 중요하다.

긍정적으로 바라보라

연구에 따르면 긍정적인 면을 자주 볼수록 더 행복해지고 자신과 주변 사람들에게 더 친절해진다고 한다. 그리고 기회를 훨씬 잘 볼 수 있고 창의적으로 문제를 해결할 수 있다. 연구원들은 의사, 학생, 영업 사원, 유아도 긍정적일 때 성과가 더 높다는 사실을 발견했다.

다행스럽게도 세상을 보는 관점은 고정적이지 않다. 우리는 긍정적인 시선을 선택할 수 있다. 다른 방법도 많지만 그중 긍정적인 면을 더 자주 찾는 방법을 단계별로 소개한다. 결국 뇌는 이 방법에 익숙해져서 노력 없이 자연스럽게 긍정적으로 사고하게 될 것이다.

- 하루에 최소한 한 사람을 칭찬한다. 아침 일찍 사람들의 장점을 이야기하는 짧은 이메일이나 문자 메시지를 보낼 수도 있다. "좋은 친구가 돼줘서 고마워"라거나 "어제 전화해줘서 고마워. 그렇게 날 생각해주다니"라고 쓰자. 자신의 관점뿐 아니라 다른 사람의 기분도 바꿀 수 있다.

- 감사일기를 써라. 매일 밤 감사한 점 세 가지를 써라(연구에 따르면 감사일기를 주기적으로 쓰는 사람은 쓰지 않는 사람보다 25퍼센트 더 행복하다고 한다).[15] 식구들과 밤마다 그날 있었던 일과 감사한 점을 이야기하는 것도 좋다.

- 매일 친절한 행동을 하라. 매일 친절한 행동을 하면 친절을 베풀 기회를 발견하게 될 것이고 마음속에 긍정의 선순환이 이루어진다. 고맙다는 메모를 쓰거나 운전하면서 차선을 양보해주는 등

작은 것부터 생각하라(이 역시 자신과 다른 사람에게 행복을 주는 방법이다).[16]

- 누구와 무엇을 하는지 자각하라. 누구와 시간을 보내는지, 무엇을 보고 듣고 읽는지가 뇌에 메시지를 보내서 세상을 보는 방식에 영향을 준다.

뇌에 긍정 훈련을 시도하는 일은 시간이 걸리지만, 관점을 바꾸고 더 행복한 사람이 될 귀한 기회다. 얼마 안 가 반이나 찬 물잔이 곳곳에 놓인 것을 알 수 있을 것이다.

15분 동안 할 수 있는 일

생각을 바꾸도록 마음을 훈련할 수 있음을 증명하자.

종이와 펜을 준비하라. 현재 있는 방을 딱 3초간 둘러보고 빨간색 물건을 기억하라. 그다음 기억나는 모든 빨간 물건의 목록을 빠르게 적어라. 여기까지 끝낸 후 다음 단락을 읽어라(목록을 다 적기 전까지는 아래를 읽지 않는 것이 좋다).

이제 파란 물건을 모두 적어보자. 아마 파란 물건이 있었는지 잘 기억이 안 날 것이다. 파란색을 의도적으로 찾지 않았기 때문이다. 우리는 찾는 것을 본다. 이는 단점이자 자산이다.[17]

chapter 9

축하하기

"오늘 할아버지를 병원에 모셔다드리는데 빨간불 두 개를 연속으로 만나서 불평했다. 할아버지가 킥킥 웃으며 말씀하셨다. '넌 빨간불이 켜지면 항상 불평하더라. 하지만 파란불을 축하하진 않지.'"

– '메이크 미 싱크(Makes Me Think)' 웹사이트에서

동굴 같은 방이 마치 디스코장처럼 수많은 플래시 불빛으로 번쩍거렸고 베이스가 강한 팝 음악으로 벽이 진동했다. 아이들이 모두 무대에 나와 손에 든 물건을 흔들어댔다. 내가 10대 초반에 다니던 90년대 롤러스케이트장 파티가 아니다. 주말 동안 상담사로 참가한 로날드 맥도날드 캠프의 '약 먹기 춤' 파티다.

항암제 복용이 즐거운 일은 아니다. 아이들은 특히 그렇다. 맛도 없고 부작용으로 구토를 일으키기도 한다. 하지만 여기서는 약 먹는 일이 재미있다.

왜냐고? "안 될 게 뭐 있어?"라고 묻는 의료진이 있기 때문이다.

축하는 선택이다. 때로 축하 분위기를 내는 데 필요한 것은 '왜 안 되겠어?' 하고 묻는 것뿐이다.

이 캠프에서 밤에 약을 먹는 참가자들은 그냥 건강 센터에 가서 약을 받을 수 없다. 약 먹기 전 스트레스를 발산하며 병이 아닌 춤으로 이목을 끌어야 한다. 무대를 차지하고 보통 아이가 될 기회다.

물론 로날드 맥도날드 캠프 같은 곳은 축하가 꼭 필요한 곳이다. 하지만 축하는 재미가 전혀 없을 것 같은 곳에서도 가능하다. 심지어 감옥에서도.

15년 만에 처음으로

마케이티아 포인덱스터Markeytia Poindexter는 15살이 되기 몇 달 전 필라델피아의 청소년 연구 센터('소년원'을 듣기 좋게 고친 말이다)에 들어갔다. 위탁 가정의 폭력을 피해 도주한 죄였다. 도주죄로 소년원에 간 것이 이번이 세 번째였다. 마케이티아는 사교적이고 말도 잘했으나 성질이 급했다. 그래서 자주 언쟁에 휘말렸고 기관에서 가장 다루기 힘든 아이로 찍혔다. 어린 시절을 생각하면 놀라운 일도 아니다.

마케이티아의 어머니는 친척을 총으로 쏜 후 세 살짜리 아이를 인질로 잡고 집 안으로 들어가 문을 잠갔다. 경찰이 집에 들어가려고 하자 경찰도 쏜 후 결국 아이 앞에서 자살했다. 아버지가 종신형으로 복역 중이었기 때문에 마케이티아는 할머니와 2년간 살았으나 결국 할머니가 폭력을 써서 당국에 의해 분리됐다. 그때부터 위탁 가정이나 그룹홈 등에서 살았다.

14살이 될 때까지 청소년 연구 센터에 두 번이나 들어갔고 위탁 가정에서 또 도망친 다음에는 1년 정도 혼자 살면서 친구 집, 빈집, 빈차를 전전했다. 학교는 가끔씩 갔고 때로는 몇 달씩 빠지기도 했다. 그래도 한번 가면 공부는 잘했다. 일례로 교장은 필라델피아 시장 선거에 관해 쓴 기사를 극찬하며 시장 후보에게 기사를 보내기도 했다. 그 후보는 무척 감동해서 시장이 된 후 마케이티아에게 감사 훈장을 전달했다.

얼마 지나지 않은 어느 날 교장이 마케이티아를 교장실로 불렀다. 마케이티아는 자신의 과제와 시장에게 받은 훈장에 감동한 교장이 학교에 좀 더 자주 오라고 격려하려나 보다 생각했다.

"누가 찾아왔구나."

마케이티아가 교장실에 들어가자 교장이 말했다.

마케이티아의 온몸이 굳었다. 자기를 보고 싶어 할 사람은 보호 관찰관과 사회복지사밖에 없었다. 아마도 교장이 출석이 저조하다고 신고하면서 그날 학교에 오면 아이를 찾을 수 있다고 관계 기관에 이야기했을 것이다. 문제 상황이었다.

마케이티아는 교장과 계단을 내려가면서 도망칠 궁리를 했다. 로비에 도착하자 보호 관찰관과 사회복지사가 아이를 기다리고 있었고 교감도 함께 있었다. 다른 출구로 도망가려 했지만 그곳에도 다른 교감이 있었고 결국 마케이티아는 수갑을 차고 법원으로 가게 됐다.

마케이티아를 여러 번 맡았던 케빈 도허티*Kevin Dougherty* 판사는 위탁 가정에서 도주하고 훔친 차에서 자고 대마초를 피웠다는 범죄 목록을 읽어 내려가면서 분명 화가 나 보였다. 죄목을 읽을수록 점점 기분이 나빠 보였기 때문에 마케이티아는 경솔한 행동으로 문제를 크게 만들지 않으려고 노력했다.

"매우 의문스러운 선택을 한 것 같군요. 무슨 문제가 있나요, 포인덱스터 양?" 판사가 물었다.

아이는 "수갑을 차고 판사님 앞에 서 있는 게 문제죠"라고 답했다.

결국 판사는 마케이티아를 세 번째로 청소년 연구 센터로 보냈다. 그래도 꽤 익숙한 곳이긴 했다. 마케이티아는 열 몇 군데를 돌아다니며 살다 보니 의지할 수 있는 장소가 중요하다는 건 알았다. 또 독방을 쓸 수 있어서 지난번보다 훨씬 평화로웠다.

3개월 수감 기간이 거의 끝나자 형량이 끝나면 버지니아주의 그룹 홈으로 가기로 결정됐다. 먼 곳이라 도망칠 가능성이 더 낮기 때문이었다. 그때쯤 리처드 리딕*Richard Riddick* 원장이 방으로 찾아왔다. 원장이 찾아오는 것은 보통 문제가 생겼음을 의미한다.

"회의실로 따라오거라." 심각한 목소리였다.

'또 시작이네.' 마케이티아는 생각했다.

"오늘은 얌전히 있었어요. 아무 잘못도 안 했어요. 왜 오셨어요? 어디로 가는 거예요?"

리딕 씨는 그저 빤히 바라보며 같은 말을 반복했다.

"지금 회의실로 가자."

회의실은 보통 수감 청소년들이 보호 관찰관이나 사회복지사, 또는 가족을 만나는 곳이다. 마케이티아는 친구나 가족이 이곳이든 어디든 한 번도 자신을 찾아온 일이 없었고 사례 관리자들이 방문하는 시간도 지난 때라 좋은 일일 수가 없다고 생각했다. 아이는 조용히 리딕 씨와 걸어가면서 되도록 천천히 움직였다. 무엇이 자신을 기다리든 미루고 싶었다.

회의실에 도착하자 아이는 망설였다.

"하지만요, 리딕 씨, 전 아무 짓도 안 했어요."

"그냥 들어가."

"하지만 뭣 때문에 그러는 거예요?"

"마케이티아, 그냥 들어가거라."

마케이티아는 억지로 발을 옮겼다. 교장과 로비로 내려갈 때처럼 몸이 굳었다.

그런데 눈앞에 보인 것은 풍선이었다.

'이게 뭐지?'

"놀랐지!"

리딕 씨의 부인과 직원들 몇 명이 작은 회의실에 모여 마케이티아의 15번째 생일을 축하하는 파티를 준비한 것이다. 색색의 장식 테이프가 걸렸고 리딕 부인이 준비한 프라이드치킨, 감자샐러드, 딸기 케이크(마케이티아가 제일 좋아하는 음식이다)가 준비돼 있었다. 케이크에는 빨간 아이싱으로 '생일 축하해, 마케이티아'라고 쓰여 있었다.

마케이티아는 15년 동안 생일 파티를 한 번도 안 해봤다. 지금까지 어떤 방식으로든 생일을 축하받은 일이 없어서 그게 어떤 기분인지도 몰랐다. 아이의 눈에서 눈물이 흘러내렸다.

카드와 선물도 있었다. "리딕 씨의 부인이 성경책을 줬고 직원들은 땋은 머리를 줬어요. 센터에서는 금지된 물건이죠. 그리고 CD도 몇 장 받았어요." 14년 지난 후 마케이티아가 말한다. "지금도 그때 받은 카드가 제 벽에 붙어 있어요. 파티 이야기와 생각을 멈출 수가 없었죠. 그렇게 기분이 좋은 건 몇 년 만에 처음이었어요."

사람들의 따뜻한 배웅도 아이에게 큰 깨달음을 줬다. 그녀는 지금까지 일어난 모든 일에도 불구하고 사랑받을 가치가 있는 사람일 수도 있었다. 세상에는 그녀를 사랑하고 이해하며 겉모습 이면에 숨겨진 잠재력을 찾아낼 사람이 있을 수도 있었다. 그렇지 않다면 이 사람들이 왜 자신이 세상에 태어났다는 사실을 축하하기 위한 파티를 열었겠는가?

"전 항상 방어막을 두르고 다녔어요. 누구도 제게 잘 대해주거나 절

이해하거나 제 말을 듣지 않았기 때문에 사람을 믿지 못했어요. 싸우는 것 말고는 제 마음을 표현하는 방법을 몰랐죠. 제 이야기를 할 줄 몰라서 화가 나면 남의 얼굴을 때리곤 했어요. 그런데 원장님이 절 위해 생일 파티를 열어주고 거기서 일하지도 않는 리딕 부인이 케이크를 주고 직원들이 절 챙겨줬어요. 그래서 생각하게 됐죠. 세상에 좋은 사람들이 있다는 걸요. 그걸 받아들이게 됐어요."

마케이티아는 이 깨달음을 계기로 사람들을 믿기 시작했고 어른들에게도 마음을 열고 다가가 친해졌다. 그렇게 사람들의 도움을 받아들였다.

"더 긍정적으로 생각하기 시작했어요. 마음을 좀 더 열고 전처럼 날을 세우지도 않았어요. 저 자신을 믿으니 사람들과 하는 대화가 정말 좋았어요. 전에는 속에 담기만 하고 있던 걸 터놓고 얘기하니 훨씬 편했어요. 좀 더 일찍 그렇게 할 걸 그랬어요."

리처드 리딕이 마케이티아에게 미친 영향은 분명했다. 마케이티아는 이후 옮겨간 시설에서 다른 청소년들의 멘토가 됐고 그들의 롤 모델이 됐다. 그 결과 1년 반 후 시설 생활이 끝났을 때는 필라델피아로 돌아올 수 있었고, 여기서 타코벨과 피자헛에서 처음 일을 시작했다. 또 지역 고등학교에 등록을 요청했다. 하지만 너무 많은 곳을 돌아다닌 탓에 교육받은 기록을 찾을 수 없어서 몇 년 더 학교에 다녀야 했다. 그래서 검정고시로 학력을 취득했다.

마케이티아는 부업을 하면서 공부를 계속했다. 행동 건강 및 복지학 준학사 학위를 받은 후 사회복지학 학사 학위를 받고, 계속해서 사회복지학 석사 학위를 받았다. 이제 그녀는 정신적 충격을 받은 아이와 가족을 위해 일한다. 장기적인 목표는 그룹홈을 열어 소녀와 어린 엄마들을 돕는 것이다. 외래 환자를 치료하고 소년원에 있는 청소년을 상담하기 위해 임상 사회복지사 자격증도 준비하고 있다.

"그때 생일 파티가 없었다면 전 지금 교도소에 있거나 죽었거나 약물 중독자가 됐을 거예요. 그래서 사회복지사가 되기 위해 열심히 노력한 겁니다. 저 같은 아이들이 저나 저를 도와준 직원 같은 사람들을 만나길 바라는 마음에서요."

마케이티아는 사회복지사가 된 후 도허티 판사를 다시 만났다. 이번에는 아이들을 돕는 사람이 되어 그녀에게 형량을 내리고 매번 새로운 곳으로 보낸 사람을 다시 찾은 것이다. 마케이티아가 자신의 기록을 살펴보니 판사가 적절한 시설을 찾기 위해, 또 자신이 법정에서 제기한 문제를 해결하기 위해 뒤에서 노력한 사실을 알 수 있었다. 그녀는 판사가 자기 말을 귀담아듣고 자신이 표현한 생활의 어려움을 조사했다는 사실을 전혀 몰랐었다. 자신 같은 어려움을 겪는 청소년을 도우려는 판사의 열정을 알 수 있었다.

이제 32세가 된 마케이티아는 자기 집에서 네 살 된 아들 잘과 행복하게 살고 있다. 그녀는 리딕 부인이 준 성경책을 지금도 가지고 있다.

"우리 집 가족실에 뒀어요. 성경책을 보면 제 삶을 바꾼 친절함을 생각하게 되고 신이 저를 얼마나 성장시켰는지, 또 제가 얼마나 축복받았는지 느끼게 되죠. 지금 사는 곳이 종착지가 아니라는 사실을 배웠어요. 현재 있는 곳이 자신의 정체성이나 목표를 결정하게 놔두면 안 돼요. 계속 앞으로 나아가야 합니다."

리처드 리딕은 마케이티아 포인덱스터가 태어났다는 사실을 축하했다. 마침내 그녀의 이력보다 잠재력을 보려고 한 사람이 나타난 것이다.

한 사람의 삶을 축하하는 것은 그 사람의 자부심을 기르는 쉽고 명확한 방법이다. 생각해보면 그보다 더 힘을 주는 선물은 없을 것이다. 내내 생일 파티를 해온 행운아라면 그 힘을 모를 것이다. 생일 파티를 열어준다는 것은 그 사람이 함께 있어 행복하다는 말이며 존재 자체를 높이 산다는 뜻이다. 아무도 굳이 생일을 축하해주지 않는다면 어떤 기분일지 상상해보라. 그러다 누군가 처음으로 생일을 축하해준다면 또 어떤 마음일지도.

특별한 수학 시간

가장 쓸쓸한 시기에도 축하할 거리가 있다는 말에 의심이 든다면 소년원보다 더 암담한 곳, 일테면 소년원의 수학 시간을 떠올려보자. 내 친구 댄 로턴Dan Rhoton은 펜실베이니아주 오듀본의 소년원, 성가브리엘 홀St. Gabriel's Hall에서 수학을 가르쳤다. 그 학생 중 콰미르 트라이스Quamiir Trice 같은 아이는 감옥에서 배우는 수학도 재미있을 수 있음을 증명한다.

콰미르는 열여섯 살 때 돈 있는 아이들이 으레 하는 일인 마약 거래를 하다가 소년원에 들어왔다.

"9~12개월을 가족과 떨어져 지내야 하고 내 마음대로 할 수 있는 일도 없다는 생각에 절망했어요." 콰미르는 체포될 당시 할머니 집에서 형제들과 살았다. "정말 앞이 캄캄했죠."

하지만 깨달음의 기간이기도 했다. "내가 아닌 다른 사람이 되고 싶다는 생각이 들었어요. 다시 평범한 10대가 되고 싶었죠. 성인이 되긴 싫었어요. 친척들과 친구들은 다들 제가 살고 싶은 삶을 사는 것처럼 보였어요. 친척 집에 전화했는데 친척이 고등학교 농구부 전지훈련을 갔다는 말을 들었어요. 제가 마약상이 아니라 평범한 10대였다면 뭘 하고 있었을지 생각했어요. 그때 뭔가 해야겠다는 결심을 했죠."

문제는 공부를 제대로 해본 적이 없었다는 것이다. 성가브리엘에 오기 전 학교에서 한 공부라고는 교과서를 좀 들춰보다가 학습지를 푸는 게 다였다. 도심에 있던 그의 학교에서는 실제로 뭘 가르치는 일이 거의 없었다.

"학교는 정말 끔찍했어요. 참을 수가 없었죠. 시간 낭비, 에너지 낭비였어요. 교실에선 배우는 게 없었어요. 학교에 간 건 제가 어려 보이니까 제가 원하는 대로 밖에서 마약만 팔며 생활하기가 불가능했기 때문이에요."

성가브리엘에서도 더 나은 학교생활을 할 수 있겠다고는 생각하지 않았다. 소년원 학교가 긍정적인 경험이 될 거라고 누가 생각이나 했겠는가?

그러니 소년원 학교가 일반 학교보다 더 나을 뿐 아니라 즐겁기까지 하다는 걸 알았을 때 그가 얼마나 놀랐을지 생각해보라.

"댄 선생님 덕분에 공부가 즐거웠어요. 선생님은 우리 에너지를 수학으로 경쟁하는 데 쓰게 했어요."

수학 시간의 하이라이트는 뭉친 종이를 쓰레기통에 던지는 '쓰레기 농구'였다. 수학 문제를 맞힌 학생은 공을 던져 점수와 상을 받을 기회를 얻는다.

"공을 던지려고 정말 열심히 했어요. 한 주 동안 점수를 제일 많이 얻은 반은 상을 받아요. 점수를 제일 많이 얻은 학생도 상을 받고요. 하지만 경쟁이 너무 심해져서 상은 안중에 없었어요. 게시판에 이름을 올리고 싶을 뿐이었죠. 점심시간에도 누가 점수를 가장 많이 땄는지 이야기하느라 바빴어요."

댄의 이야기도 들어보자.

"수업을 재미있게 만들긴 쉬워요. 특히 자신이 재미있다고 생각하면요. 사람들은 재미를 위해 온갖 짓을 다 해요. 진흙탕을 뛰어다니고, 수 킬로미터를 수영하고 자전거도 타죠. 또 숲속에서 페인트공을 서로에게 던지기도 해요. 이걸 돈을 주고 한다니까요. 저한테는 전혀 재미있어 보이지 않는데 말이죠. 핵심은 자신이 재미있다고 선택해야 재미있다는 거예요. 제가 만일 '미안한데 이 지루한 수학 공부 다 하면 쓰레기 농구 하게 해줄게'라고 하면 재미없었을 거예요. 그런데 제가 '오, 너희 실력이 아직 준비가 안 됐지만 내가 엄청난 걸 가져왔어. 화성 탐사차 영상을 보여줄 거야. 그게 지금 다른 행성에 있는데 수학 문제를 풀어서 오늘 제자리에 올려놔야 해. 하지만 먼저 연습 문제를 좀 풀고 쓰레기 농구도 좀 한 다음 이 재밌는 걸 하자' 이렇게 말하면,

그땐 재미있어지죠."

댄은 교사 일을 시작할 때 두 곳에서 제안을 받았다. 성가브리엘과 필라델피아 최고의 마그넷 스쿨(특화 학급을 두고 인종·학군에 상관없이 지원 학생을 받는 학교. 특정 분야에 재능 있는 학생을 육성하는 학교로 인기가 높다-옮긴이)로 꼽히는 줄리아 레이놀즈 마스터맨 시범학교였다.

"5월이나 6월에 결정할 생각으로 두 학교의 졸업식에 가봤어요. 마스터맨은 훌륭한 학교였습니다. 졸업생들은 예일이나 하버드에 진학하는데, 그렇다고 학생들이 다 부유층 출신도 아니었어요. 놀랍고도 감동적인 학교였습니다. 성가브리엘 졸업식에 참석한 가족들은 '아이가 죽을 줄 알았는데 학교를 졸업하다니!' 이런 분위기였어요. 마스터맨은 좋은 학교고 저도 좋은 경험을 많이 하겠지만 변화를 이끌진 못할 거예요. 하지만 이곳은 마약상이나 온갖 미친 짓을 하고 들어온 학생들이 있죠. 여기서라면 재미있게 가르치면서 변화를 가져올 수 있겠다고 생각했습니다."

다른 사람들이 실패자라고 생각한 이 학생들 사이에서 댄은 잠재력을 봤다.

"사람을 총으로 쏘고 차를 훔치고 마약을 판 학생들이니 위험을 감수할 생각이 있을 거라고 봤어요. 이런 아이들이 수학과 과학처럼 자기 영역이 아닌 줄 알았던 곳에서 위험을 감수하게 되면, 성취감이 아주 커집니다."

성가브리엘에 있는 동안 콰미르에게 교육은 매우 중요한 부분이 됐고 그래서 수감 기간보다 한 달 더 있으면서 고등학교 졸업장을 받았다. 성가브리엘은 댄에게도 도전 의식을 심어줬다.

"콰미르 같은 학생을 보면 그럭저럭 지내며 내뱉던 변명을 더는 할 수 없습니다. 어린 친구가 인생을 바꾸겠다는 단호한 결심을 안고 들어오는데, 주말이 끔찍했다, 상급자가 별로다, 오늘은 의욕이 안 난다, 용품이 부족하다, 커피가 필요하다 같은 변명은 안 통해요. 인생을 완전히 개선하겠다는 사람이 나타나면 길을 찾을 수 있게 진심으로 도와줘야 합니다."

콰미르는 성가브리엘을 떠난 후에도 공부를 더 해서 더 많은 기회를 얻고 싶은 마음에 필라델피아전문대학에서 준학사를 받고 하워드대학교에 진학해 교육학 학위를 받았다. 그리고 2018년 필라델피아에서 교사 생활을 시작했다.

콰미르는 "중학교 교사로서 제 에너지와 경험을 사람들을 돕고 이끄는 데 쓰고 싶습니다. 학생들에게 의욕과 원동력을 심어주며 바른 방향으로 지도하고 싶어요. 한때 잘못된 길을 갔던 사람으로서 제 경험을 이야기할 수도 있고요. 댄을 비롯한 많은 이들이 저를 변하게 했듯이 저도 아이들의 인생이 달라지게 만들 수 있다고 생각해요."

옛 수학 교사 덕분에 그의 수업 역시 아주 재미있다. '쓰레기 농구'도 한다. "댄 선생님의 수학 교습법은 재미있었고, 과거에 한 번도 못 본 방법이었어요. 그래서 수학 교사가 수학을 그렇게 가르치면 누구라도 학교를 좋아하겠다고 생각했어요. 그리고 학교를 좋아하면 훨씬 많은 기회가 생기죠."

한 사람을 위한 핼러윈

어려운 상황에서 재미를 찾아내는 일은 가뭄 끝에 단비를 만나는 것과 같다. 댄이 콰미르에게 단비를 내려줬듯이 네 살 난 브랜든 위트 *Branden Witt*의 이웃들도 브랜든에게 도움이 필요할 때 함께했다.

브랜든은 핼러윈을 손꼽아 기다렸다. 영화 〈카〉에 등장하는 라이트 닝 맥퀸*Lightning McQueen*을 좋아해서 9월부터 맥퀸 코스튬도 준비했다. 하지만 아직 신호등이 없었다. 맥퀸은 경주를 시작할 때 꼭 신호등이 있어야 한다. 그래서 아버지가 신호등 의상을 입겠다고 하자 뛸 듯이 기뻐했다.

그런데 의사가 안타까운 소식을 전했다. 브랜든은 매일 밤 30번 넘는 수면성 무호흡을 겪었는데 이 때문에 뇌척수액 순환에 문제가 생겨 뇌수술을 받아야 했고, 핼러윈이 지날 때까지 기다릴 수 없었다.

브랜든의 부모 캐럴과 보비는 아이가 핼러윈을 즐길 수 없다는 사실을 알면 얼마나 실망할지 잘 알았기 때문에 차마 그 이야기를 전할 수 없었다. 그래서 두 사람은 아이가 재밌는 행사를 놓치지 않을 방법을 생각해냈다. 핼러윈 날짜를 바꾼 것이다.

부부는 브랜든이 곧 수술을 받게 되어서 2주 앞당겨 행사를 진행하려고 하니 참여해달라고 초대하는 전단을 동네 이웃 52가정에 보냈다. 참여할 수 없더라도 미안해하지 않도록 참가 여부를 알려달라고 하지 않고 각 집에 장식용 호박과 야광 막대를 전달해서 참가하고 싶은 집은 조기 핼러윈의 밤, 우편함에 불 켜진 호박을 달아서 브랜든이 문을 두드려도 좋다는 표시를 해달라고 부탁했다.

캐럴과 보비는 가족과 친구들에게도 길가에 주차하고 기다려 달라고 부탁했다. 이웃들이 참여하지 않더라도 친근한 얼굴이 브랜든을 반겨주고 간식을 줄 수 있도록 하기 위해서였다. 진짜 핼러윈은 아니었으니 캐럴도 다른 아이들에게 사탕을 주기 위해 집에서 기다릴 필요 없이 함께 동네를 돌 수 있었다.

가족 여덟 명과 친한 친구들 몇 명이 간식을 얻으러 출동했다. 거리가 텅 비어 있었다. 그러나 이웃집들은 아주 환했다. 우편함마다 불켜진 호박이 매달려 있었고 길에는 친구들이 줄줄이 차 옆에 서서 간식을 나눠주려고 기다리고 있었다.

"어안이 벙벙했어요. 주체할 수 없이 기뻤죠." 캐럴이 말한다.

몇몇 집 아이들은 브랜든 가족이 외롭게 느끼지 않도록 핼러윈 코스튬을 미리 입었고 보통 핼러윈에 불을 꺼두는 이웃들도 브랜든을 위해 불을 켜뒀다. 모든 이웃이 각자의 방법으로 함께했다.

이웃들은 브랜든에게 완구나 장난감 자동차 등 병원에서 가지고 놀 장난감도 선물했다. 선물을 얼마나 많이 받았는지 아이가 피곤해하면 태우려고 가져간 수레를 세 번이나 비웠다.

캐럴은 "사람들이 보여준 애정이 정말 놀라웠어요. 브랜든은 너무 신나서 다른 아이들은 돌아다니지 않는다는 점도 몰랐던 것 같아요"라며 웃었다.

다행히도 브랜든은 수술을 잘 마쳤고 이제 행복한 여덟 살 아이가 됐다. 올해는 다른 아이들과 동네에서 즐겁게 핼러윈 놀이를 끝냈지만 2015년의 핼러윈은 캐럴과 보비에게 언제나 특별한 핼러윈으로 남을 것이다.

다음 세대로 이어지는 산타

브랜든의 이웃들은 핼러윈 같은 기념일이 아이들의 삶에 얼마나 중요한지 분명히 알고 있었다. 브랜든이 그날을 놓치지 않게 하려고 이웃들이 들인 노력은 공감에서 온 단순한 행동이 얼마나 강력할 수 있는지 보여준다. 어떤 어린이가 핼러윈을 그냥 넘기고 싶겠는가? 마치 파티에 초대받지 못하는 것과도 같을 것이다.

그렇다면 많은 아이들이 평생 축하하다가 갑자기 뚝 끊어지는 축제는 어떨까? 축제의 상징을 갑자기 믿지 않게 되는 날 말이다. 특정 기념일의 '마법'을 빼앗기는 것은 아이들이 감내해야 하는 통과의례일 뿐일까? 밀리 콜드웰Millie Caldwell 가족은 그렇게 생각하지 않았다. 이들은 아이들이 변화를 편안하게 받아들이고 크리스마스의 진정한 의미를 찾는 것을 목표로 새 전통을 만들었다.

처음 시작은 대공황 때였다. 밀리는 사우스다코타주의 오래된 농가에서 부모, 조부모, 삼촌들과 함께 살았다. 크리스마스가 다가오자 밀리의 할아버지가 밀리를 불렀다.

"네가 쑥쑥 커서 키도 자라고 마음도 자랐지. 사실 마음이 많이 자라서 이제 산타클로스가 될 수 있겠구나."

여섯 살이었던 밀리는 무슨 말인지 도무지 알 수 없었다

"무슨 말씀이세요?"

"지금까지 산타 옷 입은 사람들을 많이 봤을 거야. 산타가 없다고 말한 친구도 있을 거다. 그건 그 친구들이 산타가 될 준비가 안 됐기 때문이야. 하지만 넌 준비가 됐어."

밀리는 여전히 이해할 수 없었다.

"산타가 되면 좋은 게 뭘까?"

할아버지가 물었다.

"쿠키 먹을 수 있는 거요?"

"또?"

"모두가 산타를 좋아하죠."

"그리고?"

"모두를 행복하게 해 줘요."

"맞아. 다른 사람들을 위해 좋은 일을 하는 멋진 기분을 느낄 수 있지. 이제 너도 산타로서 첫 임무를 맡을 때가 됐다."

"무슨 임무요?"

"선물을 받을 사람을 골라야 해. 그리고 그 사람에게 애정을 보여주고 행복을 전할 수 있는 물건도 골라야 하고."

밀리는 꽃을 좋아하는 할머니를 선택했다. 할머니를 위해 화분 하나를 구하고 작은 종이에 "산타가 보냄"이라고 적었다. 그렇게 어린이를 산타로 바꾸는 전통이 시작됐다. 힘든 시기에 선물에 대한 아이의 관심을 다른 방식의 선물로 바꾸기 위해 할아버지가 선택한 방법이었다. 극심한 가난 속에서도 사람들과 마음을 나누고 가진 것에 감사하는 방법을 아이에게 보여준 것이다. 밀리가 산타클로스를 믿지 않게 됐을 때 받을 충격도 완화할 수 있었다.

이후 이 전통은 수십 년 동안 다음 세대로 전해졌다. 텍사스주 엘패소에 사는 밀리의 며느리 레슬리 러시*Leslie Rush*는 말한다.

"아이들을 산타에게 선물 받는 사람에서 산타로 변신시키는 특별한 방법이죠. 이렇게 하면 산타 이야기가 언젠가 밝혀지는 거짓말이 아니라 크리스마스 정신을 전하는 선행이 돼요. 아이가 산타를 의심하기 시작할 때 실행하면 딱 좋아요."

레슬리 또한 아이들이 산타를 의심하기 시작했을 때 커피숍에 데리고 가서 간식을 사준 후 비밀을 털어놓는 것처럼 소곤소곤 이야기했다. 큰아들 애덤은 첫 선물을 받을 사람으로 힘든 시기를 겪고 있는 가족의 친구를 선택했다.

"그 가족은 딸에게 줄 게 하나도 없는 상황이었어요. 애덤은 그 아이에게 자전거를 주고 싶다고 하더군요. 그래서 남편과 애덤이 자전거를 손봤어요. 프레임에 광을 내고 흙받기를 새로 칠하고 바퀴는 세정제로 닦았어요. 자전거가 멋지게 변신했죠. 손잡이에는 리본을 묶었어요. 두 사람은 자전거를 트럭에 싣고 친구 집으로 가서 뒷문 앞에 뒀어요. 크리스마스 다음 날 놀러 갔더니 사브리나가 애덤을 붙들고 '이것 봐, 산타가 줬어!'라고 했죠. 애덤의 표정이 정말 근사했어요. 절대 말하지 않는 게 규칙이에요. 사심 없는 선물이니까요. 아이도 신이 났지만 말은 하지 않았죠."

이제 아버지가 된 애덤은 몇 년 전 아들 트리스탄에게 비밀을 밝혔고 트리스탄은 여동생에게 커다란 공룡 인형을 선물했다. 점점 많은 꼬마 산타가 크리스마스 마법을 전파하고 있다.

메리 하누마스!

명절은 아이들만의 것이 아니다. 어른도 그냥 넘어가면 섭섭하다.

크리스마스에 미아의 가족을 방문하지 못하게 된 해였다. 미아가 울적할 거란 생각에 우리 부모님과 남동생 가족이 크리스마스 며칠 전에 우리를 찾아왔고 우리는 이 새로운 전통에 '하누마스'라는 이름을 붙였다.

우리 부부는 서로 종교가 다르다. 그래서 하누마스는 하누카*Hanukkah* (12월 초에 지내는 유대인 명절-옮긴이)와 크리스마스를 둘 다 축하하는 명절이다. 매해 모두의 일정에 맞춰 날을 잡는다.

여느 훌륭한 명절과 마찬가지로 하누마스 역시 몇 년 지나면서 부담스러운(?) 전통이 많이 생겼다. 내가 우연히 하누마스 때마다 3년 연속 주황색 플리스를 입었는데 이 옷 때문에 1년 동안 놀림을 받았다. 그래서 다음 해에는 아예 똑같은 옷을 선물 교환 상품으로 정했다. 어머니가 행운의 주인공이 됐고 나는 군이 영수증까지 쥐여주며 5달러에 환불도 해주겠다고 말했다(하지만 실제로는 거절했다).

다음 해 하누마스에는 모두에게 주황색 플리스를 선물하고 내친김에 모두 주황색 아이템을 한 개 이상 착용해야 한다는 명절용 드레스 코드도 정했다. 처음에는 다들 한 가지만 착용하더니 나중에는 동생이 남자들에게 주황 바지를 돌린 것을 계기로 주황 양말, 주황 가발, 주황 보석, 주황 매니큐어가 등장했다. 미아와 잭과 나는 매해 주황색으로 온몸을 두르고 필리핀의 이멜다 여사라도 되는 듯 매해 다른 옷을 입는다. 하누마스 기념 의상을 또 입는 일은 자존심이 허락하지 않는다.

한번은 수영장에서 쓰는 스펀지 막대와 1달러 숍에서 산 플래시로 주황색 광선검을 만들어 주황색 제다이 기사로 변신했다. 또 주황 망토, 주황 점프슈트에 주황 조로 가면을 쓴 영웅으로 변신한 일도 있다. 2015년 하누마스 때는 못생긴 스웨터 입기 경쟁에 빠져 스웨터에 우리 가족을 만화로 그려 붙이고 반짝이와 깜빡이 전구를 붙였다. 그게 바로 하누마스다.

우리가 새집으로 이사한 직후 부모님이 찾아왔던 하누마스는 절대 잊지 못할 것이다. 우리는 아직 이웃들을 만나지 못한 상태였는데, 온몸을 주황색으로 꾸미고 차에서 선물을 꺼내러 왔다 갔다 하는 우리 가족 모습을 보고 다들 어떻게 생각했을지 상상도 하기 싫다. 아버지는 무슨 영문인지 팔뚝만 한 개껌을 들고 맨 앞에서 걸었다. 하누마스의 대장 역할이라도 맡은 모양이었다. 생각해보니 이것 때문에 핼러윈 때 방문자가 그렇게 적었나 보다.

이후 우리는 우스꽝스러운 카드를 보내 날짜를 정하고 기회가 될 때마다 하누마스 전통에 살을 붙여나갔다. 어느 해에는 어머니가 만든 디저트가 동생 롭의 바지에 줄줄 샜는데, 롭은 디저트에 물이 너무 많아서 그렇다고 했다. 하지만 어머니는 차에서 잘못 들고 있어서 디저트가 망가졌다며 롭을 나무랐다. 진실이 무엇이든 롭은 그때부터 하누마스 디저트는 자기가 만들 것이며 어머니가 만든 것보다 훨씬 맛있게 만들 수 있다고 장담했다. 참고로 롭은 요리를 못 한다. 그래도 약속은 잘 지켰다. 다만 반만 지켰다. 항상 디저트를 만들어 왔지만 생긴 것도 별로고 맛은 정말 최악이었다. 그래도 받은 몫을 싹 비우고 맛있다고 주장하는 아버지에게 축복이 있기를!

또 한 해에는 어린 친척의 여자친구가 주황색 휴지를 들고 왔는데 그 휴지에는 "바지를 내리고 총에 맞지 마세요! 일반 휴지 대신 '주황 불꽃' 휴지를 쓰면 사냥꾼에게 아기 사슴의 빛나는 꼬리라는 오해를 사지 않아요"라고 쓰여 있었다. 단박에 우리와 통하는 사람이라는 걸 알았고 주황 휴지는 우리 전통이 됐다.

우리는 또 해마다 다른 대회를 연다. 한번은 3층 창문으로 달걀 떨어트리기 시합을 했고 또 한 번은 두 팀으로 나눠 '체력과 지력'을 겨루는 '올림픽'을 치렀다. 내가 제일 마음에 들었던 시합은 '다진 재료로 디저트 만들기'였다. 어른과 아이로 팀을 나눴는데 35가지 재료를 준비하는 건 생각보다 위험한 일이었다. 아이들은 '이길 확률을 높이기 위해' 디저트 열 개에 35개 재료를 전부 넣었다. 심판을 맡아 디저트를 한 가지도 남김없이 모두 먹으려니 땀이 줄줄 흐르고 토할 것 같았다. 당연히 아이들의 승리였다(아이들에게 상을 주지 않고 배길 심판은 없었다. 지금은 가능할까?). 게다가 상품이 놀이공원 방문권이었으니 이긴 팀은 좋아서 기절하려고 했다.

아이들은 놀이공원에 가든 안 가든 하누마스를 좋아한다. 아들과 조카는 가족 전통 수업 시간에 나와 미아가 찾아가 하누마스 이야기를 전한 것을 아주 자랑스러워한다. 그때 나는 당연하게도 주황색 턱시도를 입고 갔다. 교내 심리상담 교사가 그날 잭과 조카를 유심히 지켜봤을 것 같다.

현재 우리 집은 옷장 두 개가 오직 하누마스 용품으로 채워져 있다. 주황 전등, 주황 장식, 주황 식탁보, 2미터 높이의 오렌지 나무(그리고 거기서 나온 1미터 높이 오렌지 나무)와 주황색 옷을 입은 원숭이 인형 등이 들어 있다(명절에는 마스코트가 있어야 하니까). 또한 매년 하누마스 때마다 다 함께 우스꽝스러운 포즈로 찍은 사진을 액자로 만들어 큰 상자에 보관한다. 연말이 되면 액자를 집안 곳곳에 배치해 엉뚱한 우리 가족에 대한 애정을 표한다. 부모님은 매해 연말이 연휴 이상의 의미를 갖도록 여러 자선 단체에 하누마스 기부금을 보낸다.

이 모든 일이 미아가 크리스마스에 가족들을 볼 수 없게 됐을 때 미아를 응원하고 싶어서 시작한 일이다. 사랑하는 사람의 회복을 위한 일이라면 무엇이든 하게 된다.

우리가 할 수 있는 것

로날드 맥도날드 캠프 상담교사로 일하던 첫해, 나는 캠프 참가자들이 어떤지 잘 모른 채로 캠프에 도착했다. 얼마나 아픈가? 집에 가고 싶어 할까? 정서 상태는 어떨까?

동료 교사들과 숙소를 준비하는데, 짐이 낙엽 송풍기를 가져온 것이 보였다. 그때가 한여름이었으니 이상했다. 집안 먼지를 매일 날리려고 하나?

"송풍기는 어디에 쓰는 거예요?"

"아이들 깨우려고요."

"음······. 아이들을 깨운다고요?"

"네, 아이들이 좋아해요."

그 말이 맞았다. 캠프에서는 아직 쌀쌀한 아침에 모두 일어나 '북극곰 수영'을 했는데 아이들은 좀처럼 침대에서 나오지 않으려고 한다. 그래서 교사들이 일어나지 않으면 '나뭇잎 송풍기'로 쏴버리겠다고 엄포를 놨고, 다음 날 보니 과연 아무도 일어나지 않았다. 몸이 찌뿌둥해서 못 일어나는 것이 아니라 짐이 이불 밑에 송풍기 분사구를 넣고 폭풍을 일으켜주길 기다리는 거였다. 참가자들이 대부분 무서워하던 활동이(상담 교사들도 마찬가지였다) 갑자기 두고두고 기억할 캠프의 하이라이트가 됐다. 집에 돌아와서 잭에게 들려주니 자기도 아침에 낙엽 송풍기를 맞으며 일어나고 싶다고 했다.

로날드 맥도날드 캠프의 경험은 내게 마케이티아, 브랜든, 콰미르처럼 힘든 시기를 겪는 사람들에게 '축하'가 필요하며 우리가 아무리 바빠도 이런 일은 할 수 있다는 점을 일깨워주었다. 우리는 어떤 상황에서도 즐거움을 찾는 능력이 있다.

나와 주변 사람들의 삶에 즐거움과 축복을 불어넣는 몇 가지 아이디어를 소개한다.

하루하루를 축하하라

우리는 매해 '미아 감사의 날'을 기념한다. 나는 미아에게 그녀가 매일 우리 가족을 위해 하는 놀라운 일들에 감사하는 카드를 준비하고 때로 선물도 준다. 어머니날이나 아버지날, 또는 생일 외 다른 날에 축하를 전한다면 그 사람을 얼마나 소중하게 생각하는지 확실히 알릴 수 있다. 메모로 간단하게 고마움을 전하는 것으로도 충분하다.

새 기념일을 정하라

7월 1일 '아침 식사의 날'에 바나나 스플릿*Banana Split*(길게 자른 바나나에 아이스크림, 견과류 등을 얹어 먹는 디저트-옮긴이)을 먹어볼까? 3월 3일에 낯선 외국 음식을 먹는 건 어떨까? 8월 15일에는 슬립앤슬라이드*Slip 'N Slide*(긴 비닐 매트 위에 물을 뿌려 미끄러지며 노는 용품-옮긴이)로 미친 듯이 놀아보자. 안 될 게 뭔가?

축하 행사로 기금을 모아라

마크와 레이철은 자녀에게 장난감이 너무 많다고 생각했다. 그래서 생일 파티에 오는 손님들에게 선물 대신, 배고픈 이들에게 음식을 제공하는 필라번더스에 기부하자고 했다. 두 딸의 생일 파티를 끝내자 900끼를 살 돈이 모였다. 그리고 페이스북에는 생일에 사람들에게 기부를 요청할 수 있는 버튼이 생겼다. 이 기능으로 자선기금이 10억 달러 모였다. 그런 아이디어를 낸 직원을 축하하고 싶다.

낯선 사람의 축하를 도와라

캘리포니아주 오렌지카운티에 사는 크리스티나는 식료품점 트레이더 조*Trader Joe*에서 놀라운 일을 경험했다. "계산원에게 마트에서 40달러밖에 안 쓰다니 놀랍다고 말했어요. 저랑 아이들만 있다고도 하고요. 고맙다고 인사하고 밖으로 나왔는데 계산원이 보라색 장미 꽃다발을 들고 따라 나와서 '싱글맘이시죠? 이 꽃 드릴게요'라고 하는 거예요. 서둘러 돌아가는 바람에 고맙다는 인사도 못 했어요."

모르는 사람이 자신의 수고를 알아준다면 고마워할 사람들이 아주 많다. 트레이더 조의 계산원처럼 눈을 크게 뜨고 찾아보면 찾을 수 있다. '명예의 전당'에서 다른 사람을 축하할 기회를 찾아보자. 25달러로 병원에 입원한 어린이나 노숙 어린이의 생일 파티를 해줄 수 있고, 대학에 다니는 위탁 청소년에게 돌봄 꾸러미를 전달할 수도 있다.

힘들 때도 즐겨라

사촌의 사돈어른들인 제프와 캐시가 가발을 담은 선물 상자를 보내준 일이 있다. 그 안에는 맥가이버 스타일의 1980년대 복고풍 가발, 머리띠에 달린 가발, 애니메이션 〈트롤〉 스타일의 가발이 들어 있었다. 처음에는 우리가 뭘 잘못했나 싶어서 기분이 나쁠 뻔했지만 이내 재밌게 받아들여야겠다고 생각했다. 우리는 아들 앞에서 패션쇼를 벌이면서 엄마 머리가 빠질 거고 가발도 쓸 거란 얘기를 자연스럽게 할 수 있었다(물론 이런 선물을 보낼 생각이라면 의도를 오해하지 않을 만큼 친한 사람에게 보내자).

다른 사람들의 삶에 즐거움을 주기 위해 무엇을 할 수 있을까? 너무 실용성에만 매달리면 본래 목적을 잃는다. 캐시와 제프도 그렇고 미아가 항암 치료 중 가공 치즈 식품을 먹고 싶어 했을 때 불량 식품을 잔뜩 사다 준 존도 실용성은 생각하지 않았을 것이다.

15분 동안 할 수 있는 일

축하하라. 마지막으로 축하한 때가 언제인가? 집안일이든 직업이든, 너무 일이 많든 너무 적든, 해야 하는 일에 집중한 나머지 이미 성취한 것, 또는 주기적으로 성공하는 것, 또는 우리가 사랑하는 사람들의 존재를 축하하지 못할 때가 많다. 크고 작은 일을 모두 축하하라. 이번 주에는 어떤 일을 축하할 것인가? 지금 계획을 세워라.

chapter 10

파도를
타거나
일으켜라

금실이 좋아 주변 사람들에게 칭송받는 노부부가 있었다. 어느 날 이들을 보던

한 사람이 말했다. "저도 30년 후 어르신처럼 열정이 넘치는 결혼생활을 하고

싶습니다." 남자가 대답했다. "하고 싶다고 하지 말고 하기로 결정하세요."

– 화자 미상

"실행하라. 전문가가 되지 않아도 괜찮다. 아마추어가 구글과 애플을 만들었다.

전문가가 타이태닉호를 만들고 항해했다. 어떤 사람이 되겠는가?"

– '메이크 미 싱크' 웹사이트에서

내 친구 빈스 스키아보네*Vince Schiavone*가 1970년대 펜실베이니아주 빌라노바에서 자랄 때, 그의 어머니는 저녁마다 1인분을 더 만들어서 은박 도시락에 담았다가 다음 날 필요한 노인에게 전달했다고 한다.

"매일 저녁 어머니가 하는 일이었죠."

리타 웅가로 스키아보네*Rita Ungaro-Schiavone*는 YWCA에서 일하면서 바깥출입을 못 해 생활이 힘들고 친구나 가족의 도움도 받지 못하는 노인을 주기적으로 방문했다. 그녀는 노인들이 외롭기도 하지만 집에 음식도 부족하다는 걸 알고 음식을 만들어 갖다 주기로 했다.

얼마 안 가 음식을 받은 사람들의 건강이 개선되고 삶의 질이 높아지는 것을 알 수 있었다. 또한 매일 다른 사람을 방문해서 음식을 줄 정도라면 똑같은 도움이 필요한 사람이 훨씬 많겠다는 사실도 알 수 있었다. 그래서 리타는 친구들과 교회 신도들에게 자신이 하는 일을 이야기했다. 여성 한 명이 친절을 베풀면서 시작한 이 운동은 비영리 단체로 성장했고 리타는 '친구 돕기*Aid for Friends*'라고 소박하고도 적절하게 이름 붙인 단체를 집에서 운영하기 시작했다.

리타는 자원봉사자들에게 '친구 돕기'가 제공하는 쟁반에 매일 저녁 가족을 위해 만든 음식을 조금씩 담아 냉동실에 얼리도록 했다. 봉사자들은 일주일치 음식을 협력 교회, 시나고그, 또는 봉사 단체에 가져가고, 이곳에서는 리타가 기증한 냉동고에 음식을 보관했다.

음식을 배달할 때가 되면 자원봉사자들은 음식을 들고 매주 같은 사람을 찾아가서 '친구'가 되어주었다. 이런 방식으로 오랜 시간 함께 하며 깊은 우정이 싹텄고 앤 맥골드릭*Anne McGoldrick*과 메리 브라우넬

*Mary Brownell*도 그렇게 친해졌다.

90대였던 메리는 자신이 키운 손녀 헤더 허니컷*Heather Hunnicutt*을 그리워했다. "할머니는 제 가장 좋은 친구였고 현명한 분이셨죠. 제게 모든 것을 가르쳐주셨어요. 하지만 제가 필라델피아에서 노스캐롤라이나로 이사하는 바람에 자주 못 만나게 됐고 할머니랑 떨어지니 너무 힘들었어요. 특히 할머니가 점점 나이 드시면서요. 얼마 후 할머니가 그곳에 사는 게 너무 우울해서 더 이상 거기 안 살고 싶다고 하셨어요. 저도 돕고 싶었지만 멀리 떨어져 있으니 할머니의 마음을 바꿀 수 없었죠. 할머니는 점점 기운이 떨어졌어요."

그때쯤 앤과 에번이 방문하기 시작했다.

'친구 돕기'는 메리와 앤을 짝으로 정해주었고 앤은 종종 어린 조카 에번을 데리고 갔다. 앤은 말한다. "서너 번쯤 방문하자 못 할 이야기가 없어졌어요. 정말 자연스럽게 친구가 됐죠. 메리는 안락의자에 앉고 저는 맞은편에 앉아서 온갖 이야기를 다 했어요."

그러다 에번이 함께 오자 상황이 또 달라졌다. 앤은 다음과 같이 회상했다. "메리는 에번과 함께 있는 걸 정말 좋아했어요. 같은 건물에 사는 사람들 모두에게 에번을 자랑하고 싶어 했죠. 아이를 너무 예뻐하면서 '내 손자'라고 했어요. 다른 여인들이 '증손자 아니에요?' 하고 물어도 아니라고 하고요."

헤더는 앤과 에번이 메리의 삶을 바꿨다고 말한다.

"할머니는 그 아이를 정말 좋아했어요. 매일 자랑하셨죠. 앤은 딸이라고 생각했고요. 모든 대화가 '세상에, 걔가 얼마나 귀여운지 봐야 하는데. 진짜 쑥쑥 큰단다'로 끝났어요. 온통 에번 이야기 아니면 앤이 얼마나 다정한지 이야기하셨죠. 할머니에게 일어날 수 있는 최고의 일이었어요. 그 덕분에 할머니가 99세까지 사신 것 같아요."

메리는 2016년에 세상을 떠났고 앤은 장례식에서 마침내 헤더를 만났다.

"우리는 꼭 몇 년 동안 못 만난 가족처럼 서로를 끌어안았어요. 놓아줄 수가 없었죠. 앤에게 끝없이 감사 인사를 했어요."

앤이 메리의 삶을 바꾼 모습을 보고 헤더의 어머니는 호스피스 자원봉사를 시작했다. 앤의 위로가 모범이 되어 수많은 호스피스 환자들이 도움을 받게 됐다.

이런 거대한 친절의 물결이 바로 40여 년 전 리타 웅가로 스키아보네의 부엌에서 시작됐다. 그녀는 매일 저녁을 좀 더 만들어서 하루에 한 사람을 돕기 시작했고 많은 사람들이 이를 본받아 음식과 위안을 전하는 운동을 조직했다.

오늘날 '친구 돕기'는 '친구 돌보기'라는 이름으로 필라델피아 지역의 200개가 넘는 교회, 시나고그, 복지관에 1년에 50만 끼를 제공한다. 그동안 총 10만 명 넘는 자원봉사자가 1,600만 끼 이상의 집밥을 선물했다. 자원봉사자들은 보통 일주일치 음식을 준비하고 음식 재료는 직접 마련한다. '친구 돌보기'는 화재경보기나 알약 배분기처럼 노인들의 안전하고 편안한 생활에 도움이 되는 물품도 제공한다. 이 모든 노력 덕분에 많은 노인들이 가정에서 독립된 생활을 유지할 수 있다.

리타는 2017년에 사망했지만 그녀가 남긴 유산은 단체의 도움을 받은 사람과 자원봉사자 수천 명의 마음속에 남아 있고 나도 그들 중 하나다. 나는 유대인구호기관Jewish Relief Agency에서 리타의 활동에 합류했고 1년에 몇 번 잭과 함께 우리 동네 주민들에게 음식을 배달한다. 우리가 몇십 번 음식을 배달한다고 미국인 여덟 명 중 한 명, 전 세계의 8억 1,500만 명이 굶주림으로 고통받는다는 숫자가 변하지는 않는다. 하지만 한 번에 한 사람의 배는 채울 수 있다. 우리가 만나는 사람에게는 큰 의미가 있다. 노스필라델피아에 사는 앤서니라는 사람에게 음식을 배달하면서 잭이 쓴 크리스마스카드를 준 일이 있다. 앤서니는 눈물을 흘리며 카드를 거울에 붙여두고 영원히 간직하겠다고 했다. 또 이리나라는 여성은 아무것도 없는 집을 구석구석 뒤져 잭에게 줄 초코바를 찾아냈다.

우리는 유대인구호기관과 '친구 돕기' 및 기타 기관에서 음식을 전달하는 수천 명 중 하나일 뿐이지만 분명 지역의 배고픔 문제를 해결하는 데 힘을 보태고 있다. 이것이 모든 활동의 본질이다. 우리는 어떤 행동이 거대한 흐름을 만들어낼지 모른 채 각자의 역할을 한다. 하지만 리타가 그랬듯 마음을 따라 행동하다 보면 흐름이 생겨날 수도 있다.

빈스는 말한다. "어머니는 수많은 사람의 삶을 바꿨어요. 어머니에게 배운 게 정말 많습니다. 한 사람이 매일 만드는 한 끼의 힘을 배웠죠. 자녀에게 변화의 중요성을 가르칠 때 어떤 힘이 생기는지도 배웠어요. 어머니가 세상에 베푼 선행의 일부라도 따르고 싶을 뿐입니다."

기분 좋은 봉투

리타와 마찬가지로 토미 클라인*Tommy Kleyn* 역시 2015년 오염된 강둑 근처 일부를 30분 동안 청소하는 작은 행동으로 시작했다. 매일 자전거를 타고 출근하던 그는 네덜란드 로테르담의 스히*Schie*강 수로에 버려진 엄청난 쓰레기에 놀랐다. 곧 태어날 아들에게 그런 더러운 환경을 어떻게 설명해야 할지 의문이 들었다.

"다른 사람들이 버린 거지" "나도 치운 적은 없어" 같은 말도 안 되는 대답만 스스로 늘어놓다가 좋은 생각이 났다. 150미터 정도 되는 강변을 전부 청소할 수는 없지만 먼저 시작하는 사람은 될 수 있었다.

첫 번째 쓰레기봉투를 채우는 데는 30분밖에 걸리지 않았고 눈에 띄는 변화는 전혀 없었다. 그래도 매일 출근길에 쓰레기봉투를 채우기로 했다. 페이스북에 이 과정을 올리자 곧 친구들이 모여들었다. 친구들의 도움으로 청소를 시작한 지 22일 만에 근방의 쓰레기가 모두 사라졌다.

이제 토미는 다른 목표를 세웠다. "사람들에게 1년에 쓰레기봉투 한 개를 채우게 하자는 생각이었죠. 30분밖에 안 걸리는데 일단 봉투를 채우고 나면 기분이 얼마나 좋아지는지 놀랄걸요."

토미는 지역뿐 아니라 세계적으로 목표를 초과 달성했다. 우선 2018년과 2019년 수백 명이 참가한 대규모 청소 운동을 이끌며 스히 강변 1.6킬로미터에서 플라스틱 쓰레기 1,040킬로그램을 치웠다. 2019년에는 멕시코의 정화 운동 단체 리오스 림피오스*Ríos Limpios*의

랄로 네그레테Lalo Negrete와 손잡고 세계 청소의 날을 정해 34개국의 8,000명과 함께 쓰레기 197톤을 치웠다. 토미는 '스호네 스히 프로젝트Project Schone Schie'라는 페이스북 페이지를 만들어 사람들에게 쓰레기를 줍자고 독려하고 이에 호응한 사람들이 보내는 수백 가지의 이야기와 사진을 게시한다. 멀리 루마니아, 모로코, 알제리, 볼리비아, 대한민국, 홍콩, 미국에서 사람들이 청소하는 모습과 청소 후 깨끗해진 장소를 볼 수 있다. 그중에 에디 콩 티암 후앗Eddy Kong Thiam Huat과 친구들이 있는데 이들도 토미처럼 말레이시아 해변에 버려진 쓰레기를 보고 경악했다. 그래서 하루에 봉투 하나를 채우기 시작했고 이 모습을 보던 사람들이 여기 합류하면서 바다는 아름다운 모습을 되찾았다.

에디는 말한다. "한번 시작하니까 멈출 수 없었어요. 결과를 보니 정말 놀라웠죠. 해변이 그렇게 깨끗한 건 처음 봤어요. 그런 만족감은 설명하기 힘들어요."

토미는 그 기분을 아들에게 전한다. 이제 강둑에 버려진 쓰레기에 대해 설명하지 않아도 된다.

과거의 잘못, 미래의 가능성

토미와 리타는 작은 일부터 시작해서 많은 사람들의 마음을 움직이는 사회 운동을 조직했다. 하지만 문제를 해결하기 위해 꼭 운동을 벌이지 않아도 좋다. 도움이 필요한 젊은이에게 손을 내민 윌리엄 레몬William Lemon 목사와 뮤리얼 부인처럼 모범을 보이는 것도 방법이다.

월슨 구드*Wilson Goode*는 14살 때 아버지가 교도소에 들어갔다. 아버지가 없으면 가족이 빌려 경작하던 땅을 놀릴 수밖에 없으므로 월슨의 어머니 로젤라는 노스캐롤라이나 시골을 떠나 월슨의 누나가 살고 일자리도 더 많은 필라델피아로 이사했다.

월슨은 이사한 곳에서 한 남자가 매일 저녁 양복을 입고 어디로 가는 걸 보고 어느 일요일 남자에게 어디에 가냐고 물었다. 남자는 침례교 훈련 협회에 성경 공부하러 가니 같이 가자고 했다. 월슨은 그 사람을 따라가면서도 모임을 이끄는 교사와 그녀의 남편이 곧 그의 삶에서 중요한 역할을 하게 될 줄은 꿈에도 몰랐다.

"소작 농가에 살다가 처음 도시에 왔을 때가 기억나요. 큰 건물과 기차와 전차가 솔직히 좀 무서웠어요. 그런데 뮤리얼 선생님과 윌리엄 레몬 목사님이 제가 새 동네와 학교에 적응하도록 도와줬고 덕분에 익숙하지 않은 동네에서 긍정적인 청소년기를 보낼 수 있었습니다."

부부는 월슨의 말에 귀를 기울였고 중요한 고비마다 용기를 북돋워 주었다. 가령 월슨이 대학에 가지 않겠다고 했을 때도 그냥 넘어가지 않았다.

고등학교 졸업 시기가 다가오자 월슨은 학교 상담 교사에게 대학 지원을 도와달라고 요청했다가 빈손으로 돌아왔다. 상담 교사는 대학에 지원할 생각은 꿈에도 하지 말고 공장 일이나 찾아보라고 했다. 그래서 월슨은 공장에서 일을 찾았다.

하지만 뮤리얼과 레몬 목사는 이를 받아들이지 않았다. 비록 그 동네에는 대학에 들어간 사람이 한 명도 없었음에도 말이다.

"뮤리얼은 계속해서 제게 '넌 공장에 갈 사람이 아니야. 네가 갈 곳은 대학이고 우린 널 대학에 보낼 거야'라고 했어요."

그녀의 고집대로 윌슨은 모건주립대학교에 지원해서 합격했다.

"막상 대학에 가니 겁이 났습니다. 여전히 자신감이 없었어요. 대학 갈 자격이 없다고 한 상담 교사의 말이 계속 귓가에 맴돌았습니다. 저 때문에 모두가 망신당할 것 같았어요."

자기 자리가 아닌 것 같다는 느낌과 빌린 돈이 동시에 문제가 되어 찾아왔다. 윌슨이 집에 오면 레몬 목사는 미 국방부에서 빌린 대출금으로는 충당할 수 없는 윌슨의 생활비를 신도들에게 모금했다. 부담이 점점 커졌지만 어떻게든 해나갔다.

"1학년을 마친 후 뮤리얼 선생님이 제가 있을 곳은 대학이니 이제 가능성을 보여주라고 했어요. 공부도 꽤 잘했습니다. 뮤리얼 선생님이 용기를 북돋아 준 그때부터 저는 점점 나은 학생이 됐고 마지막 학기에는 전 과목 A를 받았어요."

윌슨은 졸업 후 군 복무를 마치고 고향으로 돌아와 어린아이들의 잠재력을 키우는 일을 하기로 하고 어린이 단체를 만들어 학생들을 독려하고 도왔다. 그리고 필라델피아 어린이 전체를 도우려면 정치가 더 큰 발판이 되겠다고 생각해 정치에 발을 들였다. 몇 년 동안 여러 정치 관련 단체에서 일한 후 시의 상무이사가 됐고 그 후 최초의 아프리카계 미국인 필라델피아 시장이 됐다.

구드는 두 번의 시장 임기를 마친 후에도 어린이 돕는 일을 계속했다. 백악관 비서실에서 '신앙 기반 공동체 사업*Faith-Based and Community*

Initiatives'에 해당하는 수감자 자녀의 멘토링 프로그램인 '아마치*Amachi*'의 자문관 자리를 제안했을 때 자문관 이상의 역할을 하겠다고 나선 것이다. 그는 프로그램을 직접 운영하기로 했다.

아마치는 나이지리아에서 쓰는 이보어(語)로 '이 아이를 통해 하느님이 무엇을 가져다줄지 누가 아는가'라는 뜻이다. 구드는 아마치의 대표가 된 후 60일 동안 50명의 목사를 찾아다니며 멘토 고용인이 돼달라고 요청했다. 그중 42명이 서명했고 이들이 곧 멘토 450명을 고용했다. 구드는 또한 교도소를 찾아다니며 수감자들에게 자녀를 위한 아마치 프로그램을 설명했고 많은 수가 자녀를 등록시켰다. 아마치는 순조롭게 출범했다.

구드의 지휘 아래 아마치는 19년 동안 어린이 30만 명을 도왔다. 전임 시장을 찾는 상담과 강연 요청에 응하면 수입이 적지 않겠지만, 그는 어린이를 돕는 것을 평생의 사명으로 여긴다.

구드는 멘토링의 중요성을 언급하면서 한 교도소에 수감된 아버지, 아들, 할아버지 이야기를 꺼냈다. 심지어 아버지는 감옥에서 아들을 처음 봤다. 드문 일도 아니다. 수감자 자녀의 70퍼센트가 결국 교도소에 들어간다.

구드는 이런 일이 일어나서는 안 된다고 생각한다. 그의 멘토가 공장에서 일하지 말라고 말렸던 것과 마찬가지다. 구드는 뮤리얼에게 배운 대로 "과거의 잘못이 미래의 가능성을 망치게 놔둬선 안 됩니다"라고 강조한다. 그는 뮤리얼을 기려 딸의 이름을 똑같이 짓기도 했다. 그가 81세라는 나이에도 아마치 프로그램을 계속 운영하며 어린이들이 부모를 따라 교도소로 가는 운명을 피하도록 쉬지 않고 노력하는 것도 이 교훈 때문이다.

"뮤리얼 선생님의 신뢰 덕에 제 인생은 180도 바뀌었습니다. 그래서 감사한 마음으로 아이들을 응원하고 성공을 돕는 의무를 다하고 있죠."

번쩍 든 손

뮤리얼과 레몬 목사처럼 멘토들은 그들의 친절이 변화의 불꽃을 일으킬 거라고는 생각하지 못한다. 하지만 처음부터 이런 활동을 염두에 두는 사람도 있다. 시애틀의 데이비드 수쿱*David Soukup* 판사는 그의 법정에 오는 아이들의 인생을 결정하는 제도에 문제가 있다는 생각에 이를 고치기로 했다. 이 결심은 이후 수많은 어린이를 돕게 된다.

지금은 은퇴한 수쿱은 "소년 법원에서 일하는 동안 매일 밤 내가 그날 내린 결정이 아이들에게 최선의 결정이었을지 의문을 품은 채 잠이 들었습니다"라고 말한다.

아동이 개입된 사건을 맡을 때면 그는 아이들의 삶을 통째로 뒤흔드는 결정을 내려야 하면서도 누구도 그들의 목소리를 전달해주지 않는다는 사실이 괴로웠다. 세 살 먹은 아이를 살던 집으로 돌려보내야 할까? 학대는 없었다는 엄마 말은 진실일까? 혹시 아이를 위험에 몰아넣는 건 아닐까?

사례 관리자와 변호사는 수쿱에게 필요한 정보를 다 주지 못했고 아이들과 오랜 시간을 보내며 아이 편에서 가장 좋은 것이 무엇인지 판사에게 말해주는 사람도 없었다.

나는 수쿱의 답답한 마음을 이해할 수 있다. 위탁 청소년과 일하는 사례 관리자들이 엄청난 업무에 시달리는 것을 자주 봤다. 일이 자주 바뀌기 때문에 어린 의뢰인의 상황을 충분히 알아보고 무엇이 필요한지 파악하기가 어렵다. 아이들을 대변하는 변호사 역시 업무량이 극도로 많다. 심리가 열리기 직전에야 사건을 살펴보는 변호사도 있었다.

1977년 수쿱에게 방법이 떠올랐다. 바로 자원봉사자를 활용하는 것이다. 자원봉사자들에게 적절한 훈련을 제공하면, 과중한 업무에 짓눌린 복지 제도에서 아이들이 길을 잃고 부적절한 그룹홈이나 양부모에게 맡겨지는 일이 없도록 이들이 상황을 파악하고 아이들의 목소리를 들려줄 거라고 믿었다. 또 아이들을 위한 대변인이자 감시인이 되어 주기적으로 정보를 갱신하고 일관된 관점을 제공하며 법정에 좋은 방법을 추천할 수 있을 거라고도 믿었다. 수쿱은 그 믿음에 따라 행동했다.

"법정 관리인에게 자원봉사자들을 찾아줄 사람을 6~8명 정도 불러 달라고 했습니다. 그들에게 법정으로 도시락을 싸 와서 학대받고 방치된 아이들을 대변할 자원봉사자들을 구하고 훈련할 방법을 이야기하자고 했죠. 일주일 후 법정에 들어가자 50명이 기다리고 있었어요. '이거 잘 되겠군' 하고 생각했죠."

그와 비슷한 시기에 사회 복지학 석사 학위 과정을 마친 카먼 레이 베티네스키*Carmen Ray-Bettineski*는 수쿱의 아이디어를 전해 듣고 그에게 전화해 도움을 주고 싶다고 말했다. 수쿱은 그의 계획에 대한 제안서를 써달라고 요청했고 카먼은 이를 받아들였다. 카먼이 쓴 제안서는 고등 법원의 승인을 받았고 그렇게 일이 시작됐다. 계획이 발표되자 110명이 봉사자로 나섰고 레이 베티네스키가 새로 만들어진 비영리 단체, '법원 임명 특별 옹호자CASA, Court Appointed Special Advocates'의 전무 이사를 맡았다.

창립 후 42년이 지난 지금 CASA는 프로그램 약 1,000개, 자원봉사자 약 7만 5,000명을 거느린 전국 조직으로 성장해 위탁 양육과 아동 복지 제도 내에서 학대당하는 어린이를 위해 헌신하고 있다. 학대 아동에게 CASA는 유일하게 돈을 받지 않고 지속적으로 자신을 도와줄 한 사람을 연결해주는 창구 구실을 한다. CASA가 연결해주는 어른은 아이에게 법정에서 일어나는 일을 설명하고 가장 좋은 해법을 찾으며, 복잡한 관공서 업무와 재판 진행을 돕는다. CASA가 수집한 연구 결과에 따르면 CASA의 도움을 받은 아동은 도움을 받지 않은 아동과 비교해 학교에 더 수월하게 적응하고 위탁 양육 기간이 평균 8개월 더 짧다. 또 여러 집을 옮겨 다닐 확률이 낮고 입양 확률은 더 높다.

CASA 프로그램의 도움을 받았고 현재는 텍사스 남동부에서 사회복지사로 일하는 라이언 돌링거Ryan Dollinger는 CASA가 생명의 은인이라고 말한다.

"CASA가 없었다면 위탁 시설에서 방황했을 거예요. 아이들은 정말 많은데 사회복지사는 너무 적죠. 서너 달 동안 사회복지사 목소리를 듣지 못했을 때도 있었어요. 하지만 CASA는 항상 제 곁에 있었죠. 무엇으로도 제가 CASA에게 받은 은혜를 갚을 수 없을 거예요."

수쿱 판사는 제도가 아이들에게 충분한 도움을 주지 못한다고 생각해 제도를 바꿀 방법을 제안했다. 카먼 레이 베티네스키는 도움이 필요하다고 생각해 방법을 물었다. 수쿱이 구인공고를 낸 것도 아니고 레이 베티네스키 또한 자리가 나기를 기다리지 않았다. 이 혁신가 두 명이 문제 해결에 필요한 요청이 올 때까지 기다리지 않고 손을 번쩍 든 덕에 어린이 200만 명이 CASA의 도움을 받을 수 있었다. 결국 삶이 항상 초대장을 보내는 것은 아니다.

천사의 나무

도움이 필요한 아이는 이 책에 자주 등장하는 주제다. 미국에는 가정 내 아이 중 약 1,300만 명이 충분한 음식을 꾸준히 섭취하지 못하고 연간 250만 명이 노숙 생활을 하며 약 300만 명의 부모가 교도소에 수감된다.[18] 아이들은 이런 상황을 바꿀 힘이 없다. 이들은 그저 불공평한 상황에서 태어났고 문제를 해결하려면 어른에게 의존해야 한다. 하지만 이 아이들의 삶에 존재하는 어른은 자기 문제도 해결할 힘이 없다. 그러므로 이들의 유일한 기회는 사회 복지 기관이든 이런 문제를 염려하는 개인이든 외부 어른의 힘을 빌리는 것이다.

그렇다. 도움이 필요한 사람이 압도적으로 많다. 그렇다고 '겨우 물 한 방울'이라는 생각에 갇혀선 안 된다. 사소한 행동에 힘이 있다. 수쿱 판사를 제외하고 이 장에 등장한 사람들은 아무도 대규모 활동을 예상하지 않았고, 그렇다고 절망에 굴하지도 않았다. 그들은 아주 작은 도움도 가치 있다는 사실을 잘 알았다. 다행히 다른 사람들도 이를 알고 선행을 이어갔다. 이런 일은 잘될 때도 있고 안 될 때도 있다. 그러니 할 수 있는 일을 하는 것이 중요하다.

1979년 구세군의 찰스 화이트*Charles White*와 셜리 화이트*Shirley White* 소령 부부 역시 미국 전역의 아이들 수천 명을 돕겠다고 생각하지 않았다. 그저 크리스마스 선물을 받지 못하는 동네 아이들을 돕고 싶었다. 시작은 버지니아주 린치버그에 있는 한 쇼핑몰이었다. 화이트 부부는 이곳에서 아이들의 크리스마스 소원을 듣는 일을 했는데 그 소원이 이루어질 일이 거의 없다는 것도 잘 알고 있었다. 그래서 쇼핑몰에 크리스마스트리를 세우기로 했다. 아이들이 소원을 말하면 천사가 그려진 카드에 그 소원과 아이의 이름 및 나이를 적어 나무에 걸어둔다. 그럼 쇼핑객은 나무에서 카드를 떼어내 거기 적힌 선물을 사줄 수 있다. 결과는 대성공이었다. 첫해 아이들 700명이 이 프로그램을 통해 선물을 받았다.

3년 후 부부는 테네시주로 이동했고 이곳에서도 '천사의 나무' 프로그램을 시작했다. 그때를 기점으로 순식간에 입소문이 퍼졌고 천사의 나무가 전국에서 자라났다.

그중 노스캐롤라이나주에서 자란 천사의 나무는 지미라는 15살 소년의 어두운 상황에 한 줄기 밝은 빛을 선물했다. 지미는 아홉 살에 위탁 양육을 받기 시작해 그룹홈, 위탁 가정, 소년원 등에서 지냈다. 때로 노숙 생활도 하며 학대와 방치 속에 자랐다. 하지만 천사의 나무 프로그램을 통해 기타를 받자 지미의 마음속에 불길이 타오르기 시작했다. 기타만 있으면 어디서 헤매든 어떤 학대를 당하든 음악으로 숨을 수 있었다.

16살이 된 지미는 학교도 안 다니고 길에서 생활했다. 그러다 어느 날 노부부인 러셀 코스트너*Russell Costner*와 비 코스트너*Bea Costner*가 운영하는 가게에 들어가서 혹시 일이 없는지 물었다. 부부는 지미에게 주기적으로 잔디 깎는 일을 시켰고 이 덕에 지미는 매주 먹을 돈이 생겼다. 지미는 회고록 『아름다움으로 가는 발걸음*Walk to Beautiful*』에서 잔디를 깎다가 쉬는데 비가 어디에 사냐고 물어서 깜짝 놀랐다고 적는다. 길에서 산다고 하자 비가 남는 방에 들어와 살아도 좋다고 했다. 지미는 여느 때처럼 일주일도 안 돼 쫓겨날 거라고 예상했지만 일주일이라도 먹고 씻을 수 있으면 그걸로 충분하다는 생각에 비의 제안을 받아들였다.

지미는 그렇게 그들의 가족이 됐다. 러셀이 지미를 데리고 가서 머리를 깎아주고 학교에 입고 갈 옷을 사준 후 학교에 보냈다. 지미는 이후 한 번도 학교에 빠지지 않았다. 심지어 졸업 파티 후 학교에 안 가도 되는 날에도 등교했고 3년간 개근해서 상도 받았다.

지미는 코스트너 부부를 따라 교회에도 다니기 시작했는데 이곳에서 비가 신도들 앞에서 치는 피아노 소리를 즐겨 들었다. 비의 열정을 본 지미는 자신도 음악에 대한 열정을 좇아 록 밴드에 들어갔다. 비는 지미의 가장 열렬한 팬이 됐다. 미인대회든 야외 정찬 행사든 공연할 때마다 찾아가서 맨 앞줄에 앉았다.

지미는 보컬 레슨을 받고 틈날 때마다 연습했다. 처음 쓴 곡은 비를 염두에 두고 쓴 〈내 유일한 친구〉라는 노래다. 졸업 후 교도관이 되어서도 수감자들 앞에서 노래를 불렀다.

결국 지미는 싱어송라이터가 되어 음반사와 계약을 맺었고 비와 러셀을 만난 지 15년 만에 첫 음반을 냈다. 첫 싱글은 미국 빌보드 컨트리 음악 차트 3위에 올랐다.

이후 지미 웨인 바버Jimmy Wayne Barber는 앨범 두 개를 더 내고 여섯 곡을 컨트리 음악 40위에 올렸다. 그는 '천사의 나무'가 없었다면 음악으로 성공하지 못했을 거라고 이야기한다. 그가 선물 받은 기타는 그를 뮤지션의 길로 이끌었고 언제나 돌아갈 수 있는 안식처가 됐다.

그는 2014년 「롤링 스톤」과 한 인터뷰에서 "거기서 모든 게 시작됐어요. 그 기타가 없었다면 저도 지금 여기에 없었을 거예요. 지금 제가 누리는 성공과 제가 사는 집, 제가 모는 차, 제가 입는 옷, 이 모든 것이 하나도 없었을 겁니다. 그 기타를 제가 어디서 받았을까요? 아무것도 없을 때 저를 도와준 그 프로그램을 최대한 알리는 것이 도움에 보답하는 길입니다"라고 강조했다.

그는 천사의 나무 이야기를 노래와 소설로 썼고 제목을 둘 다 '종이 천사'라고 지었다. 지미는 책과 노래를 접한 사람들이 익명의 선물을 전하는 프로그램에 더 많이 참여하기를 희망한다.

2010년에는 음악을 잠시 쉬면서 유명세를 이용해 위탁 아동을 도왔다. 구체적으로 말하면 내슈빌에서 피닉스까지 2,600킬로미터를 걸으며 위탁 아동의 어려움을 알렸다.

지미는 또한 '중간에서 만나기 프로젝트Project Meet Me Halfway'라는 비영리 단체를 설립했다. 이 단체는 봉사와 모금 활동을 통해 학대받고 방치되는 아동을 돕고, 아이들이 의료·교육·고용·주거 문제를 좀 더 수월하게 준비할 수 있도록 위탁 보호 기간을 21세까지 늘리는 법을 제정하자고 주장한다(많은 주에서 18세에 위탁이 종료된다). 또한 명성을 활용해 '중간에서 만나기 프로젝트'의 후원 기업도 모았다. 나이가 좀 더 많은 위탁 청소년을 위한 집도 준비하고 있다. 지미는 자신에게 가정을 선물한 여성을 기려 이 집의 이름을 '비의 청소년 가정'이라고 지었다.

친절함에 불이 붙을 때

우리는 모두 필요가 발명의 어머니란 점을 잘 안다. 찰스 화이트와 셜리 화이트 부부는 선물을 받으며 위안을 느끼고 싶은 아이들의 '필요'를 알고 그 필요를 채울 방법을 고안했다. 그것이 '필요'의 놀라운 점이다. 누군가에게 무엇이 필요하다는 이야기를 들은 사람들은 불을 끄러 가는 소방관처럼 달려간다. 그렇게 리즈 우드워드*Liz Woodward*의 이야기가 시작됐다.

어느 닐 아침 5시 만 그녀가 웨이트리스로 일하넌 식당에 뉴저지주 헤인스포트 소방서의 소방관 두 명이 들어왔다. 두 사람은 아침을 먹으며 며칠 동안 불을 끄지 못한 창고 이야기를 나누고 있었다. 그녀는 두 사람이 대화하는 내용을 우연히 듣고 소방관 한 명이 막 소방 작업을 하다가 왔다는 것을 알 수 있었다.

당시 벌링턴 카운티에 있는 로언대학교에 다니던 리즈는 말한다. "며칠 동안 뉴스를 봐서 대형 화재 소식을 알고 있었어요. 소방관이 뭘 하다 왔을지 눈에 그려지더군요. 그래서 두 사람의 식사비를 제가 내기로 했어요. 손님도 없어서 식당을 나서기 전 계산서 뒤에 고맙다는 짧은 메모를 남길 수 있었죠."

리즈는 과제를 제출하러 수업에 들어가야 했기 때문에 소방관들의 반응을 볼 기회는 없었다. 하지만 소방관 한 명이 계산서를 페이스북에 올리자 소식이 여기저기 퍼졌고 사람들은 리즈를 위해 할 수 있는 일이 없겠냐고 댓글을 달기 시작했다. 리즈의 고객 중 한 명이 리즈가 뇌동맥류로 사지가 마비된 아버지를 위해 모금을 진행하고 있으니 도와주자고 제안했다.

리즈는 아버지에게 이동의 자유를 선물하기 위해 크라우드 펀딩 사이트, 고펀드미*GoFundMe*에 글을 올렸었다. 기부금은 아버지의 집에 장애인 시설을 설치하고 집에서 편안하게 지내는 데 필요한 의료기기와 기타 물품, 또 병원에 가거나 가족을 방문할 때 탈 수 있는 맞춤 자동차를 사는 데 쓰일 예정이었다. 그때까지 약 3만 달러가 모였는데, 소방관이 리즈의 모금 소식을 올리자 한 번도 본 적 없는 사람들 1,000명 이상이 기부금을 냈다. 곧 8만 달러 이상이 모였다.

한편 인디애나주에 있는 장애인 차량 회사 모빌리티 벤처스*Mobility Ventures*가 이 소식을 듣고 리즈의 아버지에게 차량을 기증했다. 리즈는 모빌리티 벤처스가 19살 난 장애인 딸을 데리고 다녀야 하는 부부에게도 차량을 기증했다는 사실을 알게 됐다. 그러나 법률상 모빌리티 벤처스는 이 가족이 받는 차의 세금까지 낼 수는 없었다. 그 가족이 감당하기엔 너무 많은 금액이었다. 그래서 리즈는 모금으로 모은 돈 일부로 이들의 세금을 지급했다.

지금까지 134개국의 수천 명이 식당에서 그녀가 보여준 행동에 감명받아 자신만의 방법으로 사랑과 연민을 담은 크고 작은 친절을 베풀었다는 이야기를 리즈에게 전했다. 이들은 경찰과 소방관에게 아침을 사고, 낯선 사람에게 장을 봐주고, 뒤에 오는 사람을 위해 다리 통행료를 지불했다. 한 남자는 양로원에 들러 가족이 없어 몇 년 동안 방문객이 없었던 노인들을 만나기도 했다. 어떤 사람은 자원봉사를 하거나 시간을 투자하고 어떤 사람은 좋은 일을 찾아 돈을 기부하고 어떤 사람들은 그저 따뜻하게 친절을 베풀었다.

리즈는 말한다. "저는 '우리는 독일에 사는 아이들인데 이웃을 위해 돈을 내주는 운동을 시작했어요' '오늘 아침에 누가 마트에서 우리 물건에 돈을 내주면서 당신 이야기를 했는데 이렇게 찾아내다니 믿을 수가 없네요'라는 메시지를 받아요."

이것이 주는 행위의 파급 효과다. "그저 감동하고 끝나는 게 아니라 함께 행동한다는 게 가장 좋아요. 특별히 대단한 일이 아니더라도 그날 하루 행복한 마음이 들었다면, 또 조금 더 감사한 마음이 들었다면 그걸로 충분합니다."

리즈 자신도 매일 변화를 이끄는 일을 하는 것을 감사하게 생각한다. "저는 제 일이 좋아요. 저는 사람들에게 음식을 전달하죠. 하지만 중요한 건 따로 있어요. 모두에게 변화의 기회가 있다는 거예요. 테이블마다 다른 사람을 웃음 짓게 하고 기분 좋게 하고 뿌듯하게 만들 기회가 숨어 있어요."

우리가 할 수 있는 것

레몬 목사와 뮤리얼은 어려움을 겪는 아이를 보고 도움을 제안했다. 이들의 친절에 보답하기 위해 윌슨 구드는 아마치 프로그램을 이끌며 30만 명이 넘는 수감자 자녀에게 멘토를 찾아주었다. 잭슨 덩컨 *Jackson Duncan*도 그런 아이 중 한 명이었다. 멘토의 도움으로 자신의 인생에 대한 관점이 바뀐 그는 도심 지역 아이들이 스포츠를 통해 대학에 진학하고 성공하도록 돕는 비영리 단체 '포커스드 애슬레틱*Focused Athletics*'을 설립했다. 잭슨은 말한다. "저희 프로그램을 거친 모든 아이들과 앞으로 도와줄 아이들이 모두 제 멘토의 덕을 보는 거죠."

한 사람을 도우면 많은 사람이 혜택을 얻을 가능성이 생겨난다. 우리에게는 많은 사람의 삶에 영향을 주고 큰 변화를 일으킬 기회가 있다. 당신도 이 책에 등장하는 모든 사람을 본받아 사소한 행동을 시작할 수 있다. 물론 핵심은 작은 것부터 시작하겠다는 결심이다. 그 과정을 계획할 때 유용한 조언을 몇 가지 소개한다.

작게 시작하라
목표가 무엇이든, 큰 사회 문제를 해결하려는 과정에 압도당하지 않으려면 감당할 수 있는 목표로 시작하는 것이 좋다. 토미 클라인과 리타 웅가로 스키아보네처럼 여러 번 반복할 수 있을 정도로 규모가 작은 활동을 골라라.

한 사람으로 시작하라

'명예의 전당'에 첫발을 내딛도록 도와줄 기관이 많다. 엽서를 보내는 것처럼 작은 것부터 시작할 수 있다. 모든 사람을 도와주지 않아도 된다. 한 사람이면 충분하다.

· ·

15분 동안 할 수 있는 일

어떤 운동에 동참하고 싶은지 생각하라. 쉬워서 자주 실행할 수 있는 행동은 어떤 것이 있을까? 지금 그 일을 실행하라. 안 된다면 달력에 언제 그 일을 할지 적어두자.

· ·

마치는 말

―――

"우리는 단 하루도 주변 세상에 영향을 미치지 않고 살 수 없다. 우리가 하는 일이 변화를 일으킨다. 그러므로 어떤 변화를 원하는지 결정해야 한다."
– 제인 구달

　어린 시절 나는 우리 마을이 완벽하다고 생각했다. 다들 화목했고 범죄율이 낮았고 노숙자도 없었다. 그래서 나도 남을 도와 내 몫을 하고 싶었다. 고등학교에 들어가서 '또래 리더십*Peer Leadership*'이라는 단체에 들어갔다. 나는 많은 학생들이 친구들 사이에서 느끼는 압박감이나 어울리는 무리가 없어서 겪는 어려움을 알고 있었고 내가 도울 수 있다고 생각했다. 하지만 상담사 역할을 하는 학생들도 또래에게 느끼는 압박감보다 더 어려운 문제를 겪는다는 점은 미처 몰랐다.

　서로를 알고 역할을 준비하기 위해 떠난 주말 워크숍에서 몇몇 상담사 학생들이 겪는 문제를 알게 됐다. 어떤 학생은 부모의 학대나 약물 오남용 문제를 겪었고 부모에게 쫓겨난 친구도 있었다. 이들이 '또래 리더십'에 들어온 것도 자신 같은 학생을 돕고 싶어서였다.

집에 돌아가서 어머니에게 폭탄 발언을 던졌다.

"우리 동네에 집에서 학대당하고 쫓겨난 아이들이 있다는 사실을 알고 계셨어요?"

어머니는 주방 테이블에서 신문을 보다가 고개를 들고 대답했다. "그래, 알지." 마치 내가 그날 밤 비가 온다는 것을 알았냐고 묻기라도 한 듯 무심해 보였다.

나는 그 주말에 모두가 충분한 사랑을 받지는 않는다는 사실을 처음 깨달았지만 생각해보면 더 일찍 알 수도 있었다. 1년 전 어머니가 나와 동생에게 자원봉사 프로젝트를 선택하라고 한 것도 나에게 뭔가를 알리려던 것이었다.

그때 어머니는 나에게 이야기했다. "너처럼 운 좋은 아이는 봉사를 해야 해."

나는 당시 부모를 잃었거나 다른 충격적인 사건을 겪은 아이들을 위한 친교 프로그램을 떠올렸다. 부모를 잃는 것보다 더 힘든 일은 없을 것 같아 거기서 봉사하기로 하고 일주일에 한 번 복지관에 찾아가 다섯 살에서 일곱 살 사이의 아이들을 데리고 농구, 술래잡기, 공 차기 등을 했다. 아이들에게 슬픔을 잊을 시간을 주는 것이 내 할 일이었다.

하지만 이 아이들은 부모의 죽음으로 받아야 할 사랑을 빼앗긴 경우였다. 또래 리더십에 가서야 부모가 아이들을 사랑하지 않을 수도 있다는 현실을 마주했다. 어떻게 그럴 수 있을까?

이때부터 나는 세상의 모든 잘못된 점을 알아채기 시작했다. 가난, 굶주림, 노숙, 그리고 이런 문제를 해결할 사람이 부족하다는 점까지. 멕시코시티에서 지진이 일어나 수천 명이 죽었는데 이 중 상당수가 아이들이라는 뉴스를 들었을 때는 너무 충격을 받아 가족과 회당에 가는 것도 그만뒀다.

별일 아닌 것처럼 들릴 수도 있지만 나는 유대교 회당에서 가끔씩 예배를 이끌던 몇 안 되는 아이 중 한 명이었다(히브리어는 히브리어 학교에서 배웠다). 가족 중 유일하게 코셔 식단을 엄격하게 지키는 사람이기도 했다. 유제품과 고기를 담은 접시가 내 접시와 섞이지 않게 식기세척기를 하나 더 사는 것도 아무렇지 않았다. 그게 나였다. 그러니 회당에 가지 않기로 한 것은 큰 결정이었다.

"시간 낭비예요, 엄마. 지진으로 죽은 사람 중에도 종교가 있는 사람이 많았을 거예요. 다들 이유 없이 죽었잖아요. 다른 곳에서 세상을 위해 좋은 일을 하는 게 낫겠어요."

나는 또래 리더십에서 멘토를 하는 것 외에도 지역 병원에서 행정 봉사를 했다. 대학에서는 빅 브라더 빅 시스터와 비슷한 단체를 만들었고, '위기의 청소년' 프로그램에서 소년원에 들어갈 위험이 있는 아이들의 멘토가 되었다. 대학 졸업 후에는 1년간 그룹홈에서 교사로 일했다. 이때부터 남을 돕는 일에 본격적으로 나섰고 운 좋게도 그런 일을 점점 많이 할 수 있었다.

누구나 세상에 좋은 일을 할 기회가 있다. 보상도 적지 않다. 우리가 다른 사람들의 삶을 개선하면 공동체 전체의 삶의 질이 올라간다. 친절은 친절을 낳는다. 어떤 방법을 선택하든 적어도 한 사람은 고마워할 것이다.

선행은 세상뿐 아니라 자기 자신에게도 도움이 된다. 우선 건강에 좋다. 버팔로대학교, 케이스웨스턴리저브대학교, 캘리포니아대학교 리버사이드 캠퍼스에서 진행한 다양한 연구에 따르면 좋은 일을 하면 행복해지며 수명도 늘어난다.

또 좋은 일을 하면 좋은 일이 따라온다. 리즈 우드워드와 샌퍼드 그린버그의 이야기를 떠올려보고 앞으로 들려줄 캔디 배리*Candi Barry*의 사례도 살펴보자. 캔디는 어린 시절 매해 여름 2주 동안 증조부모가 농산물 가게를 운영하던 아칸소주의 호프라는 작은 마을에서 지냈다. '마모'라고 부르던 할머니가 증조할머니와 팻 증조할아버지가 운영하는 가게에 아침 일찍 캔디를 내려주면, 캔디는 물건을 쌓고 개수를 세는 팻 증조할아버지 곁에서 증조할머니와 모노폴리 보드게임을 하고 놀았다.

"증조할아버지는 가게에 오는 사람을 다 알고 이름을 부르며 인사하셨어요. 손님들과 별별 이야기를 다 하고 잘 익은 과일을 골라주셨죠. 저울 없이도 피칸을 딱 손님이 원하는 만큼 집어서 봉투에 넣었어요. 사람들은 그걸 보고 놀라지 않았지만 전 정말 입이 헤 벌어졌죠. 증조할아버지가 손님이 산 물건의 무게와 가격을 부르면 제가 오래된 등록기에 입력했어요. 그럼 증조할아버지가 그 물건을 들어서 날라주셨죠. 모르는 손님이 들어와도 나갈 땐 다 아는 사람이 되었어요."

팻 증조할아버지는 수요일마다 가게를 닫고 근처 가난한 사람들에게 농산물을 나눠줬다. 그 역시 가진 것 없이 시작한 사람이었다. 그래서 이 가족들이 주는 건 무엇이든 받았다. 캔디는 "돈을 못 내는 사람들은 증조할아버지에게 다른 물건을 주거나 믿음과 악수를 건넸어요"라고 회상한다.

팻 증조할아버지가 죽자 캔디의 증조할머니는 요양원에 들어갔다. "간호사와 직원들이 모두 훌륭했어요. 그런데 간호사 한 명이 특별히 증조할머니에게 극진했지요."

캔디는 어느 날 요양원을 방문해 그 간호사에게 친절하게 대해줘서 고맙다고 인사했다.

"고맙다는 인사는 제가 해야 해요." 간호사가 뜻밖의 말을 했다. "팻 할아버지는 우리가 아무것도 가진 것이 없을 때 농산물값으로 다섯 살 꼬마가 크레용으로 그린 그림을 받아주셨어요." 간호사는 이렇게 말하며 미소를 지었다. "제가 그 꼬마예요. 그러니까 제가 감사드려야죠."

....

우리는 보답을 받고 수명을 늘리기 위해 친절을 베풀지 않는다. 그런 것은 단지 부수적 효과일 뿐이다. 우리가 친절을 베푸는 이유는 그것이 우리의 목적이기 때문이다. 우리가 사랑하는 능력을 받은 것은 이유가 있고, 캔디 배리의 증조할머니에게 일어난 일처럼 우리의 사랑이 먼 길을 돌아 다시 우리에게 찾아오는 것을 보면 이것이 올바른 행동임을 알 수 있다. 사랑이 담긴 행동은 어려움을 겪는 타인에게 도움이 된다. 이보다 더 가치 있는 일이 있을까? 우리의 시간과 재능을 이보다 더 잘 쓸 수 있을까?

친절한 행동은, 아무리 사소한 행동이라도 누군가의 삶을 바꿀 수 있다. 미아가 치료받는 동안 우리를 응원한 사람들은 모두 우리 가족 전체가 무사히 그 시기를 지나가는 데 도움을 줬다.

잭의 교사 케이티와 레이철은 다섯 살 아이들과 씨름하면서도 잭이 잘 있다는 것을 알려주기 위해 틈틈이 잭의 사진을 찍어서 보내줬다. 두 사람은 잭이 미아의 병을 이야기할 때마다 항상 우리에게 알려줬고 잭이 일관된 이야기를 들을 수 있도록 우리가 잭에게 정확히 어떻게 말하는지 꼼꼼하게 물어봤다.

내가 여건이 안 될 때 잭을 학교에서 데려와 집에 데리고 있겠다고 한 사람이 열 명은 됐다. 학교 경비원이 학생을 데려가는 사람들 명단이 이렇게 긴 경우는 처음 본다고 했을 정도다.

케빈은 내가 부탁하지도 않았는데 영양학자 두 명과 전화 상담을 잡아줬다. 영양학자들은 미아가 항암 치료로 입맛이 없을 때 내가 무엇을 해야 하는지 설명해줬다. 케빈은 잭이 섭섭하지 않도록 아이가 참여하는 스포츠 행사에 나 대신 가겠다고도 했다.

리처드는 내가 기분 전환이 필요할 때 맥주를 사줬다.

어떤 부모는 우리가 잘 아는 사이도 아닌데 우리에게 이런 메모를 전달했다.

안녕하세요, 미아, 브래드. 내일 잭 뭐 해요? 오후에 우리랑 같이 놀면 좋겠어요. 발라신위드에 사는 시댁에 가서 하누카를 보낼 거거든요. 잭도 데려가고 싶어요. 토요일에는 소피아가 체조 수업이 있어요. 그다음엔 바닷가에 갈 거고요. 사나흘이 될지 일주일이 될지는 아직 모르겠어요. 거기도 함께 가도 좋아요(우리는 한 시간 거리인 브라이건타인에 있을 테니까, 잭이 돌아가고 싶을 땐 언제든 데려다줄 수 있고, 브래드가 와서 함께 있어도 돼요). 아마 거기서 아주 소박하게 크리스마스 파티도 할 것 같아요. 어떤 것이든 마음에 들면 얘기해주세요. 마지막으로 병문안 갈 때 음식을 가져가도 된다고 게시판에 올라온 걸 봤어요. 미아, 무슨 음식을 좋아하는지, 알레르기는 없는지 꼭 알려주세요.

고마워요! KS가.

사소한 행동이 사슬처럼 엮여 우리 가족을 보호했다. 그 사람들은 모르겠지만, 이들의 작은 도움이 모여 강력한 보호 장치가 완성됐다.

미아는 이제 건강하게 잘 지낸다. 그리고 틈을 메워준 많은 사람들의 도움으로 잭은 여전히 필리스 야구팀을 사랑하고 우리 집에 쳐들어오는 악당에게 팬케이크를 해주려고 하며 따뜻한 시선으로 매일 우리에게 감동을 준다. 지난겨울 눈 오는 날 아이가 미아와 나눈 대화를 들어보자.

"오늘 뭐 할지 생각해 보자." 미아가 말했다.

"나 하고 싶은 거 있어." 잭이 말했다. "멋진 하루를 보내는 거!"

나도 그 계획이 마음에 들었고 우리는 계획을 멋지게 실행했다. 일상을 떠나 좀 더 크게 생각하고, 해야 하는 일 말고 다른 걸 해보는 것도 좋지 않은가? 우리는 모두 '멋진 하루'를 보낼 능력이 있다. 자신에게 "나는 오늘 누군가의 세상을 더 나은 곳으로 만들 거야"라고 말하면 그렇게 이루어진다. 필요한 것은 기회를 찾아 따라가는 것이고 그 기회를 만들 자원은 바로 우리 내면에 있는 사랑이다.

여러분만의 친절한 길을 찾아가면서 무엇을 찾았는지 알려주기 바란다. 여러분의 이야기를 내 블로그와 SNS로 공유할 것이다. 좋은 소식은 되도록 빠르게 되도록 멀리 퍼져나가게 하자.

브래드

brad@bradaronson.com

www.bradaronson.com

덧붙이는 글 : 이 책의 저자 인세는 전액 빅 브라더 빅 시스터에 돌아갑니다. 후원해주신 독자들에게 감사드립니다. 책이 마음에 드셨다면 www.bradaronson.com/review에 후기를 적어주세요. 몇 분의 투자로 다른 독자들이 제 책을 발견하는 데 도움을 줄 수 있습니다. 전 모든 후기를 읽습니다. 깊이 감사합니다!

명예의 전당

군이 새로 만들 필요 없다. 앞에 이미 언급한 기관 외에도 '명예의 전당'이 선별한 비영리 단체를 이용하면 다른 사람을 돕고 삶의 변화를 이끌 방법을 쉽게 찾을 수 있다. 도움이 필요한 아이에게 크리스마스 선물을 주는 것 같은 일회성 기회부터 가족 내에서 대학에 처음 들어간 학생들의 멘토가 되는 것처럼 꾸준히 할 수 있는 기회 중에서 고를 수 있다. 모든 장에 명예의 전당을 언급하지는 않았지만 연관이 있을 때는 언급했다.

....

변경 사항이나 최근 웹사이트 주소 등은 www.bradaronson.com/book-resources에서 찾을 수 있다.

선물 전달하기

천사의 나무 프로그램

구세군의 '천사의 나무' 프로그램을 통해 크리스마스 선물을 받지 못하는 아이들에게 선물을 줄 수 있다. 우편 번호 검색으로 근처에 천사의 나무 프로그램이 있는지 찾을 수 있다. 구세군 지부가 모두 웹사이트를 잘 갖추고 있지는 않으므로 지부 사무실에 전화해야 할 수도 있다. 큰 기업에서 일한다면 일부 구세군 지부에서 기업 로비에 크리스마스트리를 세워준다. 트리에는 어린이들에게 필요한 선물이 적힌 종이 천사가 장식되고 직원이나 부서에서 이 소원을 들어줄 수 있다. www.salvationarmyusa.org

컴포트 케이스(Comfort Cases)

롭 시어Rob Scheer는 위탁 양육 시설로 들어갈 때 낡은 쓰레기봉투에 물건을 담아 들고 간 기억이 있다. 32년 후 위탁 아동 네 명이 쓰레기봉투를 꼭 쥐고 그의 집으로 들어왔다. 롭은 30년이 지났는데도 쓰레기봉투에 물건을 들고 다닌다는 사실을 믿을 수 없었다. 이런 상황을 고치기 위해 컴포트 케이스라는 비영리 단체를 세웠다. 컴포트 케이스가 위탁 아동에게 제공하는 더플백과 배낭에는 잠옷 한 벌, 봉제 인형, 세면도구, 책 한 권, 색칠 공부 책이나 잡지가 들어 있다. 컴포트 케이스가 이런 더플백을 사는 데는 10달러가 든다. 단체의 아마존 희망 물품 목록에서 가방과 그 속에 넣을 물품을 구매할 수도 있다. 물건 가격은 6달러부터 시작한다(참고로 앞서 말한 아이들 네 명은 롭이 입양한 아이들이다).

www.comfortcases.org

단순한 소망(One Simple Wish)

대니엘 글레토*Danielle Gletow*는 남편과 함께 위탁 부모가 된 후 많은 위탁 아동이 다른 아이들은 당연하게 받는 생일 선물이나 크리스마스 선물, 운동화, 학용품 등을 잘 받지 못한다는 사실을 알고는 '단순한 소망'을 세웠다. 기부를 원하는 사람은 사회복지사나 아이들과 생활하는 전문가들이 작성한 목록을 보고 물건을 구매할 수 있다. '단순한 소망'은 지난 한 해 동안 2만 명이 넘는 아동을 도왔다. 단체의 웹사이트나 페이스북 페이지를 통해 도울 수 있다.

www.onesimplewish.org

산타 작전(Operation Santa)

미 우정공사의 '산타 작전' 프로그램은 1912년 프랭크 히치콕*Frank Hitchcock* 체신장관이 지역 우체국장에게 우체국 직원과 시민들이 산타에게 보내는 편지에 답장하도록 허가할 권한을 주면서 시작됐다. 미국 전역에서 이루어지는 산타 작전은 산타에게 편지 쓰는 아동에게 선물할 기회를 제공한다. 온라인으로 편지를 검색한 후 선물과 답장을 보내고 싶은 편지를 선택하면 된다. 선물값은 정해져 있지 않다.

www.uspsoperationsanta.com

아이들의 장난감(Toys for Tots)

1947년 다이앤 헨드릭스_Diane Hendricks_는 인형을 몇 개 만든 후 해군 예비역 소령인 남편 빌 헨드릭스_Bill Hendricks_에게 불우한 아이를 돕는 기관에 기증하자고 했다. 빌이 그런 기관을 찾지 못하자 다이앤은 남편에게 직접 기관을 만들라고 했다.

그해 헨드릭스 소령과 동료 예비군은 장난감 5,000개를 모아 나눠 주었다. 이 소식에 감명받은 사령관이 전 해군 예비역 부대에 '아이들의 장난감' 캠페인을 벌이도록 하면서 전국적인 프로그램으로 성장했다. '아이들의 장난감'은 지금까지 장난감 6억 개 이상을 2억 7,000만 명 이상의 어린이에게 전달했다.

각 지역의 '아이들의 장난감' 수거지에 포장하지 않은 새 장난감을 보낼 수 있다. 보통 장난감을 모으는 기간은 10월부터 12월 중순까지지만 미리 연락해도 된다. 더 많은 정보는 웹사이트(www.toysfortots. org)에서 찾을 수 있다.

지역 병원과 보호소

지역 아동 병원과 노숙자 쉼터에 연락해 선물을 전달할 수 있는지 알아보자.

현금 기부

기부를 통해 타인의 삶을 바꿀 기회를 얻을 수 있다. 좋은 비영리 단체를 찾아주는 기관도 몇 곳 있다.

히말라야 백내장 프로젝트(HCP)

히말라야 백내장 프로젝트에서 한 사람의 눈을 치료하는 데 드는 비용은 최대 195달러다(내 계산이다[19]). 여기에는 기관에서 사용하는 간접비와 기타 비용이 모두 포함된다. 조사 당시 HCP는 치료가 계속 진행될 수 있게 지역 안과 의사 교육을 534회 실시했고 170만 명에게 안과 검진과 기본적인 치료를 제공했다. 그러므로 200달러 이하로 한 사람의 시각 장애를 치료하고, 기본적인 안과 진료와 수천 명을 치료할 의사 훈련에 기여할 수 있다.

www.cureblindness.org

함께 책 읽기(Reach Out and Read)

빈곤층 아동 가운데 성공에 필요한 기술을 갖추고 유치원에 들어가는 경우는 반도 안 된다. 이 중 75퍼센트는 학습을 따라가지 못해 학업을 중도에 포기할 확률이 또래보다 높다. 전문가들은 이 아이들을 돕는 가장 좋은 방법이 함께 책을 읽는 것이며 이런 활동은 생후 5년까지가 가장 중요하다고 말한다.[20]

'함께 책 읽기'에서는 미국 소아과에서 도움이 필요한 아이를 찾아 글을 깨치도록 돕게 한다. 의사가 아동 검진 시 부모에게 함께 책 읽는 활동의 중요성을 이야기하고 발달에 적합하고 문화적으로 맞는 새 책을 제공한다. 또한 아동의 학습을 돕기 위해 미취학 아동의 언어 발달을 또래 아동보다 6개월 정도 빠르게 진행한다. 지역에 따라 차이는 있지만 15~20달러 정도면 한 가족에게 1년간 책을 제공할 수 있다.

www.reachoutandread.org

미라클피트(MiracleFeet)

전 세계 어린이 800명 중 한 명이 발이 안으로 굽는 내반족을 갖고 태어나는데 이를 치료하지 않으면 결국 걷지 못하게 된다. 내반족을 치료받지 못하는 아동이 전 세계적으로 200만 명에 이르고 매해 17만 5,000명이 추가된다. 선진국에서는 초음파로 내반족을 찾아내 생후 빠르게 치료한다. 일찍 치료받은 아동은 건강하고 활동적으로 자랄 수 있다. 불행히도 저소득 국가 또는 중소득 국가에서는 내반족을 갖고 태어나는 아동의 85퍼센트가 제대로 된 치료를 받지 못한다. 이런 아동은 종종 무시당하고 신체적·성적으로 학대당하거나 교육을 받지 못하는 등 만족스러운 삶을 살지 못한다. 미라클피트가 아동 한 명의 내반족을 고치는 데 드는 비용은 기관의 간접비용을 포함해 평균 500달러다.

www.miraclefeet.org

누공 재단(Fistula Foundation)

산과적 누공은 여성이 출산 중에 상처를 입어 영구적 실금을 겪는 증상이다. 누공은 선진국에서는 산과 치료로 거의 완전히 치료되지만 보건 체계가 열악한 국가에서는 100만 명 넘는 성인 여성과 소녀가 누공으로 고통받는다. 이런 여성들은 남편에게 버림받고 사회에서도 외면당하는 경우가 많다. 누공은 20대 여성에게 가장 자주 발생하고 수술로만 치료할 수 있다.

누공 재단의 수술 비용은 586달러다. 재단은 수술 외에도 치료가 필요한 여성을 찾아 사회 통합 프로그램을 진행한다. 또 외과의와 의료진을 훈련하고 환자 이송에 필요한 차량 등 내원 환자에게 필요한 자원을 제공한다. 나는 재단을 운영하고 이 모든 서비스를 제공하는 비용을 바탕으로 여성 한 명의 삶을 변화시키는 데 드는 비용을 1,053달러로 계산했다.

www.fistulafoundation.org

기브웰(GiveWell)

기브웰은 기부금의 비용 효율을 평가하는 권위 있는 기관이다. 기관과 기부자들을 위해 철저하고 꾸준하게 연구하고 투명하게 운영하지만 기금이 부족한 프로그램을 찾는다. 이후 철저한 분석을 통해 가장 큰 영향력을 행사할 기회를 추천한다. 주로 전 세계의 가난을 해결하는 데 중점을 두는데, 이것이 같은 비용으로 가장 많은 삶을 구하는 방법이라고 보기 때문이다.

기브웰이 추천하는 프로그램 두 개를 소개한다.

• 국제 헬렌 켈러*Helen Keller International*의 아프리카 비타민A 보급 프로

그램 : 비타민A 보충제를 제공해 어린이 사망률을 낮추고 시력을 개선하며 영양 부족을 해소하는 프로그램이다. 국제 헬렌 켈러는 아프리카 13개국의 아이들 수백만 명에게 도움의 손길을 뻗친다. 기브웰은 기관에서 비타민A를 전달하는 데 1.10달러가 들고 어린이 한 명을 살리는 데는 기부금 3,000~5,000달러가 든다고 추산한다.

www.hki.org

• 말라리아 협력단의 계절성 말라리아 화학 예방 요법*Seasonal Malaria Chemoprevention* 프로그램 : 아프리카 아이들에게 말라리아 예방약을 제공하는 프로그램이다. 기브웰은 3,000~5,000달러로 생명을 구할 수 있다고 추산한다.

www.malariaconsortium.org

기브웰이 사람 한 명을 살리는 데 드는 것으로 추산한 가격 범위는 프로그램이 한 국가에서 얼마나 효율적으로 실행되는가에 따라 달라진다. 여기서 제시하는 수치는 우리가 기부한 돈으로 자선 단체가 제공하는 기타 혜택은 반영하지 않는다. 예를 들어 국제 헬렌 켈러의 비타민A 보충제는 사망률을 줄일 뿐 아니라 아동의 시각 장애, 빈혈, 성장 및 발달 장애를 예방하고 전염병의 강도를 낮춘다. 또한 소아마비 예방 접종과 구충제 배포, 그리고 보충제 배급 시 예방 접종을 놓친 아이들에게 일괄 집종을 실시하는 등의 혜택노 계산하지 않았다.

www.givewell.org

고강도 자선 활동 센터(Center for High Impact Philanthropy)

펜실베이니아대학교에 있는 이 기관에서는 자선 활동을 통해 사회적 영향력을 행사할 기회를 분석한다. 재난 구호, 세계의 주요 보건 문제, 미국의 학업성취도 격차 등 다양한 대의에 초점을 맞춰, 도움을 줄 방법을 찾는 사람들에게 실질적인 지침을 제시한다. www.impact.upenn.edu에서 무료로 열람할 수 있다.

참고 : 비영리 단체를 평가할 때는 숫자를 꼼꼼히 들여다보는 것이 좋다. 예를 들어 모기장이 있으면 아동이 말라리아에 걸릴 위험이 줄어든다. 이에 따라 20달러를 기부하면 모기장을 사서 생명을 구할 수 있다고 주장하는 비영리 단체가 있을 수 있다. 하지만 많은 아동이 모기장이 없어도 생명에 지장이 없고 모기장을 똑바로 치는 사람도 거의 없다.

보통 많은 비영리 단체가 생명을 구하거나 삶을 개선하는 데 드는 비용을 이야기하지만 여기에 간접비와 행정 비용은 포함하지 않는다. 그 돈도 사람들이 내는 기부금으로 해결해야 하는데 말이다. 비영리 단체를 평가할 때는 계산에서 빠진 비용이 있는지 물어보자. 이와 마찬가지로 '수술 비용'을 보고할 때 수술에 드는 재료비만 산정하고 노동력과 단체 운영비는 빼는 비영리 단체도 흔하다. 내가 계산한 비영리 단체의 수술비는 단체의 1년 총 경비를 수술 횟수로 나눈 금액이다. 이 비용이 실질적인 수술비이다. 물론 일부 단체는 다른 수술을 더 하기로 하므로, 추가로 들 수도 있는 수술비는 계산하지 않았다. 그러나 이러한 비영리 단체에 기부할 때 얻을 수 있는 엄청난 보람을 알려주는 가장 정확한 계산법이라고 생각한다.

특정 개인, 가족, 교실에 기부하기

도너스 추즈(Donors Choose)

교사 찰스 베스트*Charle Best*는 반 아이들이 모두 볼 수 있도록 『초원의 집*Little House on the Prairie*』을 복사하다가, 기부하고 싶은 사람과 교사를 연결해 교실에 필요한 자료를 얻으면 좋겠다고 생각했다. 그래서 교사들이 수업에 필요한 자료를 올리는 '도너스 추즈'를 세워 190만 개 넘는 요청을 해결했다. 기부를 원하는 사람은 교실에 필요한 자료 목록을 훑어보고 학교, 반, 프로젝트를 선택할 수 있다. 금액은 1달러부터 시작한다.

www.donorschoose.org

포 포즈 포 어빌리티(4 Paws For Ability)

필요한 아동에게 도우미견을 제공하는 비영리 단체다. 도우미견은 훈련비용이 매우 비싸기 때문에 개를 원하는 가정은 아동에 맞춰 개를 훈련시키는 비용 중 1만 7,000달러를 기부금으로 내야 한다. 전체 비용의 일부에 불과하지만 큰돈이다. 아동의 삶을 바꿀 도우미견을 받기 위해 모금을 진행하는 가족에게 도움을 줄 수 있다.

www.4pawsforability.org/dreams

키바(Kiva)

제시카 재클리*Jessica Jackley*와 맷 플래너리*Matt Flannery*는 동아프리카 기업을 돕는 비영리 단체에서 일하면서 기업들이 얼마 안 되는 초기 비용 마련에 가장 큰 어려움을 겪는다는 것을 알게 됐다. 그래서 두 사람은 개발도상국 기업이 투자금을 마련할 수 있는 플랫폼을 만들었고 2005년 4월 일곱 개 기업에 총 3,500달러를 대출했다. 대출금이 모두 상환되자 두 사람은 이 일을 계속할 수 있겠다고 생각했다. 누구나 키바를 통해 개발 도상국 기업에 투자할 수 있다. 대출금 96퍼센트가 상환되고 있으며 재투자도 가능하다. 투자의 결과는? 사업이 자리를 잡으면 일자리가 생겨나고 자립도가 높아진다. 특히 대출받는 사람의 81퍼센트를 차지하는 여성에게 큰 도움이 된다. 키바는 지금까지 160억 달러를 대출했다. 기부는 25달러부터 가능하다.

www.kiva.org

데이메이커(Daymaker)

2014년 대학생들이 아이들에게 필요한 물건을 주기 위해 이 플랫폼을 만들었다. 데이메이커와 계약을 맺은 기업의 직원들은 학생들이 작성한 희망 목록을 보고 크리스마스 선물과 학용품을 구매할 수 있다. 데이메이커의 협력 단체 직원이 목록 작성을 도와준다. 데이메이커는 계약한 기업의 직원들이 아이들과 함께하는 행사도 기획 중이다.

www.daymaker.com

패밀리 투 패밀리(Family-to-Family)

팸 코너*Pam Koner*는 일리노이주 펨브로크의 극심한 가난을 기사로 접한 후 '더' 가진 가족과 '덜' 가진 가족을 연결한다는 단순한 생각으로 그 지역 복지사에게 연락했다. 그녀는 펨브로크에서 가장 형편이 어려운 17가정의 이름과 연락처를 받은 후, 친구와 이웃 16명을 설득해 자신과 함께 각자 한 가족에게 매달 한 번씩 음식 상자와 편지를 보내기로 했다. 이렇게 시작한 '패밀리 투 패밀리'는 전국적인 비영리 단체로 성장했다.

'패밀리 투 패밀리'를 통해 형편이 어려운 가정에 매달 식료품 상자를 후원할 수 있다. 난민 가정, 홀로코스트 생존자, 참전 군인, 빈곤 노동자 가정도 후원할 수 있다. 협력 단체는 도움이 필요한 가정을 찾고 패밀리 투 패밀리는 이 가정에 기부할 사람을 찾아서 연결한다. 매달 11~55달러의 기부금이 필요하며 일부 프로그램에서는 도움받는 가족과 편지로 소통할 수 있다.

패밀리 투 패밀리는 기부자에게 매달 책 한 권을 받아 저소득 지역 초등학교 도서관을 채우는 일도 한다. 책은커녕 입에 풀칠하기도 힘든 지역의 빈틈을 메우는 중요한 일이다.

www.family-to-family.org

골수, 장기, 혈액 기증

국제 골수 기증 등록 기관

미국에서만 해도 매일 백혈병이나 다른 혈액 질환자 1만 7,500명이 일치하는 골수나 제대혈을 찾고 있다. 많은 환자가 어린이이고 미국

보건복지부에 따르면 30퍼센트만이 가족 중에 기증자를 찾는다.

　골수 기증 등록을 위해 할 일은 면봉으로 볼 안쪽을 문지른 후 이를 '생명의 선물'이나 기타 등록 기관에 보내는 것이다. 골수가 일치하면 기증하겠냐는 질문을 받을 것이다. 기증 의사가 있다면 두 가지 방법이 있다. 골수 세포를 골반뼈의 장골에서 채취하는 방법과 팔에서 혈액을 뽑아 조혈 모세포를 분리하는 기계에 넣었다가 분리 후 다른 팔에 다시 넣는 방법이다. 따라 오는 것이라면 보통 단기간 엉덩이가 아픈 것, 그리고 장기적으로 생명을 구했다는 희열을 느끼는 것이다.

　'생명의 선물'은 환자가 전 세계에서 기증자를 찾을 수 있도록 다른 국가의 등록 기관과 협력한다. 미국이나 캐나다에 산다면 www.giftoflife.org에서 더 많은 정보를 찾아보거나 볼 안쪽을 문지르는 면봉 키트를 우편으로 신청할 수 있다. 다른 곳에 산다면 www.wmda.info에서 세계 등록 기관 목록을 살펴보고 온라인으로 골수 기증자가 되는 방법을 찾아볼 수 있다. 연구에 따르면 기증자의 나이가 어릴수록 이식 성공률이 높다고 한다. 이에 따라 생명의 선물 기증자는 60세 이하여야 하고 36세가 넘은 기증 희망자는 면봉 키트 값을 내야 한다.

장기 기증 등록 기관

　죽을 때 장기, 눈, 조직을 기증하면 최대 여덟 명의 생명을 구할 수 있고 100명 이상에게 도움을 줄 수 있다. 현재 미국에서 장기 기증을 기다리는 사람이 10만 명에 이르고 그중 매일 20명이 사망한다. 특별히 거부 의사를 밝히지 않으면 기본적으로 모두가 기증자가 되는 나라도 있지만 미국 법은 기증을 원할 경우 신청하게 되어 있다. www.organdonor.gov에 들어가면 5분 만에 장기 기증 희망자가 될 수 있다. 운전면허증 취득 시에도 장기 기증 신청이 가능하다.

혈액, 혈장, 혈소판 기증

쉽게 혈액, 혈장, 혈소판을 기증할 수 있다. 혈액이 부족하다 보니 기증자는 언제나 필요하다. 아내는 항암 치료를 받으며 적혈구와 혈소판 수혈을 여러 번 받았다. 나는 혈액 부족으로 인해 미시간주에서 펜실베이니아주로 이송한 혈액을 받는다는 사실에 놀랐다. 기증 과정은 전혀 고통스럽지 않고 헌혈은 보통 한 시간 정도 걸린다. 한 사람이 기증한 혈액으로 환자 세 명을 도울 수 있다.

www.redcross.org

편지 쓰기

여자는 편지를 좋아해(Girls Love Mail)

지나 멀리건*Gina Mulligan*은 유방암 진단을 받은 후 200통 넘는 위로 편지를 받았다. 대부분 친구의 친구들이 보낸 편지였다. 여기에 감동한 그녀는 유방암 진단을 받은 여성들을 위로하는 '여자는 편지를 좋아해' 운동을 시작했다. 단체의 웹사이트에는 편지의 힘이 얼마나 강력한지 증언하는 이야기가 가득하다. "편지를 읽으면서 눈물이 흐르기 시작했어요. …… 날 생각하고 내 행복을 바라는 사람이 있다는 것이 기뻤습니다. …… 마음이 녹아내렸어요."

www.girlslovemail.com

난민에게(Any Refugee)

윌리엄 스카넬*William Scannell*은 아홉 살 때 아버지에게 사람들이 군인에게 편지를 쓴다는 이야기를 듣고 '난민에게'를 시작했다. 50여 개국에서 활동하는 예수회 난민 봉사단*Jesuit Refugee Services*이 난민 아동에게 카드를 전달한다. 학교에서는 난민에게 편지쓰기 활동을 진행하고 '난민에게' 웹사이트에서 교육 자료를 찾아 학생들에게 난민이 겪는 어려움을 교육하고 희망을 전하게 한다.

www.anyrefugee.org

입원 아동에게 카드를(Cards for Hospitalized Kids: CFHK)

젠 루비노*Jen Rubino*는 어릴 때부터 10대까지 병원에 입원한 경험을 토대로 CFHK를 세웠다. 젠은 때로 아무도 자신을 기억하지 않는 것 같아 우울하고 외롭고 고립된 기분을 느꼈다. 그러다 특히 힘들던 어느 날 자원봉사자가 직접 만든 카드를 받고 기분이 환해졌다. "그 카드를 받으니 사람들이 절 기억하고 생각한다는 것이 느껴졌어요. 다른 아이들에게도 이런 마음을 선물하고 싶어요." CFHK는 지금까지 10만 장 넘는 카드를 발송했다. 시카고의 루리 아동병원에서 기부 및 활동 코디네이터로 근무하는 저스티나 그리핀*Justyna Griffin* 또한 이런 엽서가 환자의 부모에게 얼마나 소중한지 이야기한다. "타인이 아픈 아이를 위해 시간을 들여 아름다운 카드를 만든다는 사실이 부모와 아이에게 감동과 힘을 줍니다. 예쁜 카드와 위로의 말 몇 마디가 부모에게 긍정적인 마음과 희망을 전하죠. 마치 위기를 겪는 가족에게 우주가 보내는 선한 에너지를 대표하는 것 같아요. 정말 의미 있고 도움이 됩니다."

www.cardsforhospitalizedkids.com

어린이에게 카드를!(Cardz for Kidz!)

전 세계의 입원 아동에게 희망의 카드를 보내는 비영리 단체다. 지금까지 40여 개국의 아이들 20만 명 이상에게 카드를 전달했다.

www.cardzforkidz.org

포스트 팔(Post Pals)

병원에서 10대를 보낸 비키 조지*Vikki George*가 침대에 혼자 누워 있는 동안 유일하게 웃을 때는 카드를 받을 때였다. 그래서 비키와 친구들은 전 세계의 누구나 영국 병원에 입원한 아동, 그리고 소외당하기 쉬운 아동의 형제자매에게 카드나 이메일을 보낼 수 있는 '포스트 팔'을 시작했다.

www.postpals.co.uk

모어 러브레터(More Love Letters)

해나 브렌처*Hannah Brencher*는 우울증을 겪을 당시 뉴욕시에 갈 때마다 용기를 주는 편지를 써서 낯선 사람에게 주었다. 그녀의 어머니가 꾸준히 보내던 편지에 보답하는 방법이었다. 이후 그녀는 블로그에 '편지를 받고 싶으면 말씀하세요'라는 제안을 올렸다. 손 편지를 거의 400통 정도 써서 보내고 '모어 러브레터'를 세우자는 아이디어가 떠올랐다. 이 단체는 지금까지 73개국 사람들에게 25만 통의 편지를 보냈다. 기관에서 매달 새 수신인을 모집하니 편지를 받으면 좋을 것 같은 사람을 추천할 수 있다. 또 홈페이지에 들어가면 누구에게 편지를 쓸지도 선택할 수 있다. 단체에서 일단 편지를 받아 적절한 내용인지 확인한다.

www.moreloveletters.com

어르신 사랑(Love for our Elders)

제이컵 크레이머Jacob Cramer는 할아버지의 죽음 이후 '어르신 사랑' 단체를 설립했다. 당시 13세였던 제이컵은 노인들에게 행복을 전하고 싶었다. 단체의 조사에 따르면 요양 시설에 사는 노인의 90퍼센트 이상이 외로움, 고독감, 우울감을 느낀다고 한다. 2013년에 시작된 어르신 사랑은 11개국 노인들에게 영어로 쓴 편지를 보낸다.

www.loveforourelders.org

우울증 퇴치 편지(Letters Against Depression)

911 전화 교환원이었던 로버트 메이슨Robert Mason은 우울증 관련 신고 비율이 높다는 것을 알고 '우울증 퇴치 편지'를 세웠다. 이 기관은

우울증, 불안증 등 기타 정신 질환으로 고통받는 사람들에게 희망의 편지를 써서 이들이 혼자가 아니라는 사실을 알린다. 편지를 받고 싶은 사람이 직접 신청하며, 기관이 편지 봉사자가 쓴 편지를 받아 전 세계로 전달한다.

www.lettersagainst.org

컬러 스마일(Color a Smile)

제리 해리스*Jerry Harris*와 부인 수잰은 제리가 친구의 집에서 냉장고에 붙은 알록달록한 그림들을 본 후 '컬러 스마일'을 시작했다. 제리는 당시 어린 아기였던 아들이 곧 그림을 그려서 보여줄 거란 생각에 외로운 사람들과 그런 기쁨을 나누고 싶었다. 컬러 스마일 웹사이트에서 그림을 인쇄한 후 색칠해서 다시 보내면 단체에서 다른 곳으로 그림을 보내준다. 직접 도안을 그려 그림을 완성하고 싶은 사람을 위한 '자유 그림' 페이지도 있다. 자신이나 다른 사람을 위해 기운 나는 그림을 받고 싶다면 웹사이트에서 신청할 수 있다. 컬러 스마일은 노인, 해외 파병군, 참전 군인 등 웃음이 필요한 사람에게 지금까지 100만 점 넘는 그림을 보냈다.

www.colorasmile.org

단순한 소망(One Simple Wish)

위탁 양육을 받는 아이들에게 사랑과 희망의 메시지를 보내자. '단순한 소망'이 편지들을 아이들에게 보내, 그들이 얼마나 소중하고 사랑받는지 알린다. 이메일(info@onesimplewish.org)로 문의하면 더 많은 정보를 얻을 수 있다.

．．．．．．．．．．．．

어떤 군인은 편지를 받지 못한다. 이들에게 편지를 보내는 비영리 단체 홈페이지에는 감사를 전하는 글이 가득하다. '군인의 천사' 웹사이트에 올라온 글을 보자. '우선 한 번도 만난 일 없는 사람이 보낸 편지를 열어 완전한 타인의 애정을 느끼는 것이 얼마나 기쁜 일인지 말하고 싶어요. ……정말 감사드려요.' 다음은 군인에게 편지와 생필품 꾸러미를 보내는 기관들이다.

군인의 천사(Soldier's Angels)

패티 패턴 베이더Patti Patton-Bader는 이라크에 파병된 아들에게 자기 말고는 생필품 꾸러미를 받는 군인이 거의 없다는 말을 듣고 친구와 이웃을 모아 소대 전체에게 꾸러미를 보내기 시작했다. 군인, 야전 병원, 군 가족의 요청이 점점 많아지자 패티와 친구들은 이들을 돕고자 하는 사람들을 찾아 연결하는 기관을 만들었다. '군인의 천사'는 전쟁터에 파견된 미군에게 생필품 꾸러미와 편지를 보내고 참전 군인과 그들의 가족에게는 카드를 보낸다. 봉사자는 한 달에 최소 편지 한 통을 보내야 한다. 생필품 꾸러미에 들어가는 물품은 다양하다. 봉사자는 군인의 안전을 위해 기관이 연락처를 유지하도록 월 1달러를 기부해야 한다.

www.soldiersangels.org

감사 작전(Operation Gratitude)

9·11 테러 이후 로스앤젤레스 공항 군 라운지에서 근무하던 캐럴린 블라섹*Carolyn Blasbek*은 곁에 아무도 없다고 느끼는 군인과 이야기를 나누게 됐고 이후 모든 군인에게 고국의 보살핌이 있어야 한다고 생각했다. 그래서 '감사 작전'이라는 단체를 세워 군부대, 참전 군인, 응급 의료원, 신병, 상이군인, 그리고 이들의 가족에게 선물 꾸러미와 손 편지를 보냈다. 참여를 원하는 사람은 편지나 직접 제작한 선물을 보내고 싶은 단체를 선택할 수 있다. 감사 작전은 지금까지 320만 개가 넘는 선물 꾸러미를 보냈다.

www.operationgratitude.com

군인에게(Any Soldier)

이라크에서 근무하던 브라이언 혼*Brian Horn*은 부모에게 일주일에 여섯 개의 생필품 꾸러미를 받았다. 브라이언이 집에 좀 더 보내달라고 전화하자 부모는 농담이라고 생각했다. 아니었다. 그는 우편물을 받지 못하는 군인들에게 꾸러미를 주고 싶었던 것이다. 그래서 브라이언의 부모는 '군인에게' 웹사이트를 열어 200만 명이 넘는 군인에게 물건을 보냈다.

해외 파병 부대가 속옷, 양말, 농구공, 퍼즐 등 부대에 필요한 물건을 요청하면 참여를 원하는 사람은 이들의 요청 중 하나를 선택해 물건을 보낼 수 있다. 꾸러미를 받은 사람은 부대 내에서 우편을 받지 못하는 사람들에게 편지나 꾸러미를 전달한다. 해외에 우편을 보내는 일이 생각보다 복잡할 수 있다. 통관 서류를 내려받아 작성해야 하고 발송 제한 물품이 서류에 적혀 있으니 물건을 준비하기 전에 참고하자.

www.anysoldier.com

일회성 코칭 및 멘토링 기회

드림웨이커(DreamWakers)

드림웨이커는 어떤 직업이 있는지 알아야 그런 사람이 될 수 있다는 생각으로 학교 교실과 특정 직업인을 화상으로 연결한다. 프로그램에 참여한 학생 중 88퍼센트가 강연자의 직업을 가진 사람을 실제로 본 일이 한 번도 없었다고 대답한다. 4~12학년 학생들을 대상으로 하는 드림웨이커는 최소 50퍼센트의 학생들이 무료 또는 감면된 가격으로 급식을 먹는 지역의 학교에서 봉사한다. 참여를 원하는 사람은 점심을 먹으면서 강연할 수 있다.

공동 창립자인 모니카 그레이 로고데티스*Monica Gray Logothetis*와 애니 메다글리아*Annie Medaglia*는 대학에 다니는 동안에는 학생들을 위해 자원봉사를 열심히 했지만 일을 시작하니 시간을 내기 어려웠고 동료들도 비슷한 문제를 겪는다는 것을 알고 점심시간을 이용해 롤 모델을 교실로 부르는 방법을 고안했다.

www.dreamwakers.org

베테라티(Veterati)

군인이 민간인이 되는 과정은 쉽지 않다. 군대에서 경력을 쌓고 중요한 임무를 맡던 참전 군인들은 제대 후 완전히 새로 시작해야 한다. 특히 민간인 사회에서 어떻게 기회를 찾고 자신을 보여줄지 파악하는 시기가 동년배보다 훨씬 늦다. 베테라티는 이 시기를 수월하게 보낼 수 있도록 자원봉사자를 활용해 직업 멘토링을 제공한다. 멘토는 온라인으로 가입 후(몇 분이면 된다) 전문 분야와 멘티를 만날 수 있는 구체적인 날짜와 시간을 기입한다(최소 한 시간 이상이어야 한다). 참전 군인, 현역 군인과 배우자가 베테라티 플랫폼에서 멘토를 찾아 상담 시간을 정하면 베테라티가 조율한다.

www.veterati.com

미국 기업 파트너(American Corporate Partners)

미국 기업 파트너의 어드바이저넷*AdvisorNet*은 참전 군인과 현역 군인의 배우자가 민간 직업에 관한 조언을 얻을 수 있는 온라인 포럼이다. 배우자가 포함된 이유는 이들은 군인 배우자를 따라 몇 년에 한 번씩 이동하는 경우가 많아서 의지할 수 있는 사회 조직이 없기 때문이다.

질문의 내용은 IT 경력을 시작하기 위해서는 이력서를 어떻게 써야 하는지부터 연봉 협상 방법까지 다양하다. 참전 군인 수만 명이 포럼에 질문을 올리며 조언지로 등록한 사람은 질문을 살펴본 후 자신의 전문 분야에 답변을 적을 수 있다. 참전 군인은 도움이 필요한 분야의 경험이 있는 조언자 프로필을 검색할 수도 있다. 미국 기업 파트너는 국방부에서 2020년 기준, 향후 5년간 군인 100만 명이 추가로 사회에 복귀할 것으로 예상함에 따라 참전 군인의 복귀를 도울 필요성이 점점 커지고 있다고 말한다.

www.acp-usa.org

과학자와 스카이프하기(Skype a Scientist)

사라 매카널티*Sarah McAnulty*는 코네티컷대학교의 대학원생일 때 미국의 정치 분열로 과학에 대한 불신이 높아진다는 생각에 '과학자와 스카이프*Skype*(무료 영상 통화 앱-옮긴이)하기'를 시작했다. 과학자와 교실을 연결해서 아이들이 과학을 즐겁고 편안하게 받아들이게 하는 이 비영리 단체의 목적은 학생들에게 과학의 다양성을 알리는 것이다.

봉사자로 참여한 한 과학자는 스카이프로 만난 어떤 교실에서 교사가 코딩은 남자만 하는 게 아니라고 말한 유쾌한 경험을 들려주었다. 그녀는 "그럼. 나도 매일 코딩 해. 난 여자고!"라고 말했다. 그러자 교실 뒤에 있던 여학생 두 명이 손을 번쩍 들고 자리에서 일어나며 활짝 웃었다.

75개국에 있는 1만 4,000명 이상의 과학자가 이 프로그램에 참여해 3만 5,000개 교실의 학생을 만났다. 봉사자들은 30분~1시간 사이의 질의응답 시간을 신청할 수 있다.

www.skypeascientist.com

인력 양성(Workforce Development)

인력 양성 단체는 대부분 모의 면접을 진행하고 이력서 작성을 도와주는 등 경력 관리에 도움을 줄 자원봉사자를 찾는다. 보통 온라인 검색으로 찾을 수 있는데 예를 들어 내가 있는 지역에서는 '필라델피아 인력 양성 비영리 단체'를 검색하면 된다. 또한 '필라델피아 여성 멘토링'처럼 구체적인 검색으로도 멘토링 기관을 찾을 수 있다.

장기 멘토링과 코칭

멘토: 미국 멘토링 파트너십(Mentor: The National Mentoring Partnership)

이 전국 기관은 멘토를 찾는 24세 이하 젊은 층의 데이터베이스를 보유하고 있고 우편 번호로 찾을 수 있다. 지역, 나이, 멘토링 타입, 멘토링 방식(온라인, 일대일, 단체)에 따라 검색 가능하다. 또한 어린 임신부나 노숙자, 학업 능력 우수자, 곤란을 겪는 부모, 가정에서 처음 대학에 진학하는 세대 등도 검색할 수 있다.

www.mentoring.org

빅 브라더 빅 시스터(BBBS)

BBBS는 뉴욕시 법원 서기였던 어니스트 콜터*Ernest Coulter*가 법정에 어린이들이 점점 많이 들어오는 것을 목격하고 보살피는 어른이 있다면 이 아이들의 문제를 줄일 수 있겠다는 생각으로 설립했다. 이후

BBBS는 미 전역으로 퍼졌고 매해 10만 쌍 이상의 멘토-멘티를 연결한다. 멘토가 되면 한 달에 두 번 아이와 몇 시간을 보내게 된다. 프로그램의 목표는 평생 친구를 만드는 것이지만 의무 기간은 1년이다.

www.bbbs.org

법원 임명 특별 옹호자(CASA)

CASA는 학대와 방임으로 법원에 오는 아이들을 돕는다. 옹호자는 맡은 아이의 사정을 파악한 후 재판관이나 기타 관계자가 아이에게 안전한 가정을 찾을 수 있도록 도와준다. 자원봉사자가 되면 30시간 교육을 이수하고 아동과 연결된 후 사건이 끝날 때까지 봉사하게 된다. 사건 종료까지는 보통 1년 반이 걸리며 한 달에 5~10시간 정도 할애해야 한다. 조사에 따르면 CASA 자원봉사자의 도움을 받은 아동은 안전한 영구 보호 가정을 찾을 확률이 높고 학업 성적이 더 높으며 여러 가정을 옮겨 다니는 비율이 낮다.

www.casaforchildren.org

경험 봉사단(Experience Corps)

미국 은퇴자 협회에서 주관하는 이 프로그램은 50세 이상의 성인과 글을 읽지 못하는 아동(유치원부터 3학년까지)을 연결한다. 25시간의 교육을 이수한 후 한 학년 동안 주 5~15시간 봉사할 수 있다.

www.aarp.org/experience-corps

노인 봉사단(Senior Corps)

전국 봉사 조직망으로 55세 이상에게 위탁 조부모, 지역 자원봉사자, 개인과 기업의 롤 모델과 멘토가 될 기회를 제공한다. 노인 봉사단은 매해 미국인 20만 명에게 봉사 기회를 선사한다.

www.nationalservice.gov/programs/senior-corps

아이쿠드비(iCouldBe)

뉴욕시 공립학교에서 근무하던 애덤 애버먼*Adam Aberman*은 학교에 상담 교사가 부족하다는 사실에 충격받았다. 상담 교사 한 명이 학생 수백 명의 수강 신청, 진로 탐색, 진학 계획을 도맡아야 했다. 아이들, 특히 가정 내에서 처음으로 대학에 가려는 학생들이 어떻게 필요한 도움을 받을 수 있겠는가?

애버먼은 이 문제를 해결하기 위해 온라인 멘토링 프로그램을 학교에 접목하는 '아이쿠드비'를 세웠다. 학생이 자원봉사자 명단에서 자신의 흥미 분야에 종사하는 멘토를 선택할 수 있다. 학생과 멘토는 일주일에 한 번 학업, 직업 탐색, 진학과 관련한 온라인 멘토링 수업을 진행한다. 멘토링이 실시간이 아닌 온라인 메시지로 이루어지기 때문에 멘토는 언제든 로그인이 가능할 때 들어가서 질문에 답하고 학생의 활동에 피드백을 줄 수 있다.

www.icouldbe.org

포스터 케어 투 석세스(Foster Care to Success: FC2S)

어린 시절 전체를 그룹홈에서 보낸 조지프 리버스*Joseph Rivers*는 지원 시스템 없이 성인 세계로 들어가는 일이 얼마나 힘든지 알았다. 그래서 1981년 '포스터 케어 투 석세스'를 설립해 자원봉사자 멘토와 대학에 다니는 위탁 청소년을 연결했다. 멘토는 1년간 전화, 문자, 이메일, 소셜 미디어로 최소 일주일에 한 번 소통해야 한다. FC2S에서는 봉사에 드는 시간이 매주 1~3시간이라고 추산한다. 멘토는 25세 이상이어야 하고 온라인 교육을 이수한 후 매달 화상 회의에 참석해야 한다.

www.fc2success.org

이머만 천사(Imerman Angels)

26세에 고환암 진단을 받은 조니 이머만*Jonny Imerman*은 주변에 그 나이에 암이 완치된 사람을 보지 못했다. 그리고 같은 종류의 암을 겪은 사람의 이야기를 듣고 싶었다. 그는 다른 사람에게 그런 경험을 선사하기 위해 '이머만 천사'라는 비영리 단체를 세웠다. 이 단체는 암에 걸린 사람과 같은 암에서 회복된 사람을 연결해준다. 또 간병인과 암으로 가족을 잃은 사람들을 같은 경험을 한 사람과 연결한다. 이들은 비슷한 시기를 지나는 사람들을 연결해 서로를 깊게 이해할 수 있도록 돕는다. 이머만 천사는 90개국 이상의 사람들에게 멘토를 구해주었다. 웹사이트를 통해 멘토가 되거나 멘토를 찾을 수 있다. 내 아내도 이머만 천사를 만나 귀중한 도움을 얻었다.

www.imermanangels.org

팀 임팩트(Team Impact)

중병이나 만성 질환을 앓는 아동을 지역 대학 스포츠팀과 연결해 장기간의 우정과 변화를 이끄는 프로그램이다. 스포츠팀에 소속돼 있다면 이용해보자.

www.goteamimpact.org

꼬마 과학자에게 보내는 편지(Letters to a Pre-Scientist)

저소득 지역의 5~10학년 학생에게 과학·기술·공학·수학(STEM) 펜팔을 이어주는 프로그램이다. 메이컨 로우먼*Macon Lowman*은 노스캐롤라이나 시골에서 6학년 학생들에게 과학을 가르치면서 학생들이 실제 과학자들에게 영감을 받으면 좋겠다는 생각에 이런 편지 쓰기 프로그램을 시작했다. 그녀는 과학자 안나 골드스타인*Anna Goldstein*과 함께 펜팔로 봉사할 STEM 전문가들을 모았다.

일대일로 연결된 학생들은 실제 STEM 전문가들에게 대학 관련 질문을 던지고 과학과 기술의 역할에 대한 관점을 넓힐 기회를 얻는다. 교사는 1년간 편지가 오갈 수 있게 돕고 펜팔 봉사자는 과학이나 기술 분야 종사자이거나 대학에 소속된 사람이어야 한다. 자원봉사 등록은 학기가 시작되기 전 여름에 이루어지고 이후 특정 분야에 관심이 있는 아동을 소개받는다.

www.prescientist.org

미국 기업 파트너를 통한 참전 군인 멘토링

미국 기업 파트너(ACP)는 현역 군인과 참전 군인, 그리고 그들의 배우자가 성공적으로 경력을 쌓고 군대와 민간 분야 사이의 차이를 잘 극복하도록 돕는 멘토링 프로그램을 진행한다. 경력 유사성과 흥미를 바탕으로 멘토와 멘티를 연결한다. 멘토는 1년간 한 달에 한 번씩 대화를 나누어야 한다. 주제는 보통 이력서 검토, 면접 준비, 경력 탐구, 승진, 일과 생활의 균형, 인맥 쌓기 등이다. 매칭 작업은 ACP 직원이 진행한다.

www.acp-usa.org

사람들의 축하를 돕기

콘페티재단(The Confetti Foundation)

스테파니 프레이저 그림*Stephanie Frazier Grimm*은 병원에 입원한 대자를 방문했다가 병원이 아이들에게 생일 선물은 주지만 파티는 열어주지 않는다는 생각이 들었다. 자신도 병원에서 13세 생일을 보냈던 것을 떠올리며 입원 아동의 축하 방식을 바꾸겠다는 마음으로 콘페티 재단을 설립했다. 콘페티재단은 직접 만든 생일 카드, 파티용품, 장난감, 책, 크레파스, 색연필, 기타 학용품을 넣은 생일 선물 상자를 전달한다. 아이의 가족은 비디오 게임부터 유니콘에 이르는 100가지 테마에 맞춘 생일 상자 중 하나를 고를 수 있다. '군대 테마' 등 특별한 요청이 있으면 최대한 맞춰서 준비한다. 생일 상자에는 색 테이프까지 들어 있어서 아픈 아이의 곁을 떠나지 않는 가족도 병실을 장식할 수 있다. 자원봉사자는 생일 카드와 현수막 제작을 맡고 생일 파티 한 번에 드는 40달러를 기부금으로 낼 수도 있다.

www.confettifoundation.org

기분 좋은 기부(Cheerful Givers)

로빈 젤라야*Robin Zelaya*는 돈이 어떻게 쓰이는지도 모른 채 자선 단체에 돈을 보내기는 싫었다. 그래서 어떤 비영리 단체에 돈을 기부해야 할지 알아보기 시작했다. 그러다가 동료가 집에서 푸드 뱅크를 운영한다는 사실을 알게 됐다. 아이의 생일에 부모는 이곳에서 케이크 믹스나 아이가 가장 좋아하는 시리얼을 받는다. 로빈은 바로 그 주 생일 가방을 꾸렸다. 그리고 이 가방을 노숙자 쉼터나 푸드 뱅크에 전달해서 자녀의 생일을 축하하기 위해 찾아오는 부모에게 전달하게 했다.

'기분 좋은 기부'는 1993년 로빈이 설립한 이후 미네소타주에서 100만 개 넘는 생일 가방을 나누었다. 참여하고 싶은 사람은 가방에 들어가는 장난감에 드는 10달러를 기부할 수도 있고, 웹사이트의 안내에 따라 자신만의 가방을 꾸릴 수도 있다. 지역 쉼터나 푸드 뱅크에 연락해 관심이 있는지, 배달 의향이 있는지 확인하자.

www.cheerfulgivers.org

생일 파티 프로젝트(The Birthday Party Project)

전직 이벤트 플래너였던 페이지 셔놀트*Paige Chenault*는 임신 중에 미래의 아이에게 어떤 생일 파티를 열어줄까 생각하다가 「타임」에 실린 빈곤층 아이 사진을 봤다. '저 아이는? 파티를 못 여는 아이들은?' 그래서 댈러스 지역의 노숙자 쉼터에 있는 아이들을 위해 한 달에 한 번 생일 파티를 열기 시작했고 이를 '생일 파티 프로젝트'라고 불렀다. 그녀는 처음 연 생일 파티에서 11살 아이에게 "감사합니다, 페이지 씨. 태어나서 처음 여는 생일 파티예요"라는 말을 들었다. 현재 이 단체는 20개 도시의 쉼터에서 생일 파티를 연다. 그중 한 곳에 산다면 자원봉사자로 참여할 수 있다. 누구든 파티에 드는 돈을 기부할 수 있고, 50달러를 보내면 노숙자 쉼터와 아동 보호 기관에서 아이들을 돌보는 사회복지사를 위한 생일 선물을 보낼 수 있다.

www.thebirthdaypartyproject.org

포스터 케어 투 석세스(FC2S)

FC2S는 멘토링 지원, 대학 장학 사업 외에도 대학에 다니는 위탁 청소년을 위해 카드, 쿠키, 성공적인 대학 생활을 위한 책자, 상품권이 든 돌봄 꾸러미를 보낸다. 밸런타인데이 꾸러미에는 자원봉사자가 직접 뜬 빨간 목도리가 들어 있다. 재단의 아일린 맥카프리*Eileen McCaffrey* 이사는 "학생들에게는 누군가 신경 쓰는 사람이 있다는 사실이 아주 중요합니다. 돌봄 꾸러미가 얼마나 큰 의미인지 이야기하는 학생들의 전화와 이메일을 늘 받는답니다"라고 말한다. 300달러 기부금으로 돌봄 꾸러미 세 개를 보낼 수 있다.

www.fc2success.org

명예의 전당 최신 자료는 www.bradaronson.com/
book-resources에서 확인할 수 있다.

감사의 말

내가 고마움을 전하고 싶은 사람은……

내 정신 나간 아이디어를 응원하고 아주 작은 것도 놓치지 않게 해주는 미아. 아내는 '기분 좋아지는' 책을 좋아하지 않으면서도 이 책을 끝까지 읽고 멋진 피드백을 주었습니다.

우리에게 삶을 바라보는 멋진 관점과 즐거운 시간을 선사하는 잭과 리처드.

우리에게 언제나 창의성을 불어넣고 특히 흥미로운 음식 조합을 부추기는 킨데일.

우리에게 BTS를 알려주고 함께 있으면 정말 즐거운 얼리샤.

멋진 조카 알렉스와 케이든.

삶이 힘들 때, 진짜 힘들 때 곁을 지켜주는 것이 어떤 의미인지 알려준 수많은 사람들. 특히 우리 부모님.

미아의 주치의 셀리나 루거*Selina Luger* 선생님과 놀라운 능력을 보여준 펜실베이니아대학병원의 모든 간호사. 영원히 감사할 거예요.

그동안 가르친 젊은이들. 삶을 바꾸겠다고 결심한 사람과 함께하면서 그들이 변하는 것을 보는 것만큼 감동적인 일은 없습니다.

이 책에 등장한 영웅들. 여러분은 제 영감의 원천입니다.

이 책의 기획부터 마무리까지 전 과정에 걸쳐 놀라울 정도로 많은 도움을 준 윈드워드문맹퇴치사업*Windword Literary Services*의 더그 웨그너*Doug Wagner*와 토니 로비노*Toni Robino*. 두 사람이 없었다면 절대 해낼 수 없었을 거예요. 어쩌면 그냥 중단했을 수도 있겠죠. 책을 출판하고 싶다면 이들을 찾으라고 추천합니다.

내 책을 출판한 라이프트리미디어*LifeTree Media*와 매기 랭그릭*Maggie Langrick* 출판인. 책을 쓰는 내내 참을성을 있게 나를 도와주고 용기를 주었습니다.

라이프트리미디어에서 내 책의 편집을 맡아 글의 흐름에 명석한 조언을 건네고 내가 마지막으로 손을 털기 전 한 번 더 원고를 읽어 준 사라 브로먼*Sarah Brohman*, 세세한 것도 놓치지 않고 꼼꼼하게 살핀 교열 담당자 케이트 운라우*Kate Unrau*, 내 모든 질문에 참을성 있게 답해 주고 모든 과정을 진행한 출판 코디네이터 제스민 챔*Jesmine Cham*. 아름다운 표지를 만들고 내지 디자인을 담당한 모건 크레비엘*Morgan Krebbiel*과 교정과 색인 작업을 담당한 조앤 뷰렉*JoAnne Burek*에게 감사합니다.

미아가 치료받는 동안 둘이 함께 집중할 수 있는 프로젝트를 생각해보라고 권유한 술레이카 자우드*Suleika Jaouad*. 이 책이 내 프로젝트였어요.

부인 티피와 함께 내 수많은 초안을 읽어준, 언제나 최고인 내 동생.

출판 경험으로 나를 도와주고 응원한 리사 웨이너트*Lisa Weinert*.

참고 자료 및 기타 책과 관련한 행정 작업을 도와준 앤절라 바카*Angela Baka*.

밥 고프*Bob Goff*의 『사랑으로 변한다*Love Does*』는 내가 가장 좋아하는 책이며 이 책 1장에 영감을 주었습니다.

인턴으로 일하며 내 소셜 미디어를 키우고 과감한 온라인 마케팅을 추진한 엘리 슈워츠*Eli Schwarz*와 루이스 시프리아노*Louis Cipriano*.

원고를 제출하기 직전 나는 겁에 질렸습니다. 내 책 괜찮을까? 내가 책에 적은 좋은 사람들에게 이 책이 해가 되지는 않을까? 삭제해야 하는 부분은 없을까? 마감 일주일을 앞두고 몇 사람에게 책을 읽어달라고 부탁했는데 다들 친절하게 내 부탁을 들어주었습니다. 그 사람들의 피드백에 따라 원고를 개선한 후 차분한 마음으로 제출할 수 있었습니다. 캐서린 시뇨렐로, 애덤 슐로스먼, 셰릴 라이스, 디 시코놀피, 댄 로턴, 고마워요! 비행기에 오르면서까지 하누마스 이야기를 읽어준 배리 왈드먼에게도 감사를 전합니다.

캐시 레콰테, 네이트 니컬러스, 앤디 설리번, 앨라나 라이트, 리처드 페르난데스, 패러 케네디, 내 부모님, 윌 레이놀즈, 칼 티슬러, 바트 후크와 에린 후크 부부, 메그 톰프슨, 론 스프링, 비키 솔롯, 팸 이오리오 또한 소중한 의견을 전해줬습니다. 또 아파르나 무케르지는 초기 수정을 도와줬습니다.

책을 읽고 판매에 관해 조언을 해준 케빈 크루제와 앤드리아 래빈탈, 고마워요. 집필 과정에 도움을 준 게이브리얼 와인버그, 데일 앳킨스, 어맨다 살츠하워, 로라 슈로프, 렉시 블룸, 고맙습니다. 마지막 순간까지도 날 도와준 론 노드먼, 멋진 웹 디자인과 그래픽 디자인 작업을 해준 바트 후크에게 감사합니다.

그리고 이 책을 읽고 세상에 많은 선행을 펼칠 독자들에게 고마운 마음을 전합니다.

(비즈니스 서적을 준비하다가 『카인드니스』에 집중하기로 마음을 바꿨습니다. 이 기회에 그 책의 집필에 도움을 준 이들에게도 고마움을 전하고 싶습니다. 끝까지 내 글을 읽고 조언해준 리치 세드맥, 스티브 로스, 노엘 웨이리치, 존 에이번돌리오, 양가 부모님, 앤서니 피사피아, 케빈 널티, 크리스 슈로더, 여러분의 조언 덕에 내 글이 발전할 수 있었어요. 감사해요.)

| 주석 |

1. Donna McGuire, Santa's Secret: A Story of Hope (Lee's Summit, Missouri: World 2 Publishing, 2007)

2. Jim Abbott, Imperfect: An Improbable Life (New York: Ballantine Books, 2013),(『나는 내 팔을 보지 않았다 내 꿈을 보았다』, 짐 애보트, 팀 브라운 지음, 윤철희 옮김, 팝프레스, 2014)

3. 누누의 말은 히말라야 백내장 프로젝트(www.cureblindness.org)가 제공했다.

4. 히말라야 백내장 프로젝트(HCP)의 계산에 주목하자. 2018년 HCP는 시력을 되찾아 주는 수술을 12만 3,648건 진행했다. 시력을 회복시키는 수술의 80~90퍼센트는 백내장 수술이었고 그래서 나는 85퍼센트로 계산했다. 어떤 사람은 양쪽 눈에 백내장 수술이 필요하고 이 경우 수술 건수는 두 건이 된다. 만일 모두가 양쪽 눈에 수술을 받아야 하고 그중 85퍼센트가 백내장 수술이라면 한 사람당 시력 회복 치료 비용은 약 195달러가 된다. 이는 HCP의 예산 전체가 수술에 쓰인다고 가정한 것이고, HCP는 실제로 거의 170만 명의 눈 검사와 무보수로 HCP에서 눈 수술을 해줄 외과의 훈련도 진행한다. 그러므로 195달러는 수술비용을 아주 높게 잡은 셈이다. HCP는 시력 회복 수술 한 번에 드는 물품비가 25달러라고 보고한다.

5. 줄리와 샌디의 말은 '당신은 소중합니다 마라톤'이 제공했다.

6. Jack Canfield and Mark Victor Hansen, Chicken Soup for the Teacher's Soul (Cos Cob, CT: Chicken Soup for the Soul Publishing, 2012)(『꿈꾸는 정원사』, 잭 캔필드, 마크 빅터 한센 엮음, 노은정 옮김, 이레, 2004)에 따르면 헬렌 로슬라의 아이디어는 Proteus: A Journal of Ideas (Shippensburg, PA: Shippensburg University, 1991)에 처음 등장했다.

7. Mariel Alper, Joshua Markman, and Matthew R. Durose, "2018 Update on Prisoner Recidivism: A 9-Year Follow-up Period (2005–2014)" (Report, US Department of Justice, Office of Justice Programs, Bureau of Justice Statistics, May 2018), p.1, www.bjs.gov/content/pub/pdf/18upr9yfup0514.pdf.

8. Jack Andraka, "A promising test for pancreatic cancer . . . from a teenager" (Filmed February 2013 at Long Beach, CA, TED video, 10:37) www.ted.com/talks/jack_andraka_a_promising_test_for_pancreatic_cancer_from_a_teenager/.

9. 캐런은 당시 복용한 약 때문에 기억력이 감퇴해 간병인의 이름을 기억하지 못한다.

10. J. Fuller, M. Raman, et al, Dismissed by Degrees (Report, Boston: Accenture, Grads of Life, Harvard Business School, October 2017).

    Amanda Beddingfield, ed., Employer Playbook (Arlington, VA: CEB Global (now Gartner), 2015), gradsoflife.org/wp-content/uploads/2017/06/2015-09-18-Tech-Hire-EmployerPlaybook.pdf.

11. Jean Baldwin Grossman, Joseph P. Tierney, and Nancy Resch, "Making a Difference: An

Impact Study of Big Brothers Big Sisters" (Reissue of 1995 Study. Philadelphia, PA: Public Private Ventures, 2000), p.30.

12. Big Brothers Big Sisters, "Adult Little Research." (Rochester, NY: Harris Interactive, March 3 to April 16, 2009), p.6.

13. Sanford Greenberg, "The Judgment of Solomon" (Presentation at the Lasker/International Retinal Research Foundation Initiative's plenary session "Restoring Vision to the Blind," Janelia Farm, Ashburn, VA, March 2014), webvision.med.utah.edu/2014/05/the-judgement-of-solomon/.

14. Shawn Achor, The Happiness Advantage: How a Positive Brain Fuels Success in Work and Life (New York: Currency, 2010), p.15, pp.45~48.

15. Robert Emmons, Thanks!: How The New Science of Gratitude Can Make You Happier (New York: Houghton Mifflin Harcourt, 2007), pp.27~35, pp.47~48.

16. Michael F. Steger, Todd B. Kashdan, and Shigehiro Oishi, "Being good by doing good: Daily eudaimonic activity and well-being," Journal of Research in Personality, 42 (2008): pp.22~42.

17. 이 실천법은 데이브 프리스(Dave Frees)가 Successtechnologies.com에 게시한 내용이다.

18. Alisha Coleman-Jensen, et al, "Household Food Security in the United States in 2017" (United States Department of Agriculture, Economic Research Service, September 2018), p.9.

Ellen L. Bassuk, et al, "America's Youngest Outcasts A Report Card on Child Homelessness" (American Institutes for Research, The National Center on Family Homelessness, November 2014), p.6.

Economic Mobility Project and Public Safety Performance Project, "Collateral Costs: Incarceration's Effect on Economic Mobility" (Washington, DC: The Pew Charitable Trusts, 2010), p.4.

19. 4번 참고

20. Julia B. Isaacs, "Starting School at a Disadvantage: The School Readiness of Poor Children" (March 19, 2012) p.2, www.brookings.edu/research/starting-school-at-a-disadvantage-the-school-readiness-of-poor-children/.

The Children's Reading Foundation, "Predicting and Preventing Student Failure: What You Can Do to Ensure Students Succeed!" (Kennewick, WA: The Children's Reading Foundation, 2015), p.2~3, www.readingfoundation.org/axmag/Predicting_and_Preventing_Student_Failure/FLASH/index.html.

| 참고 자료 |

• 책 •

Abbott, Jim. Imperfect: An Improbable Life. New York: Ballantine Books, 2013.(『나는 내 팔을 보지 않았다 내 꿈을 보았다』, 짐 애보트, 팀 브라운 지음, 윤철희 옮김, 팝프레스, 2014)

Achor, Shawn. The Happiness Advantage: How a Positive Brain Fuels Success in Work and Life. New York: Currency, 2010.

Barbash, Tom. On Top of the World: Cantor Fitzgerald, Howard Lutnick, and 9/11: A Story of Loss and Renewal. New York: Harper Paperbacks, 2003.

Canfield, Jack, and Mark Victor Hansen. Chicken Soup for the Teacher's Soul. Cos Cob, CT: Chicken Soup for the Soul Publishing, 2012.(『꿈꾸는 정원사 - 평범한 선생님들의 특별한 수업 이야기』, 잭 캔필드, 마크 빅터 한센 엮음, 노은정 옮김, 이레, 2004)

Emmons, Robert. Thanks!: How the New Science of Gratitude Can Make You Happier. New York: Houghton Mifflin Harcourt, 2007.

Goff, Bob. Love Does: Discover a Secretly Incredible Life in an Ordinary World. Nashville, Tennessee: Thomas Nelson, 2012.(『사랑으로 변한다』, 밥 고프 지음, 최요한 옮김, 아드폰테스, 2012)

Kristof, Nicholas and Sheryl WuDunn. A Path Appears: Transforming Lives, Creating Opportunity. New York: Alfred A. Knopf, 2014.

McGuire, Donna. Santa's Secret: A Story of Hope. Lee's Summit, Missouri: World 2 Publishing, 2007.

Relin, David Oliver. Second Suns: Two Trailblazing Doctors and Their Quest to Cure Blindness, One Pair of Eyes at a Time. New York: The Experiment, 2016. (『두 번째 태양 -세상을 바꾼 두 의사, 그리고 다시 태양을 찾은 사람들』, 데이비드 올리버 렐린 지음, 김병화 옮김, 혜화동, 2014)

Schroff, Laura. An Invisible Thread: The True Story of an 11-Year-Old Panhandler, a Busy Sales Executive, and an Unlikely Meeting with Destiny. New York: Howard Books, 2012.(『모리스의 월요일 - 절망이 희망으로 바뀌는 기적의 날』, 알렉스 트레스니오프스키, 로라 슈로프 지음, 허형은 옮김, 샘터사, 2012)

Wayne, Jimmy. Walk to Beautiful: The Power of Love and a Homeless Kid Who Found the Way. Nashville, Tennessee: Thomas Nelson, 2015.

• 강연 •

Andraka, Jack. "A promising test for pancreatic cancer . . . from a teenager." Filmed February 2013 at Long Beach, CA. TED video, 10:37. www.ted.com/talks/jack_andraka_a_promising_test_for_pancreatic_cancer_from_a_teenager/.

Greenberg, Sanford. "The Judgment of Solomon." Presentation at the Lasker/International Retinal Research Foundation Initiative's plenary session "Restoring Vision to the Blind," Janelia Farm, Ashburn, VA, March 2014. webvision.med.utah.edu/2014/05/the-judgement-of-solomon/

Lutnick, Howard. Presentation at Haverford College Family & Friends Weekend, Haverford, PA, October 2011. www.vidinfo.org/video/2179318/howard-lutnick-83-at-haverford-college-family.

• 개별 조사 연구 및 공식 보고서 •

Alper, Mariel, Matthew R. Durose, and Joshua Markman. "2018 Update on Prisoner Recidivism: A 9-Year Follow-up Period (2005-2014)." Report. Washington: U.S. Department of Justice,

Office of Justice Programs, Bureau of Justice Statistics, May 2018. www.bjs.gov/content/pub/pdf/18upr9yfup0514.pdf.

Bassuk, Ellen L., Carmela J. DeCandia, Corey Anne Beach, and Fred Berman. "America's Youngest Outcasts A Report Card on Child Homelessness." Waltham, MA: American Institutes for Research, The National Center on Family Homelessness, November 2014. www.air.org/sites/default/files/downloads/report/Americas-Youngest-Outcasts-Child-Homelessness-Nov2014.pdf.

Beddingfield, Amanda, ed. Employer Playbook: Best Practices and Tools to Recruit Technology Talent from Nontraditional Sources. Arlington, VA: CEB Global (now Gartner), 2015. gradsoflife.org/wp-content/uploads/2017/06/2015-09-18-Tech-Hire_EmployerPlaybook.pdf.

Big Brothers Big Sisters. "Adult Little Research." Rochester, NY: Harris Interactive, March 3 to April 16, 2009.

The Children's Reading Foundation. "Predicting and Preventing Student Failure: What You Can Do to Ensure Students Succeed!" Kennewick, WA: The Children's Reading Foundation, 2015. www.readingfoundation.org/axmag/Predicting_and_Preventing_Student_Failure/FLASH/index.html.

Coleman-Jensen, Alisha, Matthew P. Rabbitt, Christian A. Gregory, and Anita Singh. "Household Food Security in the United States in 2017, ERR-256." Washington: U.S. Department of Agriculture, Economic Research Service, 2018. www.ers.usda.gov/webdocs/publications/90023/err-256.pdf.

Economic Mobility Project and Public Safety Performance Project. "Collateral Costs: Incarceration's Effect on Economic Mobility." Washington, DC: The Pew Charitable Trusts, 2010. www.pewtrusts.org/~/media/legacy /uploadedfiles/pcs_assets/2010/collateralcosts1pdf.pdf.

Fuller, J., M. Raman, et al. Dismissed by Degrees: How degree inflation is undermining U.S. competitiveness and hurting America's middle class. Report. Boston: Accenture, Grads of Life, Harvard Business School, October 2017.

Isaacs, Julia B. "Starting School at a Disadvantage: The School Readiness of Poor Children." March 19, 2012. www.brookings.edu/research/starting-school-at-a-disadvantage-the-school-readiness-of-poor-children/.

Lattice. Working It Out: Real people tell true stories about the moments that changed their career. San Francisco, CA: Lattice. Accessed October 2019. lattice.com/library/working-it-out.

Tierney, Joseph P., Jean Baldwin Grossman, and Nancy L. Resch. "Making a Difference: An Impact Study of Big Brothers Big Sisters." Reissue of 1995 Study. Philadelphia, PA: Public Private Ventures, 2000.

· 신문 및 정기 간행물 ·

Mullen, Mike. "Coon Rapids mosque gets touching 'thank you' note from unknown neighbors." City Pages, February 7, 2017. www.citypages.com/news/coon-rapids-mosque-gets-touching-thank-you-note-from-unknown-neighbors/413013393.

Poulin, Michael J., Stephanie L. Brown, Amanda J. Dillard, and Dylan M. Smith. "Giving to Others and the Association Between Stress and Mortality." American Journal of Public Health 103, no. 9 (September 1, 2013): pp.1649~1655.

Steger, Michael F., Todd B. Kashdan, and Shigehiro Oishi. "Being Good by Doing Good: Daily Eudaimonic Activity and Well-Being." Journal of Research in Personality, 42 (2008): pp.22~42.

· 영화, TV, 라디오 ·

Andraka, Jack. "Boy Wonder." Interview by Morley Safer. 60 Minutes, CBS, October 13, 2013.

Video, 13.36. www.cbsnews.com/news/boy-wonder-jack-andraka/.

Arnold, Jennifer, dir. A Small Act. 2010. Harambee Media and HBO Documentary Films. DVD.(《스몰 액트》, 2010)

Chapman, Bev. "Blessed: The Story of KC's Secret Santa." KMBC 9. November 11, 2007. YouTube video, 6:28. www.youtube.com/watch?v=xp7q6OHKTbA&list=PLCF345CF0B31D070C&index=3.

Ramsey, David. Dave Ramsey Show. December 11, 2006. cdn.ramseysolutions.net/media/3_way_universal/christmas/audio/chr09_Secret_Santa_12112006.mp3.

· 웹사이트 ·

Altucher, James. "Five Things I Learned from Superman." Thought Catalog. Published August 5, 2013. thoughtcatalog.com/james-altucher/2013/08/5things-i-learned-from-superman/.

CASA of Southeast Texas. "Ryan Dollinger: CASA Is My Lifesaver." Posted to Facebook October 3, 2018. www.facebook.com/CumberlandCountyCASA/posts/2006834492709237/.

Forbes. "UFC President Dana White Explains His Change Of Heart On Nick Newell." Posted June 12, 2018. www.forbes.com/sites/trentreinsmith/2018/06/12/ufc-president-dana-white-explains-his-change-of-heart-on-nick-newell/#8abfd3430832.

The Jewish Chronicle. "Why an 88-year-old Holocaust survivor has become a heroine to young Africans." Published April 21, 2011. www.thejc.com/culture/film/why-an-88-year-old-holocaust-survivor-has-become-a-heroine-to-young-africans-1.68510.

Movies that Matter NL. "Portrait Chris Mburu and Hilde Back." Filmed 2011. Video. www.moviesthatmatter.nl/festival/archief/archief_2011/portretten_activisten_2011.

Psychology Today. "Helper's High: The Benefits (and Risks) of Altruism." Published September 4, 2014. www.psychologytoday.com/us/blog/high-octane-women/201409/helpers-high-the-benefits-and-risks-altruism.

Redditt. "To the lady at Trader Joe's who almost made me cry . . . thank you." January 31, 2018. www.reddit.com/r/TwoXChromosomes/comments/7uf53x/to_the_lady_at_trader_joes_who_almost_made_me_cry/.

Rolling Stone. "Jimmy Wayne Talks True 'Paper Angels' Story That Inspired New Movie." Published November 14, 2014. www.rollingstone.com/music/music-country/jimmy-wayne-talks-true-paper-angels-story-that-inspired-new-movie-241019/.

Success Technologies, Inc. "You Get What You Look For! Why That's True and What to Do About It." Published May 2010. www.successtechnologies.com/2010/05/you-get-what-you-look-for-why-thats-true-and-what-to-do-about-it/.

Upworthy. "A viral post helps explain what to say—and what not to say—to a parent who has lost a child." Posted July 12, 2019. www.upworthy.com/parent-child-death-what-not-to-say.

U.S. Department of Health and Human Services, Health Resources & Services Administration. "The Need for More Marrow Donors." Accessed June 6, 2019. bloodcell.transplant.hrsa.gov/donor/need_for_donors/index.html.

YouTube. "A Small Act." Published on March 28, 2011. www.youtube.com/watch?v-a4q_QPEnGcg&t=3s.

YouTube. "Salad Days" from Giving You the Business (S1, E9). youtu.be/o2-Cz3prf78.

이 책을 좋아한다면 아래의 책과 영화도 좋아할 것이다. 내가 찾은 이야기들을 뒷받침하기 위해 아래의 책을 읽고 영상을 보며 영감을 얻었다.

An Invisible Thread: The True Story of an 11-Year-Old Panhandler, a Busy Sales Executive, and an Unlikely Meeting with Destiny(『모리스의 월요일 - 절망이 희망으로 바뀌는 기적의 날』), 로라 슈로프가 11세 소년 모리스를 만나 점심을 먹으며 평생의 우정을 나누는 이야기(Howard Books, 2012).

A Small Act(〈스몰 액트〉), 힐데 백의 '작은' 친절에 관한 제니퍼 아놀드의 다큐멘터리(Harambee Media and HBO Documentary Films, 2010).

Love Does: Discover a Secretly Incredible Life in an Ordinary World(『사랑으로 변한다』), 밥 고프의 삶을 담은 책. 나는 이 책과 저자의 메시지를 너무 좋아해 책 제목을 내 책 첫 장의 제목으로 삼았다(Thomas Nelson, 2012).

Imperfect: An Improbable Life(『나는 내 팔을 보지 않았다 내 꿈을 보았다』), 짐 애보트의 회고록(Ballantine Books, 2013).

Santa's Secret: A Story of Hope. 도나 맥과이어가 쓴 비밀 산타 래리 스튜어트 이야기(World 2 Publishing, 2007).

Second Suns: Two Trailblazing Doctors and Their Quest to Cure Blindness, One Pair of Eyes at a Time(『두 번째 태양-세상을 바꾼 두 의사, 그리고 다시 태양을 찾은 사람들』), 히말라야 백내장 프로젝트를 세운 두 의사 이야기(The Experiment, 2016).

Walk to Beautiful: The Power of Love and a Homeless Kid Who Found the Way, 집 없는 아이로 살다가 자신의 길을 찾은 지미 웨인의 이야기(그리고 천사의 나무 프로그램에서 받은 기타로 삶을 바꾼 이야기까지) (Thomas Nelson, 2015).

잭 안드라카가 췌장암을 더 수월하게 진단하기 위한 노력을 이야기한 테드 강연. 링크 주소가 꽤 기니 구글 검색을 해 보거나 bradaronson.com/book-resources에서 링크를 찾아보기 바란다.

The Happiness Advantage: How a Positive Brain Fuels Success in Work and Life. 숀 아처가 쓴 이 책은 스스로 행복을 찾는 방법을 알려준다. 내가 8장에 추천한, 관점을 바꾸는 법과도 통한다(Currency, 2010).

A Path Appears: Transforming Lives, Creating Opportunity, 니컬러스 크리스토프와 셰리 우둔 지음. 세상을 바꿀 수 있는 제안을 담은 책(Alfred A. Knopf, 2014).

Christmas Jars, 제이슨 라이트 지음. 크리스마스의 정신에 대한 기분 좋은 소설(Shadow Mountains, 2005).